GWRTHWYNEBWYR CYDWYBODOL
YN Y RHYFEL MAWR

Gwrthwynebwyr Cydwybodol yn y Rhyfel Mawr

Aled Eirug

Argraffiad cyntaf: 2018

Rhif Llyfr Safonol Rhyngwladol:
978–1-84527-669-0

Cyhoeddwyd gyda chymorth Cyngor Llyfrau Cymru

Cynllun Clawr: Eleri Owen

Cyhoeddir gan Wasg Carreg Gwalch,
12 Iard yr Orsaf, Llanrwst, Conwy, LL26 0EH.
Ffôn: 01492 642031
e-bost: llyfrau@carreg-gwalch.cymru
lle ar y we: www.carreg-gwalch.cymru

Argraffwyd a chyhoeddwyd yng Nghymru

Cyflwynaf i Tane ac er cof am fy nhad,
Dewi Eirug Davies

Cynnwys

Rhagair

Dros ddeugain mlynedd yn ôl, ym Mhrifysgol Aberystwyth dan arweiniad yr hanesydd Syr Deian Hopkin, dechreuais ymchwilio i bwnc y gwrthwynebiad i'r Rhyfel Mawr yng Nghymru. Fe'm hysbrydolwyd gan esiampl fy nhad-cu, Thomas Eirug Davies, a fy nhad, Dewi Eirug. Buont ill dau yn wrthwynebwyr cydwybodol yn eu tro, yn y ddau Ryfel Byd. Mi gwrddais â nifer o wrthwynebwyr cydwybodol o'r Rhyfel Mawr, gan recordio cyfweliadau a gwneud rhaglen deledu gydag un o'u nifer – y bargyfreithiwr barddol, Ithel Davies.

Dychwelais at y pwnc yn 2010, a mentro twrio trwy archifau a chasgliadau amrywiol dan arweiniad fy nhiwtor ym Mhrifysgol Caerdydd, yr Athro Chris Williams, a chanfyddais storfa gyfoethog o ddeunydd nad oedd wedi'i astudio a'i gyflwyno i gynulleidfa yng Nghymru. Mae fy niolch yn fawr i archifwyr a llyfrgellwyr fu'n garedig wrth fy nghynorthwyo yn fy ymchwil yng Nghymru, gan gynnwys Llyfrgell Genedlaethol Cymru, Prifysgol Bangor, Llyfrgell y Glowyr yn Abertawe, Prifysgol Caerdydd, a llyfrgelloedd lleol Caerdydd, Caernarfon, Merthyr Tudful, Abertawe a Chastell-nedd. Cefais gymorth parod iawn hefyd gan staff Llyfrgell Genedlaethol yr Alban, ac yn Lloegr, gan lyfrgell Cumbria yng Nghaerliwelydd, Llyfrgell y Crynwyr, yr Archif Genedlaethol yn Llundain, Llyfrgell y London School of Economics, ac archif yr Undeb dros Heddwch (y Peace Pledge Union).

Rwyf yn arbennig o ddiolchgar i deuluoedd gwrthwynebwyr cydwybodol wnaeth rannu eu hatgofion a'u lluniau a'u dogfennau. Yn eu plith, hoffwn ddiolch yn arbennig i Geraint Percy Jones, mab Percy Ogwen Jones, a Siw Wood, nith i'r gwrthwynebydd cydwybodol Walter Roberts.

Rwyf yn ddiolchgar iawn i Wasg Carreg Gwalch am gytuno i gyhoeddi'r llyfr hwn, ac i Gyngor Llyfrau Cymru au am ei noddi. Rwyf hefyd yn ddiolchgar iawn i fy mhlant, Tane, Holly a Max, am eu hamynedd, eu dealltwriaeth, ac yn bennaf oll, eu cariad.

Ond yn olaf, mae'n rhaid i mi ddiolch yn arbennig i fy ngwraig annwyl Maggie, wnaeth gefnogi'r fenter, a bu'n sbardun i mi gwblhau'r dasg o gofnodi aberth a thystiolaeth y gwrthwynebwyr cydwybodol yng Nghymru yn erbyn y Rhyfel Mawr.

Aled Eirug
Awst 2018

Byrfoddau

BLA	y Blaid Lafur Annibynnol
NCC	y Corfflu Anymladdol (Non-Combatant Corps)
NCF	Brawdoliaeth Gwrthwynebu Gorfodaeth Milwrol (No-Conscription Fellowship)
NCCL	Y Cyngor Cenedlaethol ar gyfer gwarchod Hawliau Sifil (National Council for Civil Liberties)
RAMC	Corfflu Meddygol Brenhinol y Fyddin (Royal Army Medical Corps)
UDC	Undeb Reolaeth Ddemocrataidd (Union of Democratic Control)

Cyflwyniad

Er gwaethaf y toreth o gyfrolau sydd wedi'u cyhoeddi yn sgil canmlwyddiant y Rhyfel Mawr, canolbwyntio ar drasiedi'r ymladd ar y Ffrynt Gorllewinol yn Ffrainc a gwlad Belg mae'r mwyafrif wedi gwneud. Ar wahân i lyfr Robin Barlow ar ymateb Cymru i gwrs y rhyfel[1], prin iawn yw'r llyfrau sydd wedi disgrifio'r ymateb i'r rhyfel gartref yng Nghymru. Yn y Gymraeg, dim ond *Cymry'r Rhyfel Byd Cyntaf* (2015)[2] gan Gwyn Jenkins sydd wedi creu darlun amrywiol a chyfoethog o'r ymateb cyffredinol i'r Rhyfel Byd Cyntaf, a'r llyfr diweddaraf a gyhoeddwyd yn benodol ynglŷn â'r gwrthwynebiad i'r rhyfel, oedd *Byddin y Brenin* (1988), gan Dewi Eirug Davies, a ganolbwyntiodd ar ddisgrifio agweddau crefyddol y gwrthwynebiad.

Mae'r llyfr hwn, felly, yn unigryw am ei fod yn rhoi'r darlun cliriaf eto o faint a sylwedd y gwrthwynebiad i'r Rhyfel Mawr yng Nghymru, ac am ei fod, am y tro cyntaf, yn dadansoddi ac yn disgrifio'r gwrthwynebwyr cydwybodol i'r rhyfel yng Nghymru. Mae'n ystyried pa mor wahanol oedd yr ymateb i'r rhyfel yng Nghymru o'i gymharu â'r agwedd yng ngweddill Prydain, ac yn ystyried a oedd yr ymateb yng Nghymru yn llai rhyfelgar.

Nid heddychwyr oedd pob un o'r sawl a wrthwynebai ryfel – credai'r Marcswyr a'r Syndicalwyr yn eu plith fod cyfiawnhad i ryfel dosbarth ac i filwriaeth dan rai amgylchiadau neilltuol. Doedd pob gwrthwynebydd cydwybodol ar sail Cristnogol, megis aelodau o sect y Cristadelffiaid, ddim yn erbyn rhyfel fel y cyfryw chwaith. Ond y gwrthwynebwyr cydwybodol oedd elfen mwyaf amlwg y gwrthwynebiad i'r rhyfel.

Ar drothwy'r Rhyfel Mawr, gellid bod wedi disgwyl y byddai Cymru wedi adlewyrchu'r syniad cyffredin o'i hunaniaeth yn wlad Anghydffurfiol a Rhyddfrydol, a blediai heddwch ac a wrthwynebai'r Fyddin, Anglicaniaeth a Cheidwadaeth. Crewyd y ddelwedd hon yn ganlyniad i ganrif a mwy o weithgarwch dros Anghydffurfiaeth a heddwch. Cysylltid militariaeth â Seisnigrwydd, Eglwys Loegr a gormes landlordiaeth, a chan na roddid lle i'r Gymraeg ac Anghydffurfiaeth yn y Fyddin, nid yw'n syndod felly mai'r cyfartaledd o Gymry a ymunodd â'r Fyddin oedd yr isaf ym Mhrydain. Yn 1913, dim ond 1.36% o'r Fyddin a anwyd yng Nghymru[3], o gymharu a 7.6% o'r Alban, 9.1% o Iwerddon, a 78.6% o Loegr.[4] Roedd agwedd yr Ifan Gruffydd ifanc at y Fyddin yn nodweddiadol o'i gyfnod, ac ystyrid y Fyddin yn gorff dieithr:

> Pethau pell iawn a phethau estronol hefyd i ni y pryd hynny oedd milwyr a byddinoedd, a rhyfeloedd, a phopeth militaraidd felly. Nid oedd a wnelom ni ddim â nhw – pethau'r Saeson oeddynt a gwaith Lloegr oedd rhyfela, a ninnau i glywed am ei gorchestion.[5]

Gellir olrhain dechreuadau'r traddodiad heddwch yn Nghymru yn gynharach i gyfnod datblygu Anghydffurfiaeth yn yr unfed ganrif ar bymtheg a merthyrdod John Penry ym 1593, a dylanwad y Crynwyr o hanner cyntaf yr ail ganrif ar bymtheg. Disgrifid y traddodiad 'nid fel rhyw basiffistiaeth oer, ddi-berthynas a oedd yn unig yn ffrwyth i'r meddwl ond yn hytrach yn dangnefedd llawen a oedd yn rhan naturiol a hanfodol o'u Cristnogaeth,'[6] ac awgryma Iorwerth Peate mai'r Crynwr, y meddyliwr a'r bardd, Morgan Llwyd, sydd yn nodweddu heddychiaeth Gymreig orau pan ysgrifennodd am ddechrau'r Rhyfel Cartref ym 1643:

Yn lle yr hir heddwch, yn lle'r hen ddiddanwch,
Yn lle'r holl lonyddwch a gawsom,
Y drwm sydd yn taro a'r utgorn yn seinio
A'r rhyfel yn rhuthro'n wyllt atom.

Ag Oen nhw ryfelant, gorchfygu nis gallant,
Ni chyll Crist na'i foliant na'i fwriad,
Cans brenin brenhinoedd, rheolwr teyrnasoedd,
Yw Arglwydd y lluoedd yn wastad.[7]

Tybid gan haneswyr fel Iorwerth Peate mai'r deffroad
Anghydffurfiol a esgorodd ar ddiwylliant nodedig y werin
Gymraeg ac ar yr agweddau ar radicalaeth a sosialaeth a
ddatblygwyd ganddi, a hynny hefyd a greodd basifffistiaeth
Cymru. Erbyn y ddeunawfed ganrif, tueddai meddylwyr
radicalaidd fel Morgan John Rhys ac Iolo Morganwg i
ganolbwyntio ar hyrwyddo rhyddid, rheswm a
chyfiawnder, ond sefydlodd Iolo Morganwg Orsedd y
Beirdd ar sail yr egwyddor mai apostol heddwch oedd
swyddogaeth y bardd. Hyrwyddodd Dr Richard Price
athroniaeth i greu undeb cydwladol, a chefnogodd yr
Undodwr Tomos Glyn Cothi syniadaeth ddemocrataidd y
Chwyldro Ffrengig. Fodd bynnag, er y credai'r gwŷr hyn
mewn heddwch fel un o brif amodau rhyddid, rheswm a
brawdoliaeth, ni wrthwynebent yr egwyddor o ddwyn
arfau yn erbyn ymosodwr.

Ym 1816, sefydlwyd Cymdeithas Heddwch Llundain, yn
bennaf trwy ddygnwch Joseph Tregelles Price,
diwydiannwr o Gastell-nedd a brodor o Gernyw. Asiwyd y
traddodiad Ymneilltuol a heddychol Cymreig ym mherson
Evan Rees (1790-1821) o Gastell-nedd, mab i Grynwr o
Faldwyn, a weithiodd yn agos gyda Price. Daeth Rees yn
ysgrifennydd y Gymdeithas cyn ei farw yn 1821. Ei
gyfraniad mwyaf oedd ei lyfryn *Sketches of the Horrors of*

War, sef ymdriniaeth â natur rhyfel, ac mae'n adlewyrchu naws grefyddol y Crynwyr a thân y diwygiwr radicalaidd. Fe'i cyhoeddwyd gan y Gymdeithas, ac mae'r llyfryn yn ymdrin â natur rhyfel o'r safbwynt Cristnogol. Ei gasgliad yw fod rhyfel 'yn groes ym mhopeth i ddysgeidiaeth Tywysog Tangnefedd'. Fel Tadau Cristnogol yr Eglwys Fore, a llawer o heddychwyr ar eu hôl, fe'i cythruddwyd gan y gwahaniaeth agwedd tuag at lofruddiaeth mewn bywyd sifil a lladd mewn rhyfel:

Rhoddir nod gwaradwydd ar y sawl a lofruddia, a chondemnir ef i farwolaeth warthus, ond gogoneddus ac anrhydeddus yr ystyrir y sawl a laddo fyrddiynau mewn rhyfel. Wrth ba un o safonau rheswm, dynoliaeth neu grefydd y cyfiawnheir y fath anghysondeb?[8]

Trwy ddylanwad Price a Rees, sefydlwyd cangen o'r Gymdeithas Heddwch yng Nghastell-nedd ac Abertawe, a dosbarthwyd llenyddiaeth yn annog heddwch trwy Gymru gyfan. Cymry barhaodd i ddal ysgrifenyddiaeth y Gymdeithas am ymron i ganrif arall. Tan 1885, Henry Richard oedd un o ffigurau mwyaf nodedig hanes heddychiaeth ym Mhrydain ac Ewrop, ac ymgorfforai'r berthynas agos rhwng Cymru, Ymneilltuaeth a heddwch. Ym 1848 fe'i dewiswyd yn Ysgrifennydd Cymdeithas Heddwch Llundain, a bu yn y swydd honno tan ddiwedd ei oes yn 1885. Yn 1868 fe'i hetholwyd yn Aelod Seneddol Rhyddfrydol dros Ferthyr Tudful ac ystyrid ef yn un o gewri radicaliaeth Anghydffurfiaeth Gymreig. Credai'n angerddol mewn heddwch a bu'n gyfrannwr allweddol bwysig mewn cynadleddau a drefnwyd i geisio sicrhau heddwch yn Ewrop, sef ym Mharis (Awst 1849), Frankfurt (1850), Llundain (1851), Manceinion a Chaeredin (1853) a Pharis drachefn (1853). Anerchodd ymhob un ohonynt gan bregethu nad oedd modd cysoni rhyfel â Christnogaeth. Serch bod ton o ysbryd jingoistaidd yn golchi dros y wlad ar y pryd, gwrthwynebodd Henry Richard Ryfel y Crimea.

Tra'n aelod seneddol, ceisiodd gyflwyno egwyddor cyflafareddiad er mwyn cyfundrefnu heddwch, a llwyddodd i ennill cefnogaeth y Senedd i'w alwad ar y Llywodraeth i bwyso ar wladwriaethau eraill i sefydlu sustem o gyflafareddiad ryngwladol. O ganlyniad, fe'i gwahoddwyd i deithio Ewrop er mwyn lledaenu ei neges, ond lladdwyd y syniad gan ryfel rhwng yr Almaen a Ffrainc ym 1870. Arwydd o'i ymroddiad oedd ei lysenwi'n 'Apostol Heddwch' ac yn 'Aelod dros Gymru'.[9] Cyhoeddodd fod cyfundrefn rhyfel 'mewn gwrthdrawiad oesol â holl ysbryd a naws Efengyl Crist'. Ychwanega fod gwreiddiau heddychiaeth Henry Richard yn ddyneiddiol yn ogystal â Christnogol a bod ei goblygiadau gwleidyddol yn rhai radical dros ben, os nad yn chwyldroadol. Llwyddodd i basio cynnig syfrdanol yn y Senedd a gondemniai anallu Tŷ'r Cyffredin i lunio polisi mewn materion yn ymwneud â rhyfel a heddwch a chysylltiadau cydwladol, a pherswadiodd lywodraeth Gladstone i annog gwledydd Ewrop i gwtogi ar eu harfau. Asiwyd heddychiaeth gydag Anghydffurfiaeth ym mherson Henry Richard, a barnwyd gan Archesgob cyntaf Cymru wedi'r Datgysylltiad, mai ysgrifau ac anerchiadau Richard oedd 'the marching orders of every dissenting preacher and deacon, and were heard in every chapel in the principality.'[10]

Ymhlith ei ddilynwyr mwyaf dylanwadol yr oedd Gwilym Hiraethog, golygydd *Yr Amserau*, a Samuel Roberts (S.R.). Gweinidogion gyda'r Annibynwyr oedd y ddau, gan ymuno yn yr ymgyrch genedlaethol a chydwladol dros heddwch. Nid heddychwr gwleidyddol oedd Roberts, ond un a wrthwynebodd drais ar bob tu. O ganlyniad, fe wrthwynebodd derfysgoedd 'Plant Rebecca' yn y 1830au, er ei fod yn llwyr gytuno â'r angen i ysgubo ymaith y clwydi, a dadleuodd hefyd yn erbyn y Siartwyr, er bod ganddo gydymdeimlad â'u hamcanion. Yn yr un modd, gwrthwynebodd y Rhyfel Cartref yn yr Unol Daleithiau, er iddo wrthwynebu caethwasiaeth, ac fe'i llabyddiwyd yn eiriol gan ei elynion am beidio ag ochri o blaid yr Undeb yn erbyn Cynghrair Taleithiau'r De.

Golygodd gylchgrawn *Y Cronicl* o 1843, ac o'i ddyddiau cynnar, bu'n aelod o'r Gymdeithas Heddwch. Penllanw ei dystiolaeth heddychol oedd iddo gynrychioli Cymru yng Nghymanfa Heddwch Frankfurt yn 1850, ac ynghyd â Richard a Gwilym Hiraethog, dilornodd gefnogwyr Rhyfel y Crimea. Os mai Richard oedd 'yr ymgorfforiad o heddychiaeth Gymreig ar lwyfannau gwledydd Ewrop, S.R. oedd yr ymgorfforiad o heddychiaeth i werinwyr Cymru'[11] a ddarllenai ei ysgrifau. Fel y dywed Glanmor Williams, 'un yn arwain yr oes ydoedd'.[12]

Ar ddiwedd Oes Victoria felly, roedd gwleidyddiaeth a chymeriad crefyddol Cymru wedi'u huniaethu gyda gwrthfilwriaeth ac Anghydffurfiaeth. Ond profodd Rhyfel De'r Affrig (1899-1902) yn sioc enbyd i'r Ymerodraeth Brydeinig, a lleiafrif amhoblogaidd a wrthwynebodd y rhyfel hwnnw, gan gynnwys aelodau o'r Blaid Lafur, a arweinid gan Aelod Seneddol newydd Merthyr Tudful, Keir Hardie, ac Aelod eofn Rhyddfrydol Caernarfon, D. Lloyd George. Yn Etholiad 1900 mae'n arwyddocaol bod deg o'r tri deg pedwar a safodd etholiad ar ran y Rhyddfrydwyr yng Nghymru yn erbyn y rhyfel, a dychwelwyd naw ohonynt.[13] Etholwyd Keir Hardie, arweinydd y Blaid Lafur Annibynnol (BLA o hyn ymlaen) hefyd, ym Merthyr Tudful, gyda chefnogaeth Rhyddfrydwyr a wrthwynebai'r rhyfel, ac un arall o'r aelodau seneddol Rhyddfrydol dros y dref, D. A. Thomas.

Ys dywed K. O. Morgan:

> If imperialism was a powerful influence in Merthyr, with the new affluence brought about by the advent of war, so too was anti-imperialism. The pacifist tradition of Henry Richard was still abroad in the land, and many Welsh people felt disengaged in a war waged by English generals and capitalists of unidentifiable race in a remote country.[14]

Yn wir, priodolodd Hardie ei fuddugoliaeth, nid yn unig i weithgarwch lleol y BLA, ond hefyd i'r casineb at ryfel ac imperialiaeth a ysbrydolwyd gan Henry Richard. Bu Rhyfel y Boer (1899-1902) yn brawf anodd i'r mudiad yn erbyn rhyfel, a bu Hardie yn flaenllaw yn yr ymgyrch yn erbyn yr ymyrraeth yno. Ar drothwy'r Rhyfel Mawr, felly, gellid bod wedi disgwyl i Gymru fod ar y blaen yn gwrthwynebu mynd i ryfel, ond nid felly y bu.

Ys dywed Tecwyn Lloyd, tystiodd yr ymateb cyntaf i'r Rhyfel Mawr yng Nghymru i 'gyfnod o geidwadaeth wag ag urddas sefydliadol marw' a ddymchwelyd fel 'tŷ cardiau' gan ddyfodiad rhyfel.[15]

Bu'r rhyfel yn sioc llwyr i'r wlad, ac arwydd o hynny oedd tystiolaeth Lloyd George na thrafodwyd y perygl yn y Cabinet tan wythnos cyn dechrau'r Rhyfel Mawr. Ond cyndyn iawn fu'r ymateb yng Nghymru i'r alwad am filwyr, a'r ardaloedd mwyaf cyndyn i anfon eu meibion ifainc oedd yr ardaloedd amaethyddol, gwledig, Cymraeg eu hiaith. Araf iawn oedd y newyddion i gyrraedd cefn gwlad, a phryder mwyaf llawer yno oedd sicrhau cynhaeaf llwyddiannus yn hytrach na phoeni am ddigwyddiadau dramor. Mae haneswyr wedi disgrifio'r arafwch ymateb mewn ardaloedd gwledig mor amrywiol â sir Gaerfyrddin a Dyffryn Clwyd. Dim ond dau gant o ddynion oedd wedi ymrestru yn ardal

Bethesda, yn Nyffryn Ogwen, erbyn Gwanwyn 1915, ynghyd â myfyrwyr o golegau Bangor. Nodwyd bod cyfanswm y rhai a ymatebodd erbyn diwedd 1914 yn 'denau' a 'siomedig', ac mae'r meddylfryd a ddisgrifir yn y cyfnod yn ddadlennol:

> Ym mroydd y chwarelau, yn Arfon a Meirion, y peth diweddaf o bopeth ag y byddai i chwarelwyr feddwl amdano fyddai 'listio at y sowldiwrs'. Pan y clywid fod cyfeillion wedi gwneud hynny, deuai rhyw ochenaid drom-lwythog o gydymdeimlad dros y cyfryw oddiwrth eu cydnabod, ac a gadarnhai y syniad fod y cyfeillion wedi cyflawni mesur eu hanwiredd, ac na byddai fawr o obaith am danynt bellach. Cyfeiliornus, wrth gwrs, ydyw syniad fel yr uchod am 'Ymuno a'r Fyddin' ond, waeth heb mo'i wadu, yn awyrgylch y syniadau isel yma ar y fyddin y magwyd gwerin Cymru; yn arbennig chwarelwyr Gogledd-barth ein gwlad.[16]

Ym mis Hydref 1915, yn syfrdanol ddigon, gwrthododd Cyngor Gwledig Ogwen drefnu ymgyrch recriwtio, ac mor ddiweddar â Hydref 1915, ym mhentref poblog Deiniolen, dywedid nad oedd holl ymdrechion y Llywodraeth i ddenu aelodau i'r Fyddin 'wedi cyrraedd ein ardal ddinod ni eto.'[17] Tybiaeth Dafydd Roberts ynglŷn â'r diffyg brwdfrydedd ac ymateb yn yr ardaloedd chwarelyddol oedd ei fod yn rhannol yn ymwneud â gwaddol Streic y Penrhyn ar droad y ganrif, a gysylltodd filitariaeth â buddiannau'r perchnogion, sef teuluoedd bonheddig y Penrhyn a'r Faenol.[18]

Cychwynnodd yr ymgyrch recriwtio ar gyfer y Fyddin yng Nghymru ar unwaith ym mis Awst 1914, ond bu hefyd yn araf o gymharu ag ardaloedd eraill o Brydain, ac nid tan fis Medi y gwelwyd niferoedd sylweddol yn ymuno. Ymunodd y nifer mwyaf o recriwtiaid yn ystod y cyfnod 25

Awst – 10 Medi, ac ymunodd 23,449 o Gymry yn ystod mis Medi 1914. Ystyrid Meirionnydd fel yr ardal lleiaf brwdfrydig i anfon bechgyn i'r fyddin, a honnai golygydd *Y Llan* fod gwŷr ieuainc y sir 'wedi'u haddysgu i yfed gyda llaeth eu mamau ddirmyg o bopeth milwrol.'[19]

Y cyfnod mwyaf ffrwythlon ar gyfer recriwtio oedd y chwe mis rhwng Medi 1914 a Chwefror 1915. Erbyn diwedd mis Ebrill 1915, roedd hanner can mil o ddynion o Forgannwg wedi ymuno â'r fyddin, a thros ugain mil ohonynt o gymoedd y Rhondda. Erbyn diwedd 1915, roedd deg mil ar hugain o lowyr de Cymru wedi ymuno â'r Fyddin, sef un o bob saith o lowyr.[20] Cytunodd Ffederasiwn Glowyr De Cymru ofyn i'w haelodau weithio awr yn ychwanegol bob dydd er mwyn cynyddu eu cynnyrch ar gyfer y Llynges,[21] ac roedd rhai o arweinwyr y mudiad llafur ymhlith y recriwtwyr mwyaf brwd yn ne Cymru, gan gynnwys y mwyafrif o asiantiaid y Ffederasiwn, er enghraifft Dai Watts Morgan, asiant y Ffederasiwn yn y Rhondda, William Brace, Tom Richards, Frank Hodges, Charles B. Stanton a Vernon Hartshorn.[22]

Erbyn Rhagfyr 1915, roedd 122,995 wedi gwirfoddoli yng Nghymru i ymuno â'r Fyddin, ond nid oedd yn ddarlun cyson â'r brwdfrydedd a'r rhuthr i ymuno a welwyd ar draws Prydain. Dywedid bod recriwtio yn araf yn yr ardaloedd amaethyddol a gwledig, ac agweddau yn amrywio am resymau lleol. Roedd llwyddiant Lloyd George i sicrhau cefnogaeth arweinwyr eglwysig fel y Parch. John Williams, Brynsiencyn a'r Parch. Thomas Charles Williams, a oedd yn ffigyrau dylanwadol yng ngogledd-orllewin Cymru, yn gam allweddol at gynyddu recriwtio. Roedd ei benderfyniad i greu Corfflu Byddin Cymru am y tro cyntaf, gyda'r Brigadydd-Gyrnol Owen Thomas yn ei arwain, a'r Parch. John Williams yn gwasanaethu yn Gyrnol anrhydeddus ac fel un o'r prif bropagandwyr, yn gam hollbwysig er mwyn ennill teyrngarwch y Gymru Anghydffurfiol Gymraeg. Er mwyn gwrthweithio'r traddodiad heddwch a etifeddwyd gan Gymru Oes Victoria, pwysleisiwyd traddodiad milwrol Cymru gan Lloyd George, ac arweinwyr diwylliannol fel O. M. Edwards a Syr John Morris-Jones. Yn ei anerchiad cyntaf ar bwnc y rhyfel, ym mis Medi 1914, pwysleisiodd Lloyd George etifeddiaeth filwrol Cymru:

> Mi hoffwn weled byddin Gymreig yn y maes. Mi hoffwn weled y genedl a wynebodd y Normaniaid am gannoedd o flynyddoedd yn ei hymdrech am ryddid, y genedl a gynorthwyodd i ennill brwydr Cresi, y genedl a ymladdoddd am genhedlaeth dan Owain Glyndŵr yn erbyn y capten mwyaf yn Ewrob – mi hoffwn weled y genedl honno'n rhoi eithaf blas o'i theithi yn yr ymdrech hon yn Ewrob; a hynny a wna.[23]

Er mwyn terfynu rhyfel am byth, clymodd Lloyd George y personol a'r gwleidyddol:

> Y mae dau fachgen i mi yn mynd, dau fachgen mor neis ag sy gan yr un ohonoch. Ac yr wyf yn dotio atynt. A dybiwch chi'r anfonwn i'r ddau fachgen hyn i beryglu eu bywydau o drachwant isel? Buasai gennyf gywilydd ohonof fy hun, pe gwnawn hynny. Ond – i fyned allan i ymladd dros ryddid, dros ewyllys da, rhwng teyrnasoedd, ymladd i osod terfyn ar ormes annioddefol ysbryd milwrol – maent yn falch i fynd a chant fy mendith innau hefyd.[24]

Ond erbyn haf 1915, roedd hi'n amlwg nad oedd recriwtio gwirfoddol yn llwyddo a bod gorfodaeth filwrol yn anochel. Roedd D. R. Daniel yn was sifil yn Llundain, ac yn gyfaill bore oes i Lloyd George, ond yr oeddent wedi anghytuno dros fater y rhyfel. Ar 4 Tachwedd 1915, tarodd Daniel ar ei hen gyfaill yn San Steffan ac meddai wrtho 'bu adeg pan fyddai gennych chwi gryn lawer o barch i gydwybod':

Trodd ataf yn sydyn a gafaelodd neu dododd ei law ar fy mraich chwith ac meddai – mae gennyf fi eto – rwy'n eich parchu chwi a Ramsay [Macdonald, yr arweinydd Llafur] ond nid oes gennyf ronyn o barch i'r aelodau seneddol yma sydd yn erbyn y rhyfel ac yn rhy lwfr i ddweud hynny (gerbron) eu hetholwyr. (dywedai hyn gyda diystyrwch diglawn). Nid dyna ddarfu mi adeg rhyfel y Boers ond fe aethum yn erbyn fy etholwyr dros yr hyn gredwn oedd yn iawn. Addefwn hyn yn rhwydd.

Pan ofynnodd D. R. Daniel pryd, yn ei farn ef, y byddai'r rhyfel yn dod i ben, atebodd Lloyd George, 'Dim am flynyddau. Dim hyd nes y bydd Ewrop yn anialwch o ben i ben' (gyda phwyslais mawr).[25]

Yr ymateb iasoer hwn sy'n adlewyrchu gwir natur y dewis wnaethpwyd gan Lloyd George yn Awst 1914, i gefnogi'r rhyfel yn hytrach na'i wrthwynebu. Pan brofodd system recriwtio gwirfoddol yn aflwyddiannus, roedd yn anochel y byddai gorfodaeth filwrol yn cael ei chyflwyno, ond gelyniaethodd hynny Ryddfrydwyr leng, ac yn y pen draw achoswyd hollt anghyfanadwy o fewn y blaid.

Lleiafrif cymharol fychan a distadl oedd y gwrthwynebwyr ar ddechrau'r Rhyfel Mawr, ond wrth i'r gwrthwynebiad gynyddu o Ionawr 1916 ymlaen, yn sgil cyflwyno gorfodaeth filwrol, datblygodd de Cymru yn enwedig, yn un o ardaloedd gwrth-filitaraidd mwyaf Prydain. Cafodd y gwrthwynebiad hwn lais yn rhannol trwy gyfrwng papur y Blaid Lafur Annibynnol, *The*

Pioneer, a gynhyrchid ym Merthyr, ac a werthai ddeng mil o gopïau yn wythnosol ar gyfartaledd, ac a wrthwynebodd y rhyfel yn gyson. Roedd *Y Darian*, a olygid gan y Parch. J. Tywi Jones yn Aberdâr, gydag oddeutu tair mil o gylchrediad, ac fe'i hariennid yn ddigon rhyfeddol gan Henry Seymour Berry, a oedd yn Arglwydd ac yn Farwnig, yn ddiwydiannwr cyfoethog, ac yn gyfarwyddwr ar bedwar ugain o gwmnïau.[26] Sefydlwyd *Y Dinesydd Cymreig*, papur llafurol a gynhyrchid yng Nghaernarfon yn gwerthu dwy fil o gopïau, a'r darllenwyr hynny, gellid tybio, oll yn wrthwynebus i'r rhyfel, er gwaethaf rheolau llym deddfwriaeth y cyfnod ynglŷn ag ymgyrchu yn erbyn y rhyfel. Ni wrthwynebid y rhyfel gan y papurau enwadol fel y cyfryw, ond roedd cynnwys papur y Wesleaid, *Y Gwyliedydd Newydd*, dan ofal y Parch. Gwynfryn Jones (ymgeisydd Llafur sir y Fflint ar ôl y rhyfel), a phapur y Bedyddwyr, *Seren Cymru*, wedi'i olygu gan yr heddychwr amlwg, y Parch. D. Wyre Lewis, yn gydymdeimladwy tuag at y mudiad heddwch ac yn rhoi llais iddynt.

Daeth y gefnogaeth gryfaf i'r rhyfel gan Dr Michael Hughes, Caerdydd, golygydd papur yr Annibynwyr, *Y Tyst*, ac ymunodd yntau yn gaplan yn y Fyddin. Cefnogid y rhyfel gan bapur y Methodistiaid Calfinaidd *Y Goleuad*, ond ysgrifennai'r Parch. J. Puleston Jones, Pwllheli, golofn wythnosol i gystwyo'r capeli a oedd wedi annog dynion i ymuno â'r Fyddin.[27] Arweiniodd erthyglau beirniadol y golygydd, E. Morgan Humphreys yn erbyn cefnogaeth Lloyd George i orfodaeth filwrol, at ei ddiswyddo gan y pwyllgor rheoli, dan gadeiryddiaeth y Parch. John Williams, Brynsiencyn.[28]

Y ddau fudiad pwysicaf i wrthwynebu'r rhyfel oedd Cymdeithas y Cymod a'r Blaid Lafur Annibynnol (BLA). Roedd y BLA yn arbennig o ddylanwadol yn yr hen ardaloedd diwydiannol hynny lle gwreiddiwyd y blaid yn hanesyddol, gan gynnwys Merthyr ac Aberdâr, ardal Cwm Tawe, Cwm Afan, Port Talbot, a phrif drefi arfordirol de Cymru: Caerdydd, Casnewydd ac Abertawe. Sail wleidyddol y gwrthwynebiad i'r rhyfel i eraill oedd cred y Marcswyr a'r Syndicalwyr o fewn Ffederasiwn Glowyr De Cymru mai rhyfel imperialaidd er budd cyfalafiaeth oedd e, ac mai swyddogaeth pennaf y gweithwyr oedd dod â'r gyfundrefn gyfalafol i ben.

Proffesai llawer o aelodau'r BLA gred wleidyddol a blethai'r moesol a'r Cristnogol gyda'i gilydd ar sail dysgeidiaeth y Bregeth ar y Mynydd, ac roedd cysylltiad agos rhwng arweinwyr y BLA a'r lleiafrif o arweinwyr crefyddol a wrthwynebai'r rhyfel. Ymhlith arweinwyr y gwrthwynebiad yr oedd heddychwyr Cristnogol fel George M. Ll. Davies, un o brif drefnwyr Cymdeithas y Cymod a'r Athro Thomas Rees, Prifathro Coleg Bala-Bangor. Cafodd ef ddylanwad mawr ar genhedlaeth o fyfyrwyr diwinyddol ym Mangor a thu hwnt, bu'n un o sefydlwyr Cymdeithas y Cymod yn Nghymru, ac yn olygydd yr unig bapur a gynhyrchwyd yn benodol i wrthwynebu'r rhyfel, sef *Y Deyrnas*.

Bwriad y llyfr hwn yw dadansoddi maint ac arwyddocâd y gwrthwynebiad at y rhyfel yn Nghymru ac ystyried cymhelliad oddeutu 893 o ddynion a ddaeth yn wrthwynebwyr cydwybodol, ac a gosbwyd am wrthod ymuno â'r Fyddin ar ôl i'r Ddeddf Orfodaeth Filwrol gael ei chyflwyno. Fel 'rhaff ag iddi amryw geinciau' y disgrifid y gwrthwynebwyr cydwybodol, gan mor amrywiol oedd sail eu gwrthwynebiad, a'u hagweddau amrywiol tuag at ofynion yr awdurdodau. Safbwynt lleiafrif sylweddol o'r gwrthwynebwyr, tebyg i'r Crynwyr, Tystion Jehofa a'r Cristadelffiaid, oedd bod eu credoau crefyddol yn eu hatal rhag derbyn awdurdod y wladwriaeth, ac yn achos rhai sectau crefyddol, rhoddwyd eithriad iddyn nhw rhag gorfodaeth filwrol. Roedd eraill o blith yr enwadau Anghydffurfiol traddodiadol, yn llawer llai tebygol o gael eu heithrio o wasanaeth milwrol oherwydd eu gwrthwynebiad cydwybodol.

Mae'r astudiaeth hon yn rhoi'r darlun cliriaf a manylaf eto o niferoedd y gwrthwynebwyr cydwybodol yng Nghymru, gan gynnwys eu safbwyntiau gwleidyddol a chrefyddol, ac mae'n esbonio a dehongli'r cysylltiadau rhwng gwrthwynebwyr cydwybodol a'i gilydd trwy Gymru gyfan. Mae hefyd yn ystyried y gwaddol a adawyd gan eu haberth ar ôl y Rhyfel Byd Cyntaf. Amlygwyd hyn ym mhersonoliaethau dynion cyffredin, yr aelodau seneddol, yr arweinwyr undebau llafur niferus, yr addysgwyr a chenhedlaeth gyfan o weinidogion yr efengyl a ddaeth yn flaenllaw ym mywyd cyhoeddus Cymru trwy gydol y cyfnod rhwng y ddau ryfel byd a thu hwnt.

Ymestynnodd y gwrthwynebiad i'r rhyfel i gynnwys yr aden chwith o fewn Ffederasiwn Glowyr De Cymru a gynhwysai bron i chwarter miliwn o aelodau, sef y Syndicalwyr a oedd yn garfan niferus a dylanwadol trwy faes glo de Cymru, ynghyd ag aelodau'r Blaid Lafur Annibynnol, a oedd yn rhan bwysig o drefniadaeth y gwrthwynebiad i'r rhyfel. Ond er mai cymhelliad gwleidyddol oedd i'r gwrthwynebiad hwn, eto eu hargyhoeddiad crefyddol oedd sail gwrthwynebiad y mwyafrif o wrthwynebwyr cydwybodol.

Nodiadau

1   Robin Barlow, *Wales and World War One* (Llandysul: Gwasg Gomer, 2014).
2   Gwyn Jenkins, *Cymry'r Rhyfel Byd Cyntaf* (Talybont: Y Lolfa, 2014).
3   Neil Evans, *National Identity in the British Isles* (Papurau Achlysurol mewn Astudiaethau Cymreig, rhif 3, 1989), t. 67.
4   General Annual Report on the British Army (Recruiting) for the period from 1st October 1913 to 30th September 1919, PP 1921, XX, Cmd. 1193.
5   Ifan Gruffydd, *Y Gŵr o Baradwys* (Dinbych: Gwasg Gee, 1963), t. 115.

6   Iorwerth C. Peate, *Y Traddodiad Heddwch yng Nghymru*, Pamffledi Heddychwyr Cymru (Dinbych: Gwasg Gee, 1943), t. 3.

7   Ibid.

8   Evan Rees, *Sketches of the Horrors of War*, a ddyfynnir yn Gwynfor Evans, *Heddychiaeth Gristnogol yng Nghymru* (Cymdeithas y Cymod, 1991), t. 5.

9   D. Ben Rees, 'Henry Richard (1812-88)' yn *Herio'r Byd*, (Lerpwl: Cyhoeddiadau Modern Cymreig, 1980), t. 55.

10 Gwyn Griffiths, *Henry Richard: Apostle of Peace and Welsh Patriot* (Llundain, Francis Boutle, 2012), yn dyfynnu Archesgob Cymru, A. G. Williams, *Memories* (Llundain, 1927), t. 10.

11 D. Ben Rees, *Dal i Herio'r Byd* (Lerpwl: Cyhoeddiadau Modern Cymreig, 1983), am 'Samuel Roberts (S.R.) 1800-1885', t. 22.

12 Glanmor Williams, *Samuel Roberts, Llanbrynmair* (Caerdydd: Gwasg Prifysgol Cymru, 1950), t. 114.

13 Goronwy J. Jones, *Wales and the Quest for Peace* (Caerdydd: Gwasg Prifysgol Cymru, 1969), t. 84.

14 K. O. Morgan, 'The Merthyr of Keir Hardie', yn *Merthyr Politics*, Glanmor Williams (gol.), (Caerdydd: Gwasg Prifysgol Cymru, 1966), tt. 84-5.

15 Gerwyn Williams, *Y Llwybr Unig* (Llandysul: Gwasg Gomer, 1993), t. 169, yn dyfynnu D. Tecwyn Lloyd, 'Y Bardd Newydd gynt', *Ysgrifau Beirniadol III* (Dinbych: Gwasg Gee, 1967), t. 85.

16 Dafydd Roberts, 'Dros Ryddid a Thros Ymerodraeth', lle dyfynnir *Y Genedl* 1 Medi 1914, *Trafodion Hanes Sir Gaernarfon*, 45 (1984), 113.

17 Ibid., lle dyfynnir *Y Genedl* 12 Hydref 1915, 118.

18 Ibid., 122-3.

19 *Y Llan*, 11 Medi 1914.

20 Ivor Nicholson a Lloyd Williams, *Wales its Part in the War* (Llundain: Hodder and Stoughton, 1922), t. 74.

21 R. Page Arnot, *South Wales Miners, 1914-1926* (Caerdydd: Cymric Federation Press, 1975), t. 7.

22 K. O. Morgan, *Wales in British Politics* (Caerdydd: Gwasg Prifysgol Cymru, 1970), t. 276.

23 Lloyd George, *Through Terror to Triumph* (Llundain, Hodder a Stoughton, 1915), t. 13.

24 *Yr Ymofynydd*, Rhagfyr 1914.

25 Llyfrgell Genedlaethol Cymru [LlGC o hyn ymlaen], Papurau D. R. Daniel, dyddiadur 1915, t. 44.

26 Noel Gibbard, *Tarian Tywi* (Caernarfon: Gwasg y Bwthyn, 2011), t. 113.

27 Archifau Prifysgol Bangor [APB o hyn ymlaen], Papurau Thomas Jones, ffolio 19885, David Thomas, 'The Pacifist Movement'.

28 APB. Papurau E. Morgan Humphreys, ffolio 15970-1; Harri Parri, *Gwn Glân a Beibl Budr* (Caernarfon: Gwasg y Bwthyn, 2014), tt. 167-71.

Gwrthwynebiad ar Sail Crefyddol

Ar doriad y Rhyfel Mawr, derbyniodd yr enwadau Anghydffurfiol yn gyflym iawn fod angen i Brydain ymarfogi. Perswadiwyd y Bedyddwyr gan y bygythiad i wledydd bychain a gynrychiolid gan benderfyniad yr Almaen i ymosod ar Ffrainc trwy wlad Belg, yn ogystal â'r ymdeimlad o anrhydedd dros wlad a Brenin.[1] Yn achos yr Annibynwyr, er gwaethaf penderfyniad eu Hundeb ym 1913 fod rhyfela yn groes i ysbryd Crist, newidiwyd eu safbwynt yn gyflym iawn:

[A]eth Undebwyr i'r ddrycin yn siriol ddigon gan fynegi llawenydd ym Mrynaman (1916) fod cynifer o Annibynwyr wedi ymrestru yn y fyddin a theimlo balchder yng ngwaith y Cadfridog o Annibynnwr, Owen Thomas. Arall oedd cenadwri J. D. Vernon Lewis. Yr oedd y Rhyfel, meddai, 'wedi ffrwydro'r breuddwydion' i gyd. Yr ydym heddyw yn byw ar derfyn rhyw oes sydd yn brysur ddirwyn i ben.[2]

Roedd ymateb swyddogol yr enwadau crefyddol Cymreig yn unedig, a'r Eglwys Sefydliedig flaenaf wrth weddïo am lwyddiant. Disgrifiodd y Parch. E. K. Jones ymateb cymysglyd y capeli: 'rhai yn rhyfelgar a chwerw; rhai yn ddywedwst ac yn amhartïol; rhai yn ddifeddwl ac yn edrych ar yr helynt oddi ar safle fydol hollol.'[3]

Roedd penodiad yr Annibynnwr o Fôn, y Brigadydd-Gadfridog Owen Thomas, yr unig Gymro Cymraeg i ennill dyrchafiad mor uchel, yn allweddol, ac yn gydnabyddiaeth o hawliau Anghydffurfwyr o fewn y Fyddin am y tro cyntaf.[4] Perswadiwyd y Parch. John Williams, Brynsiencyn, gan Lloyd George i fwrw ei goelbren er mwyn recriwtio bechgyn ifainc i'r Fyddin a'i wneud yn Gyrnol. Anogodd ei gyd-weinidogion i ymuno yn yr ymgyrch, a honnodd ei gofiannydd, yn ddadleuol ddigon, y byddai Anghydffurfwyr gogledd-orllewin Cymru wedi peidio â gwrthwynebu'r rhyfel pe bai'r Parch. John Williams wedi peidio ag ymuno â'r ymgyrch recriwtio. Bid fel y bo, mae haneswyr wedi disgrifio'r berthynas glòs rhwng Williams a Lloyd George fel un lle y bradychodd Williams ei egwyddorion:

> Roedd teyrngarwch y Parch. John Williams, Brynsiencyn i Gymro enwoca'r dydd yn peri iddo ddehongli unrhyw feirniadaeth ar weithgaredd Lloyd George fel teyrnfradwriaeth.[5]

Rhoddodd Williams arweiniad i weinidog ymwneud â'r ymgyrch recriwtio, ac adroddodd y bardd Amanwy (David Rees Griffiths), brawd yr arweinydd Llafur James Griffiths, hanes cyfarfod yn Rhydaman i drafod sut gellid sicrhau mwy o filwyr:

> Y feirniadaeth lymaf a glywais ar yr eglwysi oedd y stori a adroddai'r Parch. John Griffiths, Rhydaman. Dweud oedd ef, bod gweinidogion cylch dyffryn Aman wedi eu galw ynghyd gan yr awdurdodau, i geisio darganfod rhyw gynllun i gynorthwyo'r llywodraeth yn ei chyni. Wedi i'r cadeirydd osod y mater gerbron y cwrdd, aeth yn fudandod creulon ar bawb. Wedi oedi am funudau lawer, cododd un gweinidog – nid o Rydaman – gan gynnig eu bod yn barod i gymryd lle'r athrawon yn yr ysgolion, er mwyn i'r *rheini* gael mynd i ymladd â'r gelyn![6]

Thomas Rees
Arweinydd y gwrthwynebiad yng
Nghymru i'r Rhyfel Mawr ar sail
Gristnogol. Prifathro Coleg
Annibynnol Bala-Bangor ac un o
ddiwinyddion praffaf yr oes.

Roedd y Prifathro Thomas Rees, pennaeth Coleg Bala-Bangor, coleg diwinyddol yr Annibynwyr ym Mangor, eisoes wedi ennill ei blwyf yn ddiwinydd ac ysgolhaig amlwg. Gwreiddid ei heddychiaeth milwriaethus yn ei argyhoeddiad dwfn fod rhyfel yn gwbl anghyson â dysgeidiaeth ac ysbryd Iesu Grist, ac ef yn ddi-os oedd y ffigur mwyaf dylanwadol o fewn y mudiad heddwch yng Nghymru.[7] Ef oedd y person cyhoeddus cyntaf i fentro cyhoeddi ei wrthwynebiad i'r rhyfel ar sail grefyddol a Christnogol.[8] Ysgrifennodd lythyr at *Y Tyst* ar 30 Medi 1914 yng nghanol cyfnod recriwtio mwyaf toreithiog y rhyfel, llythyr a oedd yn gwbl ddamniol o weithgarwch y crefyddwyr hynny a gefnogai'r ymgyrch ryfel, a'r gwleidyddion hynny a anogai ddynion i ymuno â'r Fyddin. Gofynnodd i'w ddarllenwyr roi'r gorau i obeithio mai rhyfel i roi terfyn ar ryfel oedd hwn, ac erfyniodd ar ddarllenwyr i beidio credu'r storïau ynglŷn â barbareiddiwch a chreulondeb yr Almaenwyr:

> ... nid yw'n debyg y gall un fyddin daflu carreg at y llall yn y pen draw; ac nid teg condemnio cenedl am fod rhyw ddihirod yn colli eu dynoliaeth ar faes y frwydr.[9]

Rhybuddiodd rhag gosod '[c]ochl sanctaidd' ar y rhyfel, ac yn arbennig ar y sawl – nid enwodd Lloyd George – a honnai mai rhyfel sanctaidd o blaid cenhedloedd bychain oedd hwn. Cyfeiriodd at ragrith Prydain, yn gwrthod amddiffyn Lwcsembwrg ar y naill law, ond yn rhuthro i amddiffyn gwlad Belg ar y llaw arall:

> Pa fath amddiffynwyr cenhedloedd bychain yw'r gwledydd sydd heddyw yn treisio Persia, Ffinland, yr Aifft, a Llydaw? Dyweder yn onest fod Lloegr yn ymladd am ei masnach a'i safle a'i dylanwad ymhlith cenhedloedd y byd. Ond nid yw hynny yn galw ar Eglwys Crist i droi'n 'recruiting agency' i berswadio pobl i fynd i ryfel.

Mynnodd nad cyfrifoldeb arweinwyr eglwysig oedd casglu pobl i'r fyddin, a galwodd ar draddodiad ac olyniaeth heddychwyr mawr yr enwad Annibynnol – Henry Richard, Samuel Roberts a Gwilym Hiraethog – i'w 'gadw'n lân'. Profodd ei dystiolaeth bersonol yn ysbrydoliaeth i'r lleiafrif a wrthwynebai ryfel:

> Credaf y teimla'r mwyafrif ohonom fod rhyw anghysoner gwreiddiol rhwng pregethu Efengyl y Groes a maddeuant a heddwch, a phregethu lladd a goresgyn a theyrnasu trwy rym cledd a magnel. Boddlon wyf i'r neb a gredo'n wahanol ddilyn ei argyhoeddiadau. Ond hyderaf y gwrthodwn ein gyrru gan lais y lliaws na chan ddylanwad gwleidyddwyr, gan nad pa mor uchel, i wneud yr hyn a deimlem yn anghyson a'n 'galwedigaeth sanctaidd'.[10]

Cafwyd yr ymateb chwyrnaf posibl i'w lythyr. Fel y dywedir yn ddramatig ddigon yn ei gofiant, fe 'ddringodd y Prifathro … i binacl ei amhoblogrwydd. Ac yn yr unigrwydd oer hwnnw y ceir ef yn broffwyd gwrthodedig.'[11] Fe'i cyhuddwyd o deyrnfradwriaeth gan bapur Anglicanaidd *Y Llan*, a chyhuddodd y *Western Mail* ef o ddiffyg teyrngarwch i Brydain wrth awgrymu nad oedd yn ddi-fai yn yr argyfwng presennol:

These ridiculous perversities would not claim a moment's attention but for the fact that they appear over the signature of a leader of Welsh Nonconformity and a burning and shining light among Welsh Congregationalists. If his statements are not publicly repudiated by those who can speak in the name of Welsh Nonconformity serious harm may be done to the national and patriotic movement in Wales initiated by Mr Lloyd George and Mr Asquith ... The need for official action to counteract the pernicious effects of the

Arwydd o bryder cefnogwyr y rhyfel oedd ymgyrch ffyrnig a phersonol y papur Ceidwadol, y Western Mail, yn erbyn arweinydd yr heddychwyr, y Prifathro Thomas Rees.

Rev. T. Rees['s] letter is the greater seeing that in Wales ... the popular leaders are the religious leaders.[12]

Yn yr un rhifyn o'r *Tyst* ymddangosodd llythyr wedi ei arwyddo ar y cyd gan nifer o arweinwyr yr enwadau Anghydffurfiol mewn 'Apêl at Wŷr Cymru', a ymddangosodd mewn nifer o bapurau Cymraeg, enwadol ac anenwadol. Er i'r awduron bwysleisio mai barn bersonol a gynhwysid, eto dywedwyd 'y gellir edrych ar eu datganiad fel yn cynrychioli golygiadau y mwyafrif ar y rhyfel'.[13] Cychwynnodd y *Western Mail* ymgyrch fileinig yn erbyn Thomas Rees dros y misoedd canlynol, gan ddechrau gyda chartŵn dychmygus yn dangos y Kaiser yn ei longyfarch ac yn cyfeirio at erchyllweithiau'r Fyddin Almaenig yng ngwlad Belg:

Well done, Principal Rees! Continue, my dear fellow, to pooh-pooh German atrocities, and do all you can to prevent Welsh men enlisting and later on my soldiers shall come to Wales and treat your university as they did at Louvain.[14]

Cyhuddwyd Rees o'r 'foul slander' bod milwyr Prydeinig mor euog â milwyr Almaenig o ladd, llosgi ac ysbeilio, a galwyd arno i beidio â defnyddio ei ddylanwad yn arweinydd crefyddol mewn modd oedd yn rhwystro recrwitio ar gyfnod o argyfwng cenedlaethol.[15] Wrth ymateb, derbyniodd Rees fod gan lywodraeth hawl i fynd i ryfel, ond protestiodd yn erbyn yr eglwysi am fod yn rhan o'r ymgyrch recriwtio:

I note that the Cardiff Tory paper, as if it were the Czar and the Kaiser rolled into one, calls upon the leaders of

Nonconformity and the Congregational authorities to put me in the stocks for presuming to request newspapers to be more truthful and politicians to be honest, and for asking that religious people should have liberty. This is precisely the spirit against which I protested. The newspapers and the Government made the war without consulting the Church, and now they call upon the Church to carry it on, while the *Western Mail* commands the Nonconformist denominations to penalize whomsoever will not kneel before its idol...[16]

Cryfhawyd Rees gan y feirniadaeth gyson hon, ac ysgrifennodd at gyfaill i danlinellu ei ddymuniad am greu mudiad heddwch effeithiol yng Nghymru:

You see I am in open revolt ... I will join any rebellion that will come along ... I mean ... to make the anti-war position recognized and of some authority in North Wales politics and religion, but it will take some time.[17]

Ni ddylai fod yn syndod y cyrhaeddodd 'binacl ei amhoblogrwydd':

Yn yr unigrwydd oer hwnnw y ceir ef yn broffwyd gwrthodedig. Melltithiwyd ei enw yn y cudd a'r cyhoedd. Diarddelwyd ef o'i aelodaeth gan Glwb Golff Bangor, cyfyngwyd i raddau ar ei gyfleusterau pregethu, amheuwyd ei addasrwydd yn bennaeth coleg, ac edrychid arno'n wir megis un i'w osgoi ymysg dynion.[18]

Y wedd fwyaf hurt o'r pwysau ar Rees oedd yr ymdrech i'w daro oddi ar restr aelodaeth clwb golff Bangor, ond ymddiswyddodd y cyfreithiwr a gynigiodd ei dorri allan pan wrthododd aelodau o'r pwyllgor gwaith â mynd â'r mater ymhellach.[19] Yn ddiweddarach fe'i diarddelwyd, ond roedd ei ymateb yn ddidaro:

> The whole thing is too idiotically absurd. One would scarcely know that we are living in a 'free country' if we hadn't a daily press that tells us so. Well, its glorious weather and even the Huns, local and universal, can't spoil the joy of it.[20]

Cafodd y Prifathro Thomas Rees ei eni ym mhlwyf Llanfyrnach, yn yr un ardal o sir Benfro â T. E. Nicholas, neu 'Niclas y Glais', a daeth y ddau yn gyfeillion ac yn gyd-ymgyrchwyr yn erbyn y rhyfel. Adwaenid Rees fel 'un o arloeswyr y blaid Lafur yng Ngogledd Cymru'[21] a phontiai Niclas[22] y wedd wleidyddol a chrefyddol o'r gwrthwynebiad i'r rhyfel. Yn ogystal â bod yn weinidog gyda'r Annibynwyr, roedd yn bropagandydd diflino ar ran y BLA, ac yn gyfaill agos i arweinydd cyntaf y Blaid Lafur ac Aelod Seneddol y blaid honno ym Merthyr Tudful, sef Keir Hardie. Niclas oedd siaradwr Cymraeg amlycaf y BLA, ac ef a draddododd bregeth angladdol Hardie, ac a ddewiswyd yn ymgeisydd aflwyddiannus y BLA yn etholaeth Merthyr Tudful yn

Niclas y Glais – y Marcsydd a'r Cristion. Y gweinidog, T. E. Nicholas, neu Niclas y Glais, oedd lladmerydd mwyaf croch y mudiad gwrthryfel, trwy ei bregethu, ei ysgrifau toreithiog yn y Pioneer, *lle bu'n olygydd Cymraeg, a'i ymgyrchu di-baid trwy Gymru.*

Etholiad Cyffredinol 1918. Ar gyfer cenhedlaeth ifanc Gwenallt yn y BLA, Niclas y Glais oedd un o'r prif arwyr:

Y tri oedd gennym fwyaf o barch iddynt am eu didwylledd oedd Keir Hardie, George Lansbury a Niclas y Glais. Yr oedd yn y Mudiad llafur lawer o 'weilch', gwyr a obeithiai ar lithrigrwydd eu rhethreg ragrithlyd, a phan gawsant eu cyfle i gusanu llaw'r Brenin, troesant yn Doriaid a chyrraedd eu seithfed nef wrth gusanu gwefusau cyfalafol arglwyddesau Llundain.[23]

Roedd T. E. Nicholas yn un o sylfaenwyr cangen y BLA yn y Glais ym 1906, ac yn aelod o gangen y Blaid Lafur yn Ystalyfera ar gyfer etholaeth Gŵyr.[24] Ym 1908, daeth yn olygydd Cymraeg papur y BLA, *The Pioneer*, a bu'n awdur toreithiog ar bamffledi, barddoniaeth ac erthyglau gwleidyddol mewn cylchgronau Cymraeg fel *Y Genhinen*, a sicrhaodd hynny fod ei waith yn wybyddus i gynulleidfaoedd trwy Gymru gyfan. Wedi dechrau'r rhyfel parhaodd ei weithgarwch er iddo symud o Gwm Tawe i Langybi yng Ngheredigion ym mis Ionawr 1914,[25] ac roedd yn un o'r siaradwyr disgleiriaf a mwyaf poblogaidd mewn cyfarfodydd heddwch a chyfarfodydd gwrth-ryfel. Ar ôl cyflwyno gorfodaeth filwrol yn Ionawr 1916, daeth yn ysgrifennydd sir Aberteifi o'r Frawdoliaeth Gwrthwynebu Gorfodaeth Filwrol, sef y No-Conscription Fellowship (NCF), y gymdeithas a anogai ddynion ifainc i wrthod ymuno â'r Fyddin ac a gefnogai'r rhai a wnaeth hynny. Cadwai'r heddlu a'r gwasanaethau diogelwch lygad barcud arno, gan ei ddilyn ac agor ei ohebiaeth yn gyson. Ceisiodd Prif Gwnstabl sir Forgannwg ei restio sawl gwaith, ond cafodd ei atal rhag gwneud hynny trwy bwysau oddi wrth wasanaethau cudd y Gangen Arbennig ac MI5, oedd am osgoi creu cynnen ddiangen.[26]

Roedd nifer o weinidogion eraill hefyd yn ddigon dewr i gyhoeddi eu gwrthwynebiad i'r rhyfel, gan gynnwys yr athrylith dall, y Parch. J. Puleston Jones, gweinidog Penmount, Pwllheli, yn ei erthyglau wythnosol i'r *Goleuad*, ac ef hefyd oedd yn gyfrifol am basio penderfyniad yng Nghymdeithasfa'r Methodistiaid Calfinaidd yn Awst 1917 yng Nghaernarfon, yn llawenhau yn y mudiad o blaid heddwch, ac yn annog y Llywodraeth i fanteisio ar bob cyfle i gynnal trafodaethau heddwch.

Y corff a grëwyd i wrthwynebu'r rhyfel ar sail Gristnogol oedd Cymdeithas y Cymod, a sefydlwyd ym mis Hydref 1914 yng Nghaergrawnt gyda'r amcan o 'glymu dynion a merched â'i gilydd, ac a gredai na ellid gorchfygu ysbryd cynnen, p'run ai yn genedlaethol, personol neu economaidd, ond trwy gred ymarferol mai Cariad, fel y dangosir gan aberth Iesu Grist, yw'r unig sail gwirioneddol ar gyfer Cymdeithas, sy'n barod i dderbyn canlyniadau y fath gred.'[27] Ei drefnydd cyntaf oedd y Parch. Richard Roberts, yn wreiddiol o Flaenau Ffestiniog, a fu'n gweinidogaethu yng Nghapel Presbyteraidd Saesneg Crouch Hill yn Llundain, ond a siomwyd gan anghymerad-wyaeth ei gynulleidfa at ei heddychiaeth. Dechreuodd olygu cylchgrawn y Gymdeithas, *The Venturer*, gan sefydlu cylchrediad o dair mil o gopïau'r mis, ac ymunodd George M. Ll. Davies ag ef ym mis Medi 1915, gan ddod yn ysgrifennydd cynorthwyol, di-dâl (ar wahân i dreuliau o ddeg swllt y mis), ac yn olygydd *The Venturer* wedi hynny. Bu'n rheolwr banc yn Wrecsam ac, yn ddigon eironig, yn is-gapten yn y Tiriogaethwyr am gyfnod, cyn ymddiswyddo am yr ystyriai ei fod yn groes i ysbryd Crist. Trwy ddylanwad David Davies, Llandinam, daeth yn ysgrifennydd ymddiriedolaeth ganolog ddyngarol newydd, sef y Welsh Town Planning and Housing Trust yng Nghaerdydd, a chafodd hefyd gynnig golygyddiaeth y

Welsh Outlook, ond gwrthododd, gan benderfynu ymuno â Chymdeithas y Cymod.

Yng Nghymru mabwysiadodd Cymdeithas y Cymod gymeriad unigryw a gweithgar a datblygwyd y mudiad gan unigolion allweddol, gweinidogion Anghydffurfiol Cymraeg yn bennaf, a oedd yn byw yng ngogledd a gorllewin Cymru. Mae'n drawiadol fod gweithgarwch trwy gyfrwng y Saesneg gan Gymdeithas y Cymod yng Nghymru wedi bod yn gymharol gyfyngedig a di-sylw.

Sefydlwyd y gangen gyntaf o'r Gymdeithas yng Nghymru ym Mangor, ym mis Mehefin, 1915.[28] Anerchwyd y cyfarfod sefydlu ym Mangor yng Nghapel y Tabernacl gan y gweinidog lleol, y Parch. Hywel Harris Hughes, Richard Roberts o Lundain, a'r Prifathro Thomas Rees. Cynhwysai'r gynulleidfa ddegau o fyfyrwyr o golegau diwinyddol a Choleg Prifysgol y ddinas, a daeth nifer ohonynt yn wrthwynebwyr cydwybodol ym 1916. Mewn cyfarfod pellach, penderfynwyd trefnu rhanbarth o Gymdeithas y Cymod, gyda changhennau ym Mangor/Bethesda, Caernarfon/Pen-y-groes, Blaenau Ffestiniog a Phwllheli.[29]

Crëwyd yr ail ranbarth yng nghylch Wrecsam ar 2 Mehefin 1915, pan gynhaliwyd cyfarfodydd o blaid heddwch yn ardaloedd Ponciau a Rhosllannerchrugog, ac anerchwyd gan George M. Ll. Davies, y Parch. Herbert Dunnico, ysgrifennydd y Gymdeithas Heddwch, y Parch. D. Wyre Lewis a'r Parch E. K. Jones, gweinidog gyda'r Bedyddwyr yng Nghefn-mawr ger Wrecsam. Sefydlwyd llond llaw o isganghennau yn yr ardal, ond gellir tybio bod eu dylanwad yn gyfyngedig. Disgrifiodd y Parch. Tegla Davies yr ymateb i sefydlu'r gangen yng Nghroesoswallt fel hyn:

Pan gychwynasom ar y gwaith, caem groeso i ystafell bur ddymunol, ond pan ddaeth chwaon o amheuaeth heibio ynghylch ein hamcanion, gwthiwyd ni i ystafell fwy dirywiedig, ac felly ymlaen nes o'r diwedd gyrraedd y seler.[30]

Yn ne Cymru, ymunodd Cymdeithas y Cymod â'r gynghrair o gyrff a oedd yn weithgar yn erbyn y rhyfel, gan gynnwys y BLA, y No-Conscription Fellowship (NCF), yr Union of Democratic Control (UDC) a chyfrinfeydd glofeydd o fewn Ffederasiwn Glowyr De Cymru. Canolfan y gwrthwynebiad oedd Merthyr Tudful, lle crewyd 'Cyngor Heddwch Merthyr Er Atal y Rhyfel,' a denwyd torfeydd o dros dair mil i'w cyfarfodydd cyhoeddus,[31] ond prin iawn oedd y nifer o ganghennau mewn rhannau eraill o Gymru. Erbyn Ionawr 1918, dim ond un ar ddeg o ganghennau oedd wedi'u sefydlu ac yn ne Cymru fe'u dosbarthwyd yng Nghaerdydd (ynghyd â changen myfyrwyr), Abertawe, Merthyr Tudful, Nelson yng Nghwm Rhymni, ac Aberystwyth.[32] Ym mis Tachwedd 1918, sefydlwyd cangen o Gymdeithas y Cymod yn Nhrawsfynydd, gyda hanner cant o aelodau a oedd wedi'u cythruddo gan y gamdriniaeth a roddwyd i wrthwynebwyr cydwybodol,[33] ond eithriad oedd hyn, a chyfeiriwyd egni yr aelodau mwyaf gweithgar i gydweithredu gyda mudiadau fel y BLA neu weithio drwy'r enwadau.

Roedd chwech o'r un ar ddeg o ysgrifenyddion yn weinidogion ac mae'n amheus i ba raddau y gweithredai'r canghennau mewn modd disgybledig a threfnus, ond mae'n arwyddocaol fod aelodau lleol, mewn ardaloedd tebyg lle oedd gwrthwynebiad yn gryf, fel Cwm Tawe a Llansawel, yn gweithio trwy grwpiau heddwch lleol. Ym Mhontardawe, roedd dau weinidog gyda'r Annibynwyr, sef y Parch. Llewellyn Bowyer, Capel Dan y Graig, Allt-wen, a'r Parch. W. J. Rees, Capel Allt-wen, yn ymgyrchwyr cyhoeddus ac eofn o blaid heddychiaeth ac yn ffigurau blaenllaw yn yr ymgyrch yn erbyn y rhyfel yn y cwm. Ym 1916, ymaelododd Gwenallt â'r BLA a daeth yn aelod o'r NCF, yn bennaf, meddai ei gyfaill Albert Davies, oherwydd dylanwad y ddau weinidog arno. Daethant yn gyfeillion agos iddo, a nhw a'i bedyddiodd yn 'Gwenallt'.[34] Roedd Bowyer a Rees yn weithgar iawn hefyd yng Nghymdeithas y Cymod, yn cynorthwyo i gynhyrchu a dosbarthu pamffledi Cymraeg yn erbyn y rhyfel ac yn rhoi cefnogaeth ymarferol a moesol i'r gwrthwynebwyr cydwybodol a'u teuluoedd.[35] Dau gapel arall a berthynai i'r Annibynwyr yn yr ardal, ac a roddodd swcwr i'r gwrthwynebwyr, oedd Beulah, Cwm-twrch a Bryn Seion, Craig-cefn-parc.[36] Canolfan arall ar gyfer y gwrthwynebiad oedd Capel Bedyddwyr Saesneg Jerwsalem yn Llansawel lle cynhelid cynifer o gyfarfodydd heddwch gan y Gymdeithas Heddwch a'r BLA yn erbyn y rhyfel fel y'i llysenwyd yn 'Kaiser's Church'.[37] Cafodd ei gweinidog carismataidd Rees Powell, a'i wraig ddylanwadol Elisabeth, effaith fawr ar bobl ifainc y BLA yno. Cynhaliwyd cyfarfodydd gwrth-ryfel yno hyd yn oed ar ôl Ionawr 1917, pan benderfynodd y cyngor lleol wahardd y BLA a'r mudiadau a wrthwynebai'r rhyfel rhag defnyddio neuadd gyhoeddus y dref.[38] Mae hanes swyddogol yr eglwys yn awgrymu bod heddychiaeth y gweinidog wedi creu tensiynau ar y pryd:

> Much bitter opposition and hostile abuse was aroused by a series of peace meetings held in the chapel ... Quite a number of the young men of the chapel and Sunday School joined the army, but others obeyed the dictates of conscience and were imprisoned. In a public meeting at the close of the war, Mr. Powell said; 'I thank God that no young man can ever say that I sent him to the war'.[39]

O'r 33 o wrthwynebwyr cydwybodol a ddaeth o Lansawel,

disgrifiodd 42% eu hunain yn Fedyddwyr ac yn fynychwyr Capel Jerwsalem, ac roedd traean yn aelodau o'r BLA.[40] Ymhlith capeli cefnogol eraill yn ne Cymru yr oedd Capel Seion yng Nghwmafan, Bryn Seion yng Nghraig-cefn-parc a Chapel Methodistaidd Saesneg Hope ym Merthyr Tudful, lle bu'r Parch. John Morgan Jones yn pregethu heddwch ac yn gweithio yn agos gyda'r mudiad gwrth-ryfel yn ne Cymru. Erbyn 1916, adwaenid y cymysgedd o agwedd filwriaethus at berchnogaeth diwydiant a chefnogaeth i'r mudiad heddwch, fel 'Merthyrism'.[41]

Disgrifiodd George M. Ll. Davies olygfa ryfeddol pan ddaeth i annerch cyfarfod heddwch yng nghwmni John Morgan Jones:

> Yn y dyddiau hynny (1915) arfer heddychwyr oedd cyfarfod mewn ystafelloedd o'r neilltu ... er fy syndod, aeth a mi i neuadd fwyaf y dref. Pan welais gynulliad o ddwy fil yn disgwyl amdanom tybiais eu bod am ein gwaed ... Cawsom wrandawiad astud a chefnogaeth i syniadau a fuasai'n tynnu'r dorf am ein pennau yn Llundain.[42]

Ailadroddwyd y golygfeydd hyn trwy gydol y rhyfel, a chynhaliwyd pedwar cyfarfod protest torfol yn hanner cyntaf 1916 a phedwar arall yn ail hanner y flwyddyn. Ym 1917, cynhaliwyd un cyfarfod torfol ar ddeg yn y Rinc, a chwe chyfarfod pellach ym 1918 cyn y Cadoediad. Roedd John Morgan Jones yn un o'r prif drefnwyr a siaradwyr, a bu'n weithgar iawn yng Nghyngor Heddwch Merthyr. Oherwydd ei weithgarwch o blaid heddwch, denodd lawer o'r BLA i fynychu'r Hope cyn iddynt gilio ar ddiwedd y rhyfel, pan sylweddolwyd nad oedd yn groyw o blaid rhyfel dosbarth.[43]

Mae'n ymddangos bod Cymdeithas y Cymod yng Nghymru wedi gweithredu'n weddol annibynnol o'r Gymdeithas yn ganolog ac ychydig iawn o Gymru a fynychai Gyngor canolog y Gymdeithas.[44] ond roedd y berthynas rhwng y gymdeithas yng Nghymru a Llundain, a rhwng y Cymry yn y swyddfa ganolog a gwŷr fel y Prifathro Thomas Rees, yn un bersonol a chlòs. Talodd Cymdeithas y Cymod yn ganolog am gyfieithu ac argraffu pamffledi yn Gymraeg, gan gynnwys 2,500 o gopïau o *Faith for the new Age* a 2,500 copi o bamffled, *How to Check the Spirit of Militarism*.[45] Ond y cam pwysicaf ac allweddol a gymerwyd yng Nghymru oedd y penderfyniad i sefydlu cylchgrawn Cymraeg er mwyn gwrthwynebu'r rhyfel. Ym mis Ionawr 1916, wrth i orfodaeth filwrol gael ei chyflwyno, hysbysodd Thomas Rees bwyllgor llenyddiaeth y Gymdeithas fod canghennau Bangor a Wrecsam o'r Gymdeithas yn ystyried creu cylchgrawn, gan mai 'the only means of getting at the public in Wales was by a distinctively Welsh journal'. Sicrhawyd Rees o'u cefnogaeth a derbyniodd warant ariannol o ugain punt yn erbyn colled am y flwyddyn gyntaf.[46]

Cylchgrawn *Y Deyrnas*, dan arweiniad y Prifathro Thomas Rees, oedd cyfraniad mwyaf nodedig Cymru i'r mudiad yn erbyn y Rhyfel Mawr ar sail Cristnogol, a chyda chylchrediad o dair mil o gopïau yn ei anterth, roedd yn erfyn pwysig a ledaenai neges beryglus yn erbyn y rhyfel ar draws Cymru. Sefydlwyd y cylchgrawn ym mis Hydref 1916, 'am y teimlai cwmni bychan nad oedd llais na lle yn y Wasg Gymreig i'w olygiad ar Egwyddorion Efengyl Crist a'u cymhwysiad at amgylchiadau anghyffredin y cyfnod.'[47] Am gyfnod o dair blynedd gwerthodd *Y Deyrnas* gyfartaledd o 2,750 o gopïau yn fisol trwy Gymru gyfan a denodd rhai awduron ifainc mwyaf nodedig yr oes i gyfrannu, gan gynnwys T. Gwynn Jones, T. H. Parry-

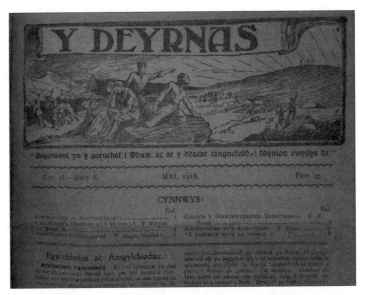

Y Deyrnas – *yr unig bapur yng Nghymru a sefydlwyd yn unswydd er mwyn gwrthwynebu'r rhyfel. Roedd ganddo arlliw heddychol Gristnogol, ymddiddorai mewn diwygio cymdeithasol, ac adroddai ar hynt a helynt y gwrthwynebwyr cydwybodol.*

Williams, David Thomas, Tegla Davies a T. E. Nicholas. Fe'i sefydlwyd yn dilyn cyfarfod yn y Bermo ym mis Mawrth 1916, wrth i'r gwrthwynebwyr cydwybodol cyntaf gael eu carcharu. Ymhlith y sylfaenwyr yr oedd T. Gwynn Jones, T. H. Parry-Williams, y Parch. John Morgan Jones, Merthyr, y Parch. John Morgan Jones, Bangor, y Parch. Tegla Davies, a'r Parch. J. Puleston Jones, Pwllheli. Yno, hefyd, yr oedd yr awdures ddisglair Eluned Morgan, Patagonia, a phedwar o fyfyrwyr Coleg Bala-Bangor. Thomas Rees oedd wrth galon y fenter, fel y prif olygydd, ac yn ysbrydolwr i fintai o fyfyrwyr a gweinidogion ifainc, a sicrhaodd gyfraniadau gan awduron disglair megis David Thomas, T. E. Nicholas a Wil Ifan.

Y papur hwn oedd cyfraniad mwyaf unigryw Cymru i'r ymgyrch gwrth-ryfel ar sail Gristnogol – roedd *Y Deyrnas* yn erfyn pwysig a ledaenai neges beryglus yn erbyn y rhyfel. Mae'n drawiadol fod y cylchgrawn Cymraeg hwn yn denu cymaint o ddarllenwyr â *The Venturer*, cylchgrawn Saesneg a gylchredai trwy Brydain. Yn ei rifyn cyntaf, gosododd Thomas Rees genhadaeth heddychiaeth Gymreig yn glir gan resynu na fu Cristnogaeth Ewrop yn:

> wrthglawdd digonol yn erbyn y rhyferthwy dinistriol. Ond o ystyried, gwelwn mai un yn unig o effeithiau ysbryd Anghrist yw y gyflafan hon; i'r un achos y [mae'n] rhaid olrhain drygau cymdeithasol, cenedlaethol a rhyng-genedlaethol ein hoes. Yn wyneb hyn oll, rhaid fod rhywbeth i'w dystiolaethu yn enw Teyrnas Dduw.[48]

Gellid priodoli gwerthiant *Y Deyrnas* i ddylanwad unigolion allweddol yn lleol, yn weinidogion yr efengyl neu rhai gweithgar yn y mudiad llafur. Ymhlith gwerthwyr *Y Deyrnas*, er enghraifft, yr oedd gweinidogion amrywiol wedi'u gwasgaru trwy Gymru – y Parch. D. L. Jones, Aberaeron, y Parch. R. Parry Roberts, Glan Conwy, y Parch. J. C. Jones, Treherbert, y Parch. T. H. Williams, Tal-y-cafn, y Parch. Dan Jones, Tregaron, a'r Parch. D. Peregrine, Tre-lech.

Ymhlith dosbarthwyr *Y Deyrnas* hefyd, roedd dynion a oedd yn amlwg yn y mudiad llafur, ac yn fwy arbennig yn gysylltiedig â'r Blaid Lafur Annibynnol a'r Social Democratic Federation. Yn eu plith yr oedd yr undebwr, sosialydd a'r Marcsydd adnabyddus ac aelod o'r SDF, D. R. Owen, Garnant; Tom Evans, Ynysmeudwy, ysgrifennydd cangen y BLA yn y pentref; a David Thomas, a weinyddai Gyngor Llafur Gogledd Cymru trwy gydol y rhyfel, tra'i fod yn wrthwynebydd cydwybodol yn gweithio ar fferm yn Bers ger Wrecsam.[49]

**Tabl Un – Dosbarthiad Misol *Y Deyrnas*
i siopau a gwerthwyr ym 1917[50]**

Morgannwg	915
Dinbych a Fflint	381
Sir Gaernarfon	371
Sir Gaerfyrddin	332
Sir Feirionnydd	278
Sir Aberteifi	117
Sir Benfro	89
Sir Fôn	71
Sir Drefaldwyn	60
Sir Frycheiniog	6
Llundain	26
Cyfanswm:	2,646

Awgryma ystadegau gwerthiant y cylchgrawn fod y mwyafrif llethol o gopïau yn cael eu dosbarthu yn bennaf yng ngogledd Cymru, sir Gaerfyrddin a rhan orllewinol y maes glo carreg. Yng ngogledd Cymru, roedd y cylchrediad uchaf yn ardal Wrecsam (124), Trawsfynydd (72) a Blaenau Ffestiniog (73), ynghyd ag ardaloedd llechi dyffrynnoedd Nantlle ac Ogwen, Caernarfon (74) a Bangor (30). Yn sir Benfro mae'n ymddangos fod clwstwr o werthiant ynghylch pentrefi gogledd y sir, sef Clunderwen, Boncath, Y Glog a Llanfyrnach (76 copi), o bosibl yn gysylltiedig â dylanwad gweinidog lleol, y Parch. Gilbert Jones, Llangloffan, a Thomas Rees a T. E. Nicholas, gan fod y ddau o'r ardal honno. Ymgasglai criw o wrthwynebwyr yng nghwmni Ben Jones, teiliwr cynorthwyol o Boncath ac aelod o'r BLA, a oedd hefyd yn drefnydd sir Benfro ar gyfer yr NCF.[51] Gwerthid 254 copi yn Nyffryn Aman, ac ym Morgannwg, y canolfannau mwyaf oedd Abertawe (63), Cwm Tawe (59), Merthyr a'r cylch (51) ac Aberdâr (36).

Ond yr ardal lle gwerthid y mwyafrif, yn ddi-os, oedd y Rhondda (123), gyda'i phoblogaeth sylweddol.

Mae'n rhyfeddol na weithredodd yr awdurdodau yn erbyn *Y Deyrnas*, o ystyried maint ei feirniadaeth o bolisi rhyfel y Llywodraeth. Araf iawn oedd yr awdurdodau i sylweddoli arwyddocâd *Y Deyrnas* ac mewn adroddiad mewnol gan swyddfa Gudd-wybodaeth Milwrol y Fyddin yng Nghaer yn Chwefror 1918, datgelwyd anwybodaeth affwysol ynglŷn ag arwyddocâd y papur:

A copy of the March number of the Welsh paper 'Y Deyrnas' (The Kingdom) together with a translation of 2 articles therein is appended (Appendix A) This paper circulates in North Wales. It is not known to what extent. The editor is Principal Thomas Rees of Bala Bangor Training College.[52]

Roedd y swyddog yn anghywir ar ddau gownt. Coleg diwinyddol wrth gwrs, oedd Coleg Bala-Bangor, nid coleg hyfforddi, a chylchrediad cenedlaethol, o dair mil o gopïau, oedd gan *Y Deyrnas*, gyda'r mwyafrif o gopïau yn cael eu gwerthu yn y De diwydiannol.[53] Bu dylanwad *Y Deyrnas* yn bellgyrhaeddol ac yn falm i'r sawl a ofnai filitariaeth y cyfnod. Gwasanaethodd W. J. Gruffydd yn y Llynges yn ystod y rhyfel, ond fe'i cysurwyd gan neges glir y cylchgrawn:

Mi ddysgais ei garu cyn imi erioed ei weled, oherwydd derbyn *Y Deyrnas* pan oeddwn mewn gwlad bell amser rhyfel; ac yr wyf yn credu hyd hediw mai'r Deyrnas honno fu un o'r achosion cryfaf na chollodd Cymru ei henaid yn hollol yn nydd y gwallgofrwydd mawr.[54]

Pan gyflwynwyd gorfodaeth filwrol i ddynion rhwng 18 a

41 oed ym mis Ionawr 1916, cyngor Cymdeithas y Cymod oedd mai mater i'r gydwybod unigol oedd penderfynu sut i ymateb, ond awgrymid y gallai unigolion dderbyn dewis gwasanaethu mewn modd anfilwrol.[55] Rhoddodd arweinwyr y mudiad gwrth-ryfel, fel y Prifathro Dr Thomas Rees, eu cefnogaeth moesol ac ymarferol i wrthwynebwyr cydwybodol, ac erbyn haf 1917, roedd y cysyniad o 'heddwch trwy drafod', am gyfnod byr o leiaf, yn fwy derbyniol i aelodau'r enwadau Anghydffurfiol mewn cyfnod lle roedd y Prif Weinidog, David Lloyd George, yn galw am 'knock-out blow' yn erbyn yr Almaen. Ond wedi'u gwasgaru ymhlith nifer gymharol fechan o gapeli trwy Gymru, ni ddelid safbwynt heddwch cyhoeddus gan fwy na hanner cant o weinidogion crefyddol.

Arwydd o ddylanwad y Prifathro Thomas Rees oedd ymateb ei fyfyrwyr i orfodaeth filwrol. Er i saith o fyfyrwyr ymuno yn wirfoddol â'r Fyddin, ceisiodd deunaw o'i

Coleg Bala-Bangor
Ymddangosodd oddeutu 23 o fyfyrwyr y Coleg ger bron tribiwnlys Bangor fel gwrthwynebwyr cydwybodol, a derbyniodd y mwyafrif eithriad llwyr rhag ymuno â'r Fyddin. Mae fy nhad-cu, Thomas Eirug Davies, yn ail o'r chwith yn y rhes flaen.

fyfyrwyr gael eu heithrio ar sail gwrthwynebiad cydwybodol ger bron tribiwnlys dinas Bangor. Roedd ganddynt gefnogaeth awdurdodau'r Coleg, ac ymddangosodd un ar ddeg myfyriwr o Goleg y Bedyddwyr, a chwech o Goleg y Brifysgol Bangor.[56] Hysbyswyd y tribiwnlys fod hanner y myfyrwyr Annibynnol yng ngholegau diwinyddol Cymru wedi ymuno â'r Fyddin a bod perygl o brinder gweinidogion os nad eithrid myfyrwyr diwinyddol. Profodd y tribiwnlys yn gydymdeimladol, er gwaethaf presenoldeb y cyfreithiwr a geisiodd ddiarddel Thomas Rees o glwb golff Bangor, a rhoddwyd eithriad absoliwt i chwech o'r myfyrwyr, eithriad amodol i'r gweddill, ac eithrio un gwrthodiad.[57]

Dangosodd colegau diwinyddol eraill lai o gydymdeimlad. Anogwyd myfyrwyr Coleg y Bedyddwyr yng Nghaerdydd i ymuno â'r Fyddin er bod lleiafrif sylweddol yn gwrthwynebu.[58] Apeliodd colegau eraill, tebyg i Goleg Presbyteraidd Caerfyrddin yn llwyddiannus ar ran tri o'u myfyrwyr a oedd ar fin derbyn galwad, ond gwrthodwyd pedwerydd am fod mwy na blwyddyn cyn medru cymhwyso'n weinidog.[59] Roedd deg o leiaf o fyfyrwyr Coleg Aberhonddu yn wrthwynebwyr cydwybodol, ac er i fwyafrif gael eu heithrio, roedd sawl achos lle methwyd â sicrhau eithriad. Yn achos Ben Meyrick, gweinidog gyda'r Bedyddwyr yn sir Fôn, ac aelod o Gymdeithas y Cymod, gwrthodwyd ei gais, ac er gwaethaf sawl apêl, ac ymgyrch a arweinwyd gan y Parch. E. K. Jones, fe'i dedfrydwyd i gyfnod o ddwy flynedd o garchar ym mis Hydref 1917.[60]

O fis Tachwedd 1917, ceisiodd y gwasanaethau cudd erlid Cymdeithas y Cymod yn fwy egnïol, cynhaliwyd cyrch ar eu prif swyddfa yn Llundain, ac erlynwyd *The Venturer* am gyhoeddi llythyr oddi wrth George M. Ll. Davies yn beirniadu amodau byw yn y carchar.[61] Yng

Nghymru, ceisiwyd lledaenu dylanwad y gymdeithas i'r De, pan gynhaliwyd cynhadledd yn Llandrindod ym mis Medi 1917, a daeth saith deg at ei gilydd.[62] Er gwaethaf ymgais protestwyr lleol i chwalu'r trafodaethau, pasiwyd cynigion i alw am heddwch trwy drafod, ac apeliwyd ar y Prif Weinidog i ymchwilio i gamdriniaeth gwrthwynebwyr cydwybodol. Penodwyd y Prifathro Thomas Rees yn gadeirydd, a'i gyd-ddarlithydd ym Mala-Bangor, yr Athro John Morgan Jones yn drysorydd, gyda dau ysgrifennydd, sef y Parch. Wyre Lewis ar gyfer y Gogledd, a'r Parch. W. J. Rees, Allt-wen yn ne Cymru.[63] O ganlyniad, trefnwyd rhes o gyfarfodydd cyhoeddus i wrthwynebu'r rhyfel, yn bennaf yn ne-orllewin Cymru: yn Ystalyfera, Cwm-twrch, Trimsaran, Cefneithin, Tŷ-croes, Llansawel a'r Tymbl, lle ceisiodd yr heddlu atal, ond methu, cyfarfod a anerchwyd gan bedwar o weiniodog gwrth-ryfel, sef Gwynfryn Jones, y Fflint, J. Morgan Jones, Bangor, Llywelyn Bowyer a W. J. Rees.[64] Trefnwyd dwy gynhadledd a thri chyfarfod cyhoeddus arall ar 23-5 Ionawr 1918, yn Llansawel, Glanaman a Chwm-twrch, gyda'r gweinidogion Wyre Lewis ac E. K. Jones yn annerch.[65] Cynhaliwyd cyfarfodydd heddwch ym mis Mawrth 1918 yng Nghorwen, ac anerchwyd cyfarfodydd heddwch yng Nghwmaman a Gwauncaegurwen gan y Parch. T. E. Nicholas ar bwnc etifeddiaeth heddwch Samuel Roberts, Llanbryn-mair. Anerchwyd cyfarfodydd heddwch yn Llansawel a Phontardawe gan y Parch. Rees Powell, ynghyd â'r Prifathro Thomas Rees a'r Parch. H. Harris Hughes.[66]

Yn ogystal â'r ymchwydd hwn mewn gweithgarwch yn erbyn y rhyfel, cynyddodd y nifer o gyrff Anghydffurfiol a brotestiai yn erbyn y rhyfel ac ynglŷn â thriniaeth gwrthwynebwyr cydwybodol. Yn Rhagfyr 1917, er enghraifft, protestiodd Cyngor Eglwysi Rhyddion Bethesda yn erbyn tynnu'r hawl i bleidleisio oddi ar y gwrthwynebwyr.[67] Yn Ionawr 1918, pasiwyd cynigion yn erbyn cam-drin gwrthwynebwyr gan Gynghorau Eglwysi Rhyddion De-Orllewin Cymru a Bangor, cyfarfodydd misol eglwysi sir Fôn a Dyffryn Conwy, cylchdeithiau Wesleaidd Manceinion, Tre-garth a Biwmares, a chylch gweinidogion Corwen.[68] Ond ni threfnwyd cynhadledd yn dilyn cyfarfod Llandrindod tan fis Mawrth 1918, ac yn Nhrecynon fe ddaeth hanner cant o gynrychiolwyr ynghyd. Cynhaliwyd cyfarfod cyhoeddus niferus yn nghapel y Bedyddwyr yno[69] a chynhaliwyd cynhadledd debyg ym Mhen-y-groes, ger Rhydaman, ym mis Mai 1918, lle unwaith yn rhagor fe alwyd am heddwch ac am atal cam-drin y gwrthwynebwyr cydwybodol.[70] Ym mis Mehefin, galwodd Cynghrair Gogledd Cymru o'r Eglwysi Rhyddion am ddiwedd cyflym i'r rhyfel, am greu corff byd-eang tebyg i Gynghrair y Cenhedloedd ac am ddiarfogi cyffredinol.[71]

Yng Ngorffennaf 1918, trefnwyd dwy gynhadledd, yn Llandudno a Wrecsam, er mwyn protestio yn erbyn cyflwyno militariaeth mewn ysgolion. Fe'u trefnwyd gan Gymdeithas y Cymod, ynghyd â'r mudiad a grëwyd i warchod hawliau sifil, y Cyngor Cenedlaethol ar gyfer Gwarchod Hawliau Sifil (NCCL). Adlewyrchodd y cynadleddau lwyddiant yr heddychwyr wrth asio gyda'r sawl a wrthwynebai filitariaeth a gorfodaeth filwrol. Llywyddwyd yn y gynhadledd yn Llandudno gan y Prifathro Thomas Rees ac roedd y ddwy gynhadledd yn llwyddiannau nodedig. Yn Llandudno cafwyd 326 o gynrychiolwyr ar ran 250 o gapeli a Chynghorau Eglwysi Rhyddion sir Fôn, sir Gaernarfon a Meirionnydd, ynghyd â thri deg un o undebau llafur, yn cynrychioli aelodaeth o dros 110,000 o aelodau. Pwysleisiodd David Thomas fod llawer wedi mynychu'r gynhadledd a oedd o blaid y rhyfel, ond eu bod yn awyddus i wrthwynebu militariaeth leol yn ogystal â militariaeth Almaenig.[72] Yn y cyfarfod dilynol yn Wrecsam, a gadeiriwyd gan Aelod Seneddol Dwyrain Dinbych, E. T. John, penderfynwyd bod 'militariaeth yn y cenhedlaethau a ddaw yn fygythiad i ryddid diwydiannol, diogelwch democratiaeth, a pherthynas da ymhlith bobl y byd.'[73]

Wrth baratoi ar gyfer y cynadleddau hyn, lluniodd trefnydd yr NCCL, Ivor Thomas, restr o'r arweinwyr crefyddol yng ngogledd Cymru a oedd yn heddychwyr, a'i hanfon at y brif swyddfa yn Llundain. Cymerwyd copi o'r rhestr oddi yno yn ystod cyrch gan swyddogion MI5, ond mae'n cadarnhau pa mor allweddol i'r mudiad heddwch oedd y grŵp o unigolion a oedd yn gysylltiedig â'r *Deyrnas*. O'r deunaw a restrwyd, roedd wyth ymhlith sylfaenwyr *Y Deyrnas* neu ynghlwm wrth gynhyrchu'r cylchgrawn. Cynhwysid enw J. Huw Williams, golygydd dylanwadol y papur llafur *Y Dinesydd Cymreig*, a gyhoeddid yng Nghaernarfon, y Parch. Pari Huws, golygydd cylchgrawn diwinyddol yr Annibynwyr, *Y Dysgedydd*, a'r athro ac arweinydd y BLA yn Nyffryn Nantlle, J. E. Thomas. Ystyrid saith o'r bobl a enwid, sef Huw Williams, J. E. Thomas, y Parch. J. H. Howard, y Parch. R. Bell, y Parch. Cernyw Williams, H. Parri-Roberts a Frederick Pane, i fod yn heddychwyr a oedd yn 'very active'.[74]

Y gwrthwynebwyr rhyfel unigol o gefndir Anghydffurfiol sydd wedi tueddu cael y sylw wrth ystyried heddychiaeth yng Nghymru. Ond roedd carfan sylweddol o wrthwynebwyr cydwybodol hefyd yn perthyn i sectau crefyddol llai adnabyddus. Er pwysiced cyfraniad y gwrthwynebwyr a hannai o'r enwadau Anghydffurfiol, a'r traddodiad heddwch a gynrychiolid gan Henry Richard a Samuel Roberts, eto roedd y Crynwyr a'r sectau milflwyddol fel y Tystion Jehofa a'r Cristadelffiaid, yn elfen niferus ymhlith y gwrthwynebwyr cydwybodol yn ogystal.

Y Crynwyr oedd yr unig enwad a ystyriai heddychiaeth yn gonglfaen i'w ffydd, gan ei fod yn un o 'ganonau sefydlog a sylfaenol eu Cristionogaeth hwy'.[75] Serch hynny, roeddent yn rhanedig ar fater y rhyfel, ac fel enwad ar gyrion Anghydffurfiaeth Gymreig, prin iawn oedd eu dylanwad yng Nghymru.[76] Er gwaethaf y dybiaeth gyffredinol fod y dynion ifainc a oedd yn aelodau o Gymdeithas y Crynwyr yn rhwym o fod yn wrthwynebwyr cydwybodol, credai mwyafrif yr aelodau yn awdurdod y goleuni mewnol, yn hytrach na glynu at egwyddor heddychol. Yn draddodiadol, golygai hyn ymwrthod â rhyfel[77] ond yn ystod y Rhyfel Mawr, penderfynodd llai na hanner eu haelodau o'r oedran perthnasol i fod yn wrthwynebwyr cydwybodol, ac ymunodd traean ohonynt yn y lluoedd arfog.[78] Yng Nghymru, dim ond wyth cynulleidfa, gyda dau gant a hanner o aelodau oedd gan y Crynwyr. Roedd pedwar o'r cynulleidfaoedd hynny yng nghanolbarth Cymru, tri yn ne Cymru, yn Abertawe, Castell-nedd a Chaerdydd, ac un ym Mae Colwyn.[79]

Cam pwysig a gymerodd y Crynwyr ym 1915 oedd creu Uned Ambiwlans y Crynwyr (FAU). Fe'i sefydlwyd er mwyn rhoi cyfle i ddynion oedd am gynnig cymorth ymarferol i filwyr mewn brwydrau, ond nad oedd yn dymuno cario arfau. Nid oedd y dynion hyn yn wrthwynebwyr cydwybodol yn ffurfiol am eu bod wedi ymuno â'r FAU cyn i orfodaeth filwrol gael ei chyflwyno, ond ar y cyfan cynhwysent 'those who were prepared to make a definite stand on the question of military service'.[80] Ni wnaeth y mwyafrif ddychwelyd i Brydain i ofyn am gael eu heithrio gan dribiwnlys, ond cafodd llawer eu heithrio mewn cytundeb arbennig a luniwyd rhwng pwyllgor yr FAU a'r Fyddin.[81] Serch hynny, o'r 26 o ddynion a listiodd o Gymru yn yr FAU, dim ond 12 oedd yn Grynwyr, a chynhwysai'r gweddill saith Annibynnwr, pedwar Presbyteriad, dau Fedyddiwr, un Wesle, ac un aelod o Frodyr Plymouth, ac ni chategoreiddiwyd y ddau arall.

Tueddai nifer bychan o sectau crefyddol bwysleisio cydwybod yn fater o egwyddor sylfaenol, yn hytrach na mater o gydwybod unigol, a daeth nifer gymharol uchel o wrthwynebwyr cydwybodol o'r sectau lleiafriafol hyn, sef y Cristadelffiaid, Brodyr Plymouth a Thystion Jehofa. Gwahaniaethai eu credoau oddi wrth escatoleg confensiynol y mwyafrif o Gristnogion, a disgwylient ddychweliad cynnar Iesu Grist i'r byd. Credent y byddai Teyrnas Dduw yn cael ei sefydlu ar y ddaear cyn i rymoedd drygionus gael eu trechu yn Armagedon, fel y disgrifwyd yn Llyfr y Datguddiad. Fel dinasyddion y Frenhiniaeth hon yn y dyfodol, ni chaniateid i aelodau o'r sectau hyn dyngu gwrogaeth i reolwr daearol, ac ni allent fod yn rhan o faterion y byd a oedd yn mynd heibio. Roedd gwrthod gwasanaeth milwrol felly, fel eu penderfyniad i wrthod pleidleisio, yn ganlyniad rhesymol i'w credoau apocalyptaidd.

Roedd y mwyafrif o'r Cristadelffiaid a oedd yn gymwys i ymuno â'r Fyddin yn 'absoliwtiaid' ac yn gwrthod cyfaddawdu gyda'r gorchymyn i ufuddhau i awdurdod milwrol, gan gynnwys gwasanaeth heb gario arfau yn y Corfflu Meddygol, oherwydd eu gwrthwynebiad i awdurdod milwrol, a'u gwrthwynebiad i dyngu llw o deyrngarwch i'r Brenin.[82] Cytunodd y Fyddin yn y pen draw i ganiatáu eithriad unigryw ac i ddarparu trwydded er mwyn eithrio pob Cristadelffiad rhag gwasanaeth milwrol. Pwysleisiodd arweinydd y sect ym Mhrydain, Frank Jannaway, mai dyletswydd pob Prydeiniwr oedd ymuno â'r Fyddin ac ymladd dros ei wlad, ond nid oedd Cristadelffiaid o'r byd hwn, a dylid eu hystyried yn niwtral, ac felly na ddylid disgwyl iddynt ymladd.[83] Ymhob mater arall, derbynient eu bod yn gorfod ufuddhau i'r gyfraith, ac felly, tra'n gwrthod ymladd, byddent yn gwneud eu gorau i gynorthwyo yr hyn a alwai 'the land of his birth in its hour of distress.'[84] Prin y gellid dadlau felly bod y gwrthwynebiad cydwybodol hwn i wasanaeth milwrol yn gyfystyr â gwrthwynebiad i ryfel fel y cyfryw.

Roedd safbwynt sect Brodyr Plymouth yn fwy cymhleth, a chredai'r garfan fwyaf llym o fewn y sect, sef 'Eglwysi Duw' neu'r 'Brodyr Neilltuedig' (Exclusive Brethren), fod ymladd yn anghymarus â dysgeidiaeth Crist.[85] Gwrthodent hefyd i wasanaethu yn y Fyddin, gan na ddymunent gydweithio gydag anffyddwyr, 'unequally yoked with unbelievers.'[86] Roedd o leiaf 19 o'r gwrthwynebwyr cydwybodol o Gymru yn aelodau o sect y Brodyr Plymouth.

Roedd gwrthwynebiad Tystion Jehofa i'r rhyfel yn wahanol ei natur ar un pwynt, o'i gymharu ag ymateb y Cristadelffiaid a'r Brodyr Plymouth. Fe'u hadwaenid fel Cymdeithas Ryngwladol Myfyrwyr y Beibl (International Bible Students' Association, neu IBSA), a seilid ei gwrthwynebiad i ryfel ar eu dehongliad llythrennol o'r Ysgrythur, er y pwysleisient eu bod yn niwtral tuag at y rhyfel ac fe'u disgrifid fel 'neither pacifist [n]or patriot.'[88] Ymddangosodd canghennau cyntaf IBSA yng Nghymru ym 1911, ymhlith cymuned lofaol Clydach yng Nghwm Tawe, ac erbyn 1914 fe sefydlwyd nifer o ddosbarthiadau, fel y gelwid eu canolfannau addoli, yn Nhreforys, Aber-crâf, Ystalyfera a chanol Abertawe. Gwrthododd y mwyafrif wasanaethu'n filwrol ac fe'u carcharwyd, ond roeddent yn barod i dderbyn gwaith o bwysigrwydd cenedlaethol dan gynlluniau'r Llywodraeth. Dim ond deg aelod a gofrestrodd fel gwrthwynebwyr.[89]

O blith yr enwadau a'r sectau llai, cymharol ychydig o wrthwynebwyr a ddaeth o blith yr eglwysi Pentecostaidd ac Adfentyddion y Seithfed Dydd (Seventh Day Adventists).

Mynegodd y ddwy sect eu cefnogaeth lwyr i'r Llywodraeth ac roeddent am sicrhau nad oedd eu gwrthodiad i wasanaethu'n filwrol yn cael ei gamddehongli. Seiliodd yr Adfentyddion eu gwrthwynebiad i wasanaeth milwrol ar sail dehongliad llythrennol o'r Beibl a chredent y gwaherddid eu haelodau rhag ymladd mewn rhyfel.[90] Golygodd y ffwndamentaliaeth hwn felly mai ychydig iawn oedd nifer yr aelodau a ymunodd â'r lluoedd arfog, a chanlyniad naturiol i gred eglwyswyr Pentecostaidd, oedd gwrthod gwasanaethu os byddai hynny'n golygu codi arfau. Yn yr Eglwys Apostolaidd a Chynulliadau Duw (Assemblies of God), anogid gwrthwynebiad i ymuno â'r Fyddin.[91]

Y 'Cwmni Cymreig' o'r Corfflu Meddygol (Royal Army Medical Corps)[92]

Ymgais ddychmygus i osgoi creu gwrthwynebwyr cydwybodol niferus a diangen oedd y penderfyniad i sefydlu cwmni o'r Corfflu Meddygol Cymreig a gysylltwyd â'r Fyddin Gymreig, ac a gynigiai gartref i'r sawl a fyddai fel arall wedi dewis bod yn wrthwynebwr cydwybodol. Fe'i disgrifiwyd fel 'baban y Cadfridog Owen Thomas, a aned yn annisgwyliadwy, onid yn wyrthiol...' Fe'i cysegrwyd yn y Rhyl gan y Parch. John Williams, Brynsiencyn, cyn ei drosglwyddo i'r Swyddfa Ryfel ac fe'i llysenwyd yn "God's Own."[93]

Sefydlwyd y cwmni o oddeutu 200 o ddynion ar 28 Ionawr 1916, gyda'r mwyafrif llethol yn dod o golegau diwinyddol Cymru. Dôi 145 o golegau yng Nghymru a 54 arall o golegau yn Lloegr, er i nifer helaeth o'r rheiny arddel enwau Cymreig. Disgrifiodd un o'r aelodau, y bardd A. E. Jones ('Cynan') amgylchiadau creu'r cwmni:

Mae'r caniatad yn eithriadol, a'r gatrawd felly yn un

eithriadol yn hanes y fyddin. Mi ddwedwn i mai cwmni o basiffistiaid oeddem ni, yn yr ystyr fod gennym wrthwynebiad cydwybodol i ladd ac ymladd, ond ein bod yn barod i gymryd ein hanfon i rywle a chario'r clwyfedigion i ddiogelwch a'u hymgeleddu, neu i weini ar y cleifion, a hynny tan yr un amodau o galedi a disgyblaeth a milwyr eraill.[94]

Daeth aelodau'r cwmni yn bennaf o blith y Methodistiaid Calfinaidd a'r Annibynwyr: 62 o Fethodistiaid Calfinaidd, yn bennaf o golegau Aberystwyth a'r Bala; a 41 o Annibynwyr, yn bennaf o golegau Bala-Bangor a Chaerfyrddin. Roedd 23 Bedyddiwr; 24 o Eglwys Loegr, yn bennaf o Goleg Dewi Sant, Llanbed, ynghyd â saith Weslead, un Methodist, un Presbyteriad ac un aelod o Fyddin y Iachawdwriaeth.

Gwnaeth rhyw hanner yr 893 o wrthwynebwyr cydwybodol yng Nghymru ddatgan ymlyniad i gorff neu drefniant crefyddol a gwleidyddol o ryw fath, ac o'r rheini, datganodd 352 ymlyniad tuag at grefydd, enwad neu sect. Y gwahaniaeth mwyaf rhwng Cymru a Lloegr yn y canrannau o wrthwynebwyr cydwybodol yw diffyg presenoldeb y Crynwyr yng Nghymru, a phe bai cwmni 'God's Own' heb ei sefydlu, byddai nifer y gwrthwynebwyr cydwybodol wedi codi o 893 i 1100, neu fwy.

Crefyddol a Christnogol oedd cymhelliad y mwyafrif o wrthwynebwyr cydwybodol, er gwaethaf barn swyddogol yr enwadau Anghydffurfiol a'r Eglwys Sefydledig, ond un o effeithiau gwleidyddol pellgyrhaeddol y mudiad yn erbyn y rhyfel oedd iddo glosio at elfen bwysig o'r mudiad llafur a phellhau oddi wrth y Rhyddfrydwyr. Proffwydodd *Y Deyrnas* ddyfodiad buan y 'Werin i'w Theyrnas', ac awgrymodd trwy gyfrwng Llafur fod 'cyfle gwych i ddynion ieuainc Cymru i gysegru glendid moes a grym deall diwylliedig a gosod sylfeini gwladwriaeth bur a heddychol'. Cyfeiriodd at sefydlu Cynghrair y Cenhedloedd fel y cyfle mawr i sicrhau heddwch rhyngwladol, er nad oedd 'pawb o'i noddwyr yn swyno', ystyrid hefyd fod 'dynion gwych yn gweithio drosto mewn gobaith am ddiwygio'r cyfansoddiad. Pwy a wyr nad y garreg arw yw y gellir cerfio ohoni angel gwyn.'[95]

Nodiadau

1   T. M. Bassett, *Bedyddwyr Cymru* (Abertawe: Tŷ Ilston, 1977), t. 368.
2   R. Tudur Jones, *Yr Undeb* (Abertawe: Tŷ John Penry, 1975), t. 205.
3   E. K. Jones, *Ffordd Tangnefedd* (Llandysul: Gwasg Gomer, 1943), t. 19.
4   R. R. Hughes, *John Williams, Brynsiencyn* (Caernarfon: Llyfrfa Cyfundeb y Methodistiaid Calfinaidd, 1929), t. 227; David Pretty, *Rhyfelwyr Môn* (Dinbych: Gwasg Gee, 1989), t. 69.
5   Gerwyn Williams, 'Dechrau Deall y Rhyfel Mawr', *Barn* 310 (Tachwedd 1988), 14.
6   *Amman Valley Chronicle*, 24 Mawrth 1938.
7   Ysgrif Goffa Thomas Rees, gan Miall Edwards, *Welsh Outlook* (Gorffennaf 1926), 185.
8   Ibid.
9   *Y Tyst*, 30 Medi 1914.
10   *Y Tyst*, 30 Medi 1914.
11   Thomas Eirug Davies, *Y Prifathro Thomas Rees: Ei Fywyd a'i Waith* (Llandysul: Gwasg Gomer, 1939), t. 138.
12   *Western Mail*, 7 Hydref 1914.
13   *Y Tyst*, 'Datganiad Ymneilltuol', 14 Hydref 1914.
14   *Western Mail*, 10 Hydref 1914.
15   *Western Mail*, 16 Hydref 1914.
16   Ibid.
17   APB, Papurau Thomas Rees, Llsgr. 17773, llythyr ato oddi wrth y Parch. J. T. Rhys, 3 Ebrill 1915.
18   Thomas Eirug Davies, op. cit., tt. 70, 139.
19   APB, Papurau Clwb Golff Bangor, Cofnodion Pwyllgor Gwaith, Tachwedd 1914–Ionawr 1915.
20   APB Papurau Bala-Bangor, llawysgrif 17782, llythyr at y Parch. J. T. Rhys, 29 Ebrill 1916.
21   J. Rhoose Williams, *T. E. Nicholas: Proffwyd Sosialaeth a Bardd Gwrthryfel* (Bangor: Gwasg Sackville, 1970), t. 2.
22   Ibid.
23   T. E. Nicholas, *Llygad y Drws: Sonedau'r Carchar*, rhagarweiniad gan Gwenallt (Dinbych: Gwasg Gee, 1940), t. 11.
24   David W. Howell, *Nicholas of Glais: The People's Champion* (Cymdeithas Hanes Clydach, 1991), t. 12.

25   Ibid., tt. 13-15; J. Roose Williams (gol.), op. cit., t. 3.

26   Yr Archifau Cenedlaethol, Papurau'r Swyddfa Gartref, HO45/10743/263275, gohebiaeth rhwng Prif Gwnstabl Morgannwg, Capten Lionel Lindsay a'r Swyddfa Gartref.

27   Jill Wallis, *Valiant for Peace; A History of the Fellowship of Reconciliation 1914 to 1989* (Llundain, Fellowship of Reconciliation, 1991), tt. 7-8.

28   Aled Eirug, 'Agweddau ar y Gwrthwynebiad i'r Rhyfel Byd Cyntaf yng Nghymru', *Llafur*, 62, cyfrol 4, rhif 4, 1987, tt. 58-68.

29   D. Ben Rees, *Dal i Herio'r Byd* (Lerpwl: Cyhoeddiadau Modern Cymreig, 1983), t. 116.

30   E. Tegla Davies, 'Yr Eglwys Fethodistaidd' yn Simon B. Jones ac E. Lewis Evans (goln), *Ffordd Tangnefedd* (Llandysul: Gwasg Gomer, 1943), t. 22.

31   *Pioneer*, 22 Ebrill 1916.

32   *The News Sheet of the FoR* (Cymdeithas y Cymod, 1918).

33   LlGC, Papurau E. K. Jones, blwch 6, llythyrau oddi wrth Owen Owen, Trawsfynydd, at E. K. Jones, 8 Chwefror 1918, 4 Tachwedd 1918, 22 Rhagfyr 1918.

34   Albert Davies, *Wanderings* (cyhoeddiad preifat), tt. 11-12.

35   Ibid., t. 20.

36   Dewi Eirug Davies, *Byddin y Brenin* (Abertawe: Tŷ John Penry, 1988), t. 167.

37   *Pioneer*, 17 Mawrth 1917.

38   Philip Adams, *Not in Our Name* (Llansawel: Briton Ferry Books, 2016), t. 214.

39   *Centenary of the Baptist Cause in Briton Ferry 1837-1937, Souvenir Programme* (Castell-nedd, 1938), t. 41.

40   Archif Prifysgol Abertawe, Casgliad Maes Glo De Cymru, Len Williams Aud 282.

41   *The Times*, 23 Tachwedd 1916.

42   M. R. Mainwaring, 'John Morgan Jones 1861-1935', yn D. Ben Rees, *Herio'r Byd* (Lerpwl: Cyhoeddiadau Modern Cymreig, 1980), t. 64.

43   Ibid., t. 65.

44   Llyfrgell Brydeinig Gwyddoniaeth ac Economi, Papurau Cymdeithas y Cymod, Casgliad Amrywiol 0456/2/1, Cofnodion Cyngor Cyffredinol; o'r saith cyfarfod rhwng Ebrill 1915 a Medi 1919, lle roedd cyfartaledd o saith deg yn bresennol, dim ond chwe chynrychiolydd o Gymru a ddaeth yno.

45   op. cit., Papurau Cymdeithas y Cymod, Casgliad Amrywiol 0456/4/1, Cofnodion Pwyllgor Llenyddiaeth, 13 Ionawr 1916.

46   op. cit., Papurau Cymdeithas y Cymod, Casgliad Amrywiol 0456/5/1, Cofnodion Pwyllgor Busnes, 3 Mai 1916.

47   *Y Deyrnas*, Tachwedd 1919.

48   *Y Deyrnas*, Hydref 1916.

49   APB, Papurau Bala-Bangor, llawysgrif 234.

50   APB, Papurau Bala-Bangor llawysgrif 258, cylchrediad *Y Deyrnas*.

51   Hefin Wyn, *Ar Drywydd Niclas y Glais* (Talybont: Y Lolfa, 2017), t. 166.

52   Yr Archifau Cenedlaethol, Papurau'r Awyrlu, AIR1/560/16/15/5

53   APB, Papurau Bala-Bangor, llawysgrif 234.

54   *Y Llenor*, V (Haf 1926), tt.125-27.

55   Jill Wallis, op. cit., tt. 17-18.

56   APB, Papurau Bala-Bangor, ffolio 3169, toriad papur newydd; Papurau Henry Lewis, llawysgrif 5278 ym Mangor.

57 APB, Papurau Bala-Bangor, ffolio 3169, nodiadau Thomas Rees.

58 LlGC, Papurau E. K. Jones, bocs 29, llythyr oddi wrth S. J. Leeke, ysgrifennydd cymdeithas y myfyrwyr, Coleg Bedyddwyr Caerdydd, 31 Rhagfyr 1915.

59 *Carmarthen Journal*, 10 Mawrth 1916.

60 LlGC, Papurau E. K. Jones, bocs 2, 24 Chwefror 1916.

61 Jill Wallis, op. cit., t. 30.

62 *Y Deyrnas*, Hydref 1917.

63 Ibid.

64 S. B. Jones ac E. Lewis Evans, op. cit., t. 17.

65 *Y Deyrnas*, Chwefror 1918.

66 *Y Deyrnas*, Ebrill 1918.

67 *Y Deyrnas*, Rhagfyr 1917.

68 *Y Deyrnas*, Ionawr 1918.

69 *Y Deyrnas*, Ebrill 1918.

70 *Y Deyrnas*, Mehefin 1918.

71 Ibid.

72 APB, Papurau Thomas Jones, David Thomas, 'The Pacifist Movement', ffolio 19885.

73 *Llangollen Advertiser*, 26 Gorffennaf 1918.

74 Yr Archifau Cenedlaethol, Papurau'r Gwasanaethau Diogelwch, KV2/666, dogfennau NCCL, a nodyn oddi wrth yr Uwch-gapten Matthews, 6 Mehefin 1918.

75 E. K. Jones, op. cit., t. 19.

76 Owen Gethin Evans, 'Quakers in Wales and the First World War', *Quaker Studies* (2014), 20.

77 *Peace among the Nations* (Y Crynwyr, Medi 1915).

78 Cofnodion a Thrafodion Cyfarfod Blynyddol y Cyfeillion (Llyfrgell Tŷ'r Crynwyr, 1923), tt. 231-2.

79 D. Densil Morgan, *The Span of the Cross* (Caerdydd: Gwasg Prifysgol Cymru, 1999), t. 10.

80 M. Tatham a J. E. Miles, *The Friends Ambulance Unit 1914-1919* (Llundain: Gwasg Swarthmore, [1919]), tt. 186-7.

81 Llyfrgell y Crynwyr, Papurau Arnold Rowntree, blwch 1, llythyr at aelodau o Uned Ambiwlans y Crynwyr, 17 Mai 1916.

82 John Botten, *The Captive Conscience* (Birmingham: Pwyllgor Gwasanaeth Milwrol y Cristadelffiaid, 2002), t. 38.

83 Frank Jannaway, *Without the Camp* (Llundain: cyhoeddwyd gan yr awdur, 1917), t. 199.

84 Ibid., t. iv.

85 Adroddiad Cynhadledd Cynrychiolwyr Eglwysi Duw ym Mhrydain a Thramor (Brodyr Plymouth, 1935), t. 24.

86 John Rae, *Conscience and Politics: British Government and the Conscientious Objector to Military Service 1916-1919* (Rhydychen: Gwasg Prifysgol Rhydychen, 1970), t. 75.

87 Cofrestr Pearce, 2017, cronfa ddata o wrthwynebwyr cydwybodol o Gymru, http://www.wcia.org.uk/wfp/pearceregister.html, Cymru dros Heddwch, 2017.

88 Russell Grigg, 'Jehovah's Witnesses' yn Richard Allen, David Ceri Jones, Trystan Hughes (goln), *The Religious History of Wales* (Caerdydd: Gwasg Academaidd Gymreig, 2014), t. 178.

89 Cofrestr Pearce 2017.

90 F. McL. Wilcox, *Seventh Day Adventists in Time of War* (Washington D C: Review and Herald Publishing Association, 1936), t. 256.

91 John Rae, op. cit., t. 76.

92 R. R. Williams, *Breuddwyd Cymro mewn Dillad Benthyg* (Lerpwl: Gwasg y Brython, 1964).

93 Ibid., t. vii.

94 Ibid., tt. ix-x.

95 *Y Deyrnas*, Tachwedd 1919.

Gwrthwynebiad i'r rhyfel ar sail wleidyddol

Ar ddechrau'r rhyfel, arweinid y gwrthwynebiad i'r rhyfel yn bennaf gan y Blaid Lafur Annibynnol (BLA), a anghytunodd â pholisi swyddogol y Blaid Lafur. Keir Hardie, Ramsay Macdonald a Philip Snowden oedd y proffwydi yn pregethu yn y diffeithwch. Yng Nghymru, roedd dylanwad y BLA gryfaf yn ei chadarnleoedd yn y De diwydiannol. Ynghyd â'r undebau llafur, aelodau unigol y BLA oedd pwerdy'r Blaid Lafur ar y pryd, yn trefnu propaganda, yn datblygu'r cyngresau llafur lleol, lle byddai undebau llafur yn dod ynghyd, a chynnal breichiau aelodau etholedig o'r Blaid Lafur.[1]

Sail gwrthwynebiad aelodau o'r BLA i'r rhyfel oedd cymysgedd o wrthwynebiad ar dir moesol ac ar dir gwleidyddol. Ystyrid y Bregeth ar y Mynydd yn unol â'u cred mewn brawdgarwch sosialaidd, a chyfunid y wedd wleidyddol â'r moesol trwy wrthwynebiad i filitariaeth, i gyfyngu ar ryddid personol, i ddiplomatiaeth annemocrataidd, ac i fuddiannau cyfalafwyr yn y rhyfel. Gosodwyd hyn oll o fewn cyd-destun consyrn moesol am sancteiddrwydd bywyd dyn.[2]

Magwyd y sosialydd ifanc Percy Ogwen Jones yn Llaneilian, Ynys Môn, ac aeth i Goleg Clynnog gyda golwg ar fynd yn weinidog. Disgrifiodd ei gyd-fyfyrwyr fel rhai a oedd yn erbyn rhyfel:

ond heb fod yn bendant iawn. Dim ond dau neu dri ohonom oedd yn gryf ein daliadau. Roeddwn i yn un o'r rheini, a hynny am amryw resymau. Un rheswm oedd y crefyddol wrth gwrs. Ond rheswm arall oedd fod rhyfel yn fy ngolwg i yn ddrwg ynddi ei hun – ac mai gormod o arfogi, yn rhannol gan rai oedd am elwa ar ryfel, oedd wedi arwain iddi. O'r cychwyn cyntaf, felly, roedd fy ngwrthwynebiad i yn fwy ar dir moesol a gwleidyddol nag ar dir crefyddol. Roedd y cyfan i gyd yn ffurfio agwedd neu safbwynt gwrth-filwrol digon pendant.[3]

Nid heddychiaeth ond casineb at imperialaeth oedd sail gwrthwynebiad llawer o sosialwyr at ryfel. Condemniodd aelod ifanc o'r BLA, David James Jones (Gwenallt), y rhyfel am ei fod yn 'rhyfel y cyfalafwyr, y diplomyddion cudd a'r marsiandwyr marwolaeth; ond nid oedden ni yn heddychwyr: roedden ni yn barod i ymladd ag arfau dros Sosialaeth.'[4]

Adlewyrchwyd y safbwynt Marcsaidd gan Arthur Horner, un o arweinwyr ifanc carismataidd y giwed o Syndicalwyr a Marcsiaid o fewn Ffederasiwn Glowyr De Cymru a honnodd ei fod wedi gweld 'in the coal owners and the Government that supported them a nearer enemy than the Kaiser.'[5]

Tan 1918, trwy'r BLA oedd yr unig ffordd y gallai aelod unigol ymaelodi â'r blaid. Er i'r Blaid Lafur rannu ar fater y rhyfel ym mis Awst, 1914, cynhaliodd y BLA ei gwrthwynebiad i'r rhyfel yn gyson ar y cyfan, er i hyd yn oed Aelod Seneddol Merthyr Tudful, Keir Hardie, a Ramsay Macdonald wanio ychydig, yn wyneb ymateb chwyrn eu gwrthwynebwyr ar ddechrau'r rhyfel.

Yn y De roedd y BLA gryfaf, ac yng nghadarnleoedd y blaid honno bu'r gwrthwyneb i'r rhyfel ar ei fwyaf amlwg a thanbaid, a hynny yng nghymoedd Aman a Thawe, ardal Cwmafan, Llansawel a Phort Talbot, yn ogystal â Merthyr, Aberdâr, Cwm Rhymni, a chymoedd gorllewinol sir Fynwy.

Roedd ganddi ychydig ganghennau yng Ngogledd Cymru, ond pallodd llewyrch y diwydiant llechi, a lleihau mewn nifer fu hanes y canghennau yn ardaloedd chwarelyddol sir Feirionnydd a sir Gaernarfon ar ddechrau'r rhyfel.[6]

Gwrthwynebodd y BLA orfodaeth filwrol ar egwyddor, ond hefyd oherwydd yr ofn y byddai'n arwain y ffordd at orfodaeth i weithio mewn diwydiant, a'r hyn a elwid yn 'thin edge of the wedge of Czarism.'[7] Corn siarad y BLA oedd y *Pioneer*, a fu'n ddigyfaddawd ei wrthwynebiad, ac yn ei rifyn cyntaf ar ôl cyhoeddi rhyfel, datganodd mai rhyfel dosbarth rhwng y dosbarthiadau oedd yn rheoli ydoedd, a'i fod wedi arwain at ryfel diangen.[8]

Pedwar mis cyn y rhyfel, datganodd Keir Hardie yn optimistaidd y byddai rhyfeloedd yn cael eu hatal gan frawdgarwch y dosbarth gweithiol:

Keir Hardie, Aelod Seneddol Bwrdeistrefi Merthyr, oedd arweinydd ysbrydol y blaid Lafur, ac er gwaethaf ei farwolaeth ddisymwth yn Hydref 1915, bu'n ddylanwad mawr ar y gwrthwynebwyr i'r Rhyfel Mawr.

As the peoples of the world come into closer relationship with each other, through the Socialist and Trade Union movements, war between nations becomes increasingly difficult. War cannot be made without the consent of the common people. True, their consent is not asked, but if the rulers know that the workers will not fight each other no war will ever be declared. That much is obvious ...[9]

Yng Nghymru roedd sosialwyr yn gweithio'n frwd i sicrhau'r delfryd hwn. Bu Hardie yn flaengar iawn yn ei ymdrechion i wrthwynebu militariaeth yn y blynyddoedd cyn y rhyfel, a phwysleisiodd y berthynas rhwng militariaeth a'r perygl a ddaeth o ddefnyddio grym gormesol y wladwriaeth a'r Fyddin mewn anghydfodau diwydiannol tebyg i'r rhai a welwyd yn y Rhondda a Thonypandy ym 1910.[10] Gwnaeth ef a'r BLA ymdrech ymwybodol i'w gosod eu hunain yn nhraddodiad heddychol a rhyngwladol ei ragflaenydd yn etholaeth Bwrdeistrefi Merthyr, Henry Richard. Dilynodd llawer o sosialwyr Cymreig eraill esiampl Hardie hefyd wrth ymgyrchu dros heddwch. Yn ngogledd Cymru, er enghraifft, ysgrifennai David Thomas, arweinydd y mudiad sosialaidd yn y Gogledd, yn ddiflino yn erbyn y fasnach arfau, yn y wasg Gymraeg;[11] ac yng Nghaerdydd, gwrthwynebwyd Gwasanaeth Milwrol Gorfodol gan gyfarfod o'r BLA ym Mawrth 1914.[12] Gwrthwynebydd ffyrnig arall i filitariaeth oedd y gweinidog Niclas y Glais, ac fel cyfaill mynwesol i Hardie, bu'n olygydd ar ddudalennau Cymraeg papur y BLA yn ne Cymru, y *Pioneer*, ac yn ei ddudalennau dadleuodd trwy gyfrwng ysgrifau miniog a barddoniaeth yn erbyn y rhyfel.[13] Tasgai Niclas gynddaredd tuag at garwyr rhyfel:

Mae sŵn y megnyl ar fryn
Yn tarfu colomen hedd;
A fflach y cledd ar y llethrau draw
Yn goleuo'r miloedd i'r bedd.[14]

Fel llawer o Brydeinwyr eraill, roedd y rhan fwyaf o sosialwyr ym methu credu, hyd yn oed ar ddiwedd mis Gorffennaf 1914, fod rhyfel ar fin cael ei gyhoeddi. 'Despite all signs to the contrary', meddai W. C. Anderson, cyn-Gadeirydd y BLA, ychydig ddyddiau cyn dechrau'r rhyfel, 'there will, I believe, be no war, nothing, at any rate, in the nature of serious or extended warfare.'[15]

Os oedd y sosialwyr hyn yn anghywir am y tebygolrwydd o ryfel yn dechrau ym 1914, roeddent hefyd yn gyfeiliornus am ymateb y mudiad llafur ehangach i'r rhyfel. Gobaith y sosialwyr oedd ymateb yn bendant a therfynol ar ran y mudiad llafur er mwyn atal rhyfel. Ond er gwaethaf anogaeth y sosialwyr, ac er y cynhaliwyd gwrthdystiad o 15,000 o brotestwyr (llawer ohonont yn aelodau o'r mudiad llafur) yn Sgwâr Trafalgar ar 2 Awst, tawelodd gwrthwynebiad y mudiad llafur. Erbyn 7 Awst, cyhoeddodd y Blaid Lafur ddatganiad yn rhoi cefnogaeth i'r rhyfel, ac erbyn 24 Awst datganodd yr undebau llafur gadoediad diwydiannol. Dilynodd y Blaid Lafur gan ddatgan cadoediad gwleidyddol ar 29 Awst, ac erbyn mis Hydref roedd y Blaid Lafur a Chyngres yr Undebau Llafur yn galw am gyfranogiad llawn yn ymdrech y rhyfel. Yn Ebrill 1915, cytunodd y Blaid Lafur i gymryd rhan yn swyddogol yn yr ymgyrch recriwtio, ac ym mis Mai cytunodd Arthur Henderson (arweinydd y Blaid Lafur oddi ar ymddiswyddiad Ramsay MacDonald ar ddechrau'r rhyfel) i ymuno â'r Llywodraeth glymblaid. Erbyn diwedd y flwyddyn, roedd y mudiad llafur yn trefnu 'a special recruiting effort conducted on purely Labour platforms'.[16]

Er gwaethaf pob gair a phenderfyniad dros heddwch cyn Awst 1914 felly, newidiodd ymateb y mudiad llafur i gwestiwn y rhyfel yn gyflym, gan adael lleiafrif bychan yn unig yn dal i'w wrthwynebu. Doedd cyflwyno gorfodaeth filwrol ym 1916, hyd yn oed, er yn bwnc llosg ac yn anodd i lawer o sosialwyr ddygymod ag ef, ddim yn ddigon i danseilio'r cynghrair newydd rhwng Llafur a'r wladwriaeth. Mynegodd arweinwyr llafur eu rhesymau dros gefnogi'r rhyfel mewn ffyrdd gwahanol. Nododd un o'r arweinwyr pwysicaf, Arthur Henderson (Methodist gyda hanes hir o ymgyrchu gwrth-filitariaeth) ym 1915 fod unigolion yn ymuno â'r Fyddin 'not because they hated war less; they had gone under a deep sense of obligation because they felt it to be their duty to stand by national honour, public right, liberty, justice and free democracy'.[17] Yng Nghymru, sylwodd C. B. Stanton, arweinydd glowyr a disgybl yr heddychwr mawr Keir Hardie, 'he was a Britisher, he had not really known that he was so much of a Britisher until the hour of trouble came'.[18] Iddynt hwy, roedd teyrngarwch i wlad yn drech na theyrngarwch i ddosbarth.

Daeth cynrychiolwyr Llafur i ymwneud llawer mwy yng ngwaith y wladwriaeth. Ymunodd arweinwyr undeb lleol gyda'r cyrff lleol i weinyddu'r drefn ddiwydiannol newydd. Enghraifft o hyn oedd arweinydd amlwg yn Ffederasiwn Glowyr De Cymru, Vernon Hartshorn, yn ymuno â'r pwyllgorau a sefydlwyd i reoleiddio'r diwydiant glo.[19] Ymunodd cynghorwyr ac undebwyr llafur â phwyllgorau yn ymwneud â phensiynau, rhent a dosbarthu cymorth i'r truenus yn lleol, ac ar ôl Ionawr 1916 roedd yn arferol i gynrychiolwyr y mudiad llafur fod yn aelodau o ddribiwnlysoedd milwrol lleol hefyd.

Yng Nghymru, wrth gwrs, y chwarter miliwn o lowyr oedd y grŵp mwyaf dylanwadol o weithwyr, felly dylid ystyried eu hymateb hwy i'r rhyfel i ddeall safbwynt y mudiad llafur yn gyffredinol. Roedd gan lowyr de Cymru enw o fod yn filwriaethus, ac adlewyrchwyd y berthynas stormus rhwng gweithwyr a rheolwyr a pherchnogion yn y maes glo cyn y rhyfel gan streiciau ac aflonyddwch cymdeithasol, dylanwad syndicaliaeth a chyhoeddiad y pamffledyn *The Miners' Next Step* ym 1912. Yng ngeiriau C. B. Stanton, syndicalydd milwriaethus a ddaeth i gyhoeddi datganiadau jingoistaidd o blaid y rhyfel: 'the South Wales mining towns and villages are the hotbeds of every extreme socialistic growth in the political world ... In such communities there is not much room for the ideals of a large patriotism'.[20] Yn sicr, mae tystiolaeth o deimlad gwrth-filwrol ymhlith y garfan o Farcswyr, Syndicalwyr a'r mwyaf blaengar o blith y glowyr ar ddechrau'r rhyfel. Mynegodd Edward Gill, aelod o Ffederasiwn Glowyr De Cymru ei sgeptigiaeth tuag at y rhyfel wrth Keir Hardie ym mis Awst 1914 – teimladau a oedd yn cynrychioli meddyliau carfan sylweddol a milwriaethus o blith y glowyr:

Not for one moment do I minimise the enormous sacrifice made by the men who are at war, but the contention that the war is between free democracies and an autocracy leaves me quite cold. The working class of neither nation was consulted, but the working class of every nation will do the fighting and suffering.[21]

Roedd y glowyr mewn sefyllfa strategol bwerus iawn ar ddechrau'r rhyfel am fod y Llynges yn dibynnu'n llwyr ar lo ager o ansawdd arbennig o faes glo de Cymru. Ymddangosai fel petai nhw'n mynd i fanteisio ar eu sefyllfa pan wrthododd Ffederasiwn Glowyr De Cymru gytuno i leihau hyd eu gwyliau blynyddol ym mis Awst. Datganodd y glowyr hefyd eu bod nhw'n mynd i wrthod cefnogi ymyrraeth gan y Llywodraeth yn y rhyfel.[22] Ond ni ddylid gorliwio natur filwriaethus y glowyr a'u gwrthwynebiad i'r ymdrech ryfel. Yn wir, cyn hir roedd llawer ohonynt yn ymuno â'r brwdfrydedd cyffredinol dros yr ymdrech ryfel. Cytunodd Ffederasiwn Glowyr De Cymru i ofyn i'w haelodau weithio awr ychwanegol bob dydd er mwyn cynyddu'u cynnyrch,[23] ac arweinwyr Llafur ac undebol oedd ymhlith y recriwtwyr mwyaf brwd yn ne Cymru, gan gynnwys y mwyafrif o asiantau Ffederasiwn Glowyr De Cymru, gan gynnwys Dai Watts Morgan, asiant y Ffederasiwn yn y Rhondda, William Brace, Tom Richards, Edward Gill, Frank Hodges, C. B. Stanton a Vernon Hartshorn.[24]

Er bod y glowyr, fel gweithwyr eraill, yn gymharol frwdfrydig yn eu cefnogaeth i'r ymdrech ryfel, tyfodd amheuon erbyn canol 1915. Disgrifiodd Amanwy, brawd Jim Griffiths, y cyfnod hwn yn Rhydaman:

Bu hwyl anghyffredin ar ricriwtio dros rai misoedd, ond daeth trai ar lanw'r gwladgarwch, ac nid oedd pobl mor eiddgar am wisgo caci. Deuai'r sôn am ambell filwr yn syrthio ar faes y gad, ac yr oedd yr Almaenwyr yn ysgubo'r cyfan o'u blaenau ymron. Dan orfod y cefnai'r bechgyn ar eu cartrefi, cyn hir. Nid oedd cyfaredd mwyach yng ngalwad corn y gad. Yr oedd yn llawer anos i ymuno â'r fyddin ym 1915 nag ym 1914.[25]

Yng Ngorffennaf 1915 yn ogystal, cododd cwestiwn ynglŷn â gwir wladgarwch a theyrngarwch y glowyr, pan aeth y glowyr ar y streic fwyaf arwyddocaol trwy Brydain yn ystod y rhyfel.[26] O fewn wythnos, cawsant fuddugoliaeth lwyr, gan ennill cynnydd i'w cyflog, cam a arweiniodd y ffordd i'r diwydiant ddod dan berchnogaeth cyhoeddus ym mis Rhagfyr 1916.

Mae'n arwydd o gryfder y pwysau gwleidyddol i gydymffurfio gydag amgylchiadau'r cyfnod na chynhaliwyd cyfarfod cyhoeddus i brotestio yn erbyn y rhyfel tan 25 Hydref 1914 gyda Hardie, Ramsay Macdonald a Bruce Glasier yn annerch torf rhwng 2,000 a 2,500 o bobl yn Rinc Olympia Merthyr.[27] Y BLA oedd y mudiad mwyaf amlwg yn y gwrthwynebiad gwleidyddol, ac yng Nghymru roedd carfan o heddychwyr pur ymhlith aelodaeth y blaid honno. Tynnodd T. E. Nicholas sylw at y rhagrith moesol tu ôl y penderfyniad i fynd i ryfel ym 1914, a thrwy gydol y rhyfel ysgrifennodd a phregethodd yn gyson yn ei erbyn.[28] Yn y gogledd, parhaodd David Thomas gyda'i waith yn erbyn y rhyfel gan ymuno â Chymdeithas y Cymod, a thrwy ddarparu cymorth i wrthwynebwyr cydwybodol yn ogystal â pharhau ei waith yn trefnu a hybu'r mudiad llafur.[29] Atgyfnerthwyd rhai, fel Morgan Jones o Fargoed, cadeirydd y BLA yn ne Cymru, gan eu cred mewn cywirdeb ac effeithiolrwydd eu gweithred. Ef hefyd a gynrychiolai dde Cymru ar bwyllgor y corff a gynrychiolai'r gwrthwynebwyr cydwybodol, sef y No Conscription Fellowship, a phan ddaliwyd ef, fel gwrthwynebydd cydwybodol, yng nghelloedd swyddfa'r heddlu ym Margoed ym mis Mai 1916, ysgrifennodd at gadeirydd yr NCF, Clifford Allen, 'Nothing has appealed to my somewhat emotional nature to the same degree as has this struggle. I have never had any fear that I was not on the right side, and I have none now. ... Our fellowship is dealing smashing blows to militarism in this country and it is my confident belief that it will never recover'.[30] Ar ôl y rhyfel, ef oedd y cyntaf o'r gwrthwynebwyr cydwybodol i gael ei ethol yn Aelod Seneddol mewn isetholiad yng Nghaerffili ym 1921. Ymunodd mwy â rhengoedd y BLA yn ystod y rhyfel o ddiwedd 1916, yn rhannol oherwydd safiad gwrth-ryfel y blaid, a daeth nifer ohonynt yn ddiweddarach, gan gynnwys Emrys Hughes, Ness Edwards, a T. W. Jones, yn Aelodau Seneddol ac yn amlwg iawn yn y Blaid Lafur.[31] Denwyd eraill fel Aneurin Bevan a James Griffiths i fod yn rhan o'r gwrthwynebiad, er na fuon nhw eu hunain yn wrthwynebwyr cydwybodol.

Daeth y rhyfel yn sioc drychinebus i Keir Hardie. Ef oedd pensaer y syniad o streic gyffredinol yn erbyn y rhyfel ac un o'r Aelodau Seneddol dros Fwrdeistrefi Merthyr – y ffigwr sosialaidd mwyaf adnabyddus yng Nghymru yn y pymtheg mlynedd cyn y rhyfel. Roedd yn rhaid iddo wynebu realiti'r sefyllfa yn gynnar iawn yn y rhyfel pan aflonyddwyd gan gefnogwyr y rhyfel ar gyfarfod heddwch mawr yn Aberdâr, lle bu'n annerch. Ar ôl y digwyddiad hwnnw, cymharai ei hun i Grist yng Ngethsemane, ac yn ôl ei gyfaill agos (a'i fab yng nghyfraith yn ddiweddarach) Emrys Hughes 'It seemed that all his life work had been in vain.'[32] Cafodd Hardie ei gyhuddo yn y wasg leol o fod yn 'profound pro-German ... a man who persists in face of all that is right and honourable to make false accusations against the administrations of the State ... who tries to make the European crisis more lamentable than what it is by cribbing the blessings of the British race and conferring them on the Germans'. O ganlyniad i'r rhyfel, a'r ffaith fod rhai o'i gyn-gefnogwyr, megis C. B. Stanton, asiant lleol i Ffederasiwn y Glowyr, wedi troi'n jingo, syrthiodd Hardie i iselder ysbryd dwfn a dioddefodd ei iechyd. Yng nghynhadledd flynyddol y BLA yn Norwich ym 1915 cofnodwyd 'his depression was regretfully observed by all his comrades,'[33] ac o fewn chwe mis bu farw. Enillodd C. B. Stanton yr isetholiad ym Mwrdeistrefi Merthyr yn dilyn marwolaeth Hardie, ar beth y disgrifiodd yn ei araith gyntaf yn Nhŷ'r Cyffredin yn 'straight war ticket'.[34] Mae'r ddelwedd o Hardie fel merthyr yn dioddef oherwydd ei ddaliadau, yn cael ei drin megis Crist ar y groes, yn rymus a thrawiadol felly ac yn ymdebygu i'r ddelwedd ddiweddarach o'r gwrthwynebydd cydwybodol yn aberthu'i ryddid.

Heb amheuaeth, dioddefwyd erledigaeth gan aelodau o'r BLA. Carcharwyd ychydig gannoedd oherwydd eu gwrthwynebiad cydwybodol i orfodaeth filwrol.[35] Mae tystiolaeth hefyd o gyfarfodydd yn cael eu chwalu gan dorfeydd 'gwladgarol'. Ym mis Tachwedd 1916, er enghraifft, cafodd cyfarfod heddwch gyda Ramsay MacDonald, Fred Jowett, James Winstone ac eraill yn siarad yn Neuadd Cory, Caerdydd, ei chwalu'n dreisgar gan dorf o dan arweinyddiaeth C. B. Stanton a'r Capten Edward

Chwalwyd cyfarfod i wrthwynebu gorfodaeth filwrol yng Nghaerdydd yn Nhachwedd 1916. Arweinwyd y dorf gan C. B. Stanton, yr Aelod Seneddol jingoistaidd, a'r heddlu agorodd ddrysau'r neuadd er mwyn i'r protestwyr lifo mewn. Aildrefnwyd y cyfarfod i Ferthyr fis yn ddiweddarach lle bu miloedd yno'n protestio yn erbyn y rhyfel heb ymyrraeth.

Tupper (arweinydd Undeb y Morwyr): yng nghanol y cyfarfod, yn ôl yr adroddiad lliwgar (ac efallai heb fod yn hollol ddibynadwy) yn hunangofiant Tupper: 'A tremendous rush, followed by a crash of glass, stormed through the place and many men were thrown bodily from the platform and some down the stairs; the police had all their work cut out to protect them when they arrived outside in the street', ac yn ôl un adroddiad yn y wasg 'many noses were bleeding. One man had a cut on the head from a blow with a walking stick and a number of eyes were blackened.'[36] Aildrefnwyd y gynhadledd ac fe'i chynhaliwyd ym Merthyr Tudful, fis yn ddiweddarach. Aeth y cyfarfod yn ei flaen yn ddidrafferth gyda mwy o gynrychiolwyr, ond dangosodd chwalu'r cyfarfod cyntaf pa mor fregus oedd y cytgord cymdeithasol yn ne Cymru ar ddiwedd 1916.

Erlidiwyd y mudiad yn erbyn y rhyfel yn ffyrnig, ac ymwelodd yr heddlu ar gais MI5 â phencadlys y BLA a swyddfeydd y National Labour Press yn Llundain gan atafaelu copïau o'r *Labour Leader* a phamffledi gwrthfilwrol.[37] Ar lefel leol yng Nghymru profodd cangen Cwmafan o'r blaid gyrch gan yr heddlu ym Mai 1916, pan atafaelwyd llyfrau cofnodion y gangen, gohebiaeth a phamffledi.[38] Dioddefodd Bargoed yr un ffawd, gan golli 9,000 o bamffledi yn yr un mis.[39] Yn Llansawel, cangen gryfaf y BLA yng Nghymru, disgrifiodd Sam Mainwaring y pwysau ar wrthwynebwyr yno:

We are still alive and keeping the Flag flying, although we are getting hard hit. Tom Davies was taken for the Army Easter week. Comrade Gregory was arrested after two years about five weeks ago, and is now undergoing the four months in Wormwood Scrubs, and there are three or four more of us including myself who do not know now from day to day how soon our time will come, but until then we keep pegging away whatever sword of Damocles may be above our heads.[40]

Yn ystod wythnos gyntaf Medi 1916, cyrchodd yr heddlu 27 o gartrefi a swyddfeydd ym Mhrydain, gan gynnwys cartrefi ym Mhont-y-pŵl, Cwm Tawe, Aberafan, Tai-bach, Pengam a Chaerdydd.[41] Cynhwysai'r cyfeiriadau hyn gartref mam ysgrifennydd yr NCF, D. J. Williams, ym Mhontarddulais, lle cymerwyd taflenni ac fe'i gwysiwyd i ymddangos yn y llys.[42] Restiwyd ysgrifennydd cangen yr NCF, Tom Evans, a'i gyhuddo o dan y Ddeddf Amddiffyn y Deyrnas o fod â meddiant dogfennau a fyddai'n debygol o 'andwyo ricriwtio, hyfforddi, disgyblu neu weinyddu Lluoedd y Goron.'[43] Gerbron y fainc ym Mhontardawe, mynnodd yr erlyniad, pe bai'r pamffledi yn syrthio i ddwylo diniweitiaid, y byddai'r canlyniadau yn echrydus. Tystiodd arolygydd yr heddlu iddo ddarganfod llenyddiaeth fradwrus yng nghartref Evans, gan gynnwys copïau o'r pamffledi a oedd yn gwrthwynebu gorfodaeth filwrol, *Shall Britons be Conscripts*, a *More than 1,000 Conscientious Objectors*. Dadleuodd Evans fod rhai o'r llyfrau a adawyd ar ôl yn ei gartref wedi'r cyrch yn llawer mwy peryglus, gan gynnwys y Testament Newydd. Fe'i cyhuddwyd gan yr erlyniad o gael 'hindering effect' ar y Fyddin, a gwrthododd dalu ei ddirwy o £35, gan dderbyn cyfnod o dri mis yn y carchar.[44] Erbyn 1917 roedd gorfodaeth filwrol yn amddifadu'r blaid o 'niferoedd mawr o weithwyr dygn'[45] ac roedd effaith y rhyfel ar y mudiad yn y gogledd yn neilltuol o niweidiol, fel yr adroddodd David Thomas wrth Francis Johnson ym mis Gorffennaf 1915:

I am very sorry that the condition of the I.L.P. in this part of the country is so unsatisfactory at present, but the war has played the very dickens with us. The slate trade has probably suffered more from the effects of the war than any other industry ... we are not dead yet by a long way, but we are practically on the sick list for the time being.[46]

Hyd yn oed yn ei chadarnleoedd, lle roedd y mudiad gryfaf, bu dirywiad ym mlynyddoedd cynnar y rhyfel. Collodd y blaid aelodau ledled Cymru o gychwyn y rhyfel hyd at ddechrau 1917.[47] Dylanwadwyd ar aelodau'r BLA gan wewyr cychwynnol y rhyfel. Pan drafodwyd barn y blaid tuag at y rhyfel yn ei chynhadledd yn Norwich yn Ebrill 1915, roedd y cynrychiolwyr yn rhanedig ac yn ansicr, gyda rhai yn gwrthwynebu rhyfel rhwng cenhedloedd ar bob cyfrif, ond rhai yn fwy pragmataidd. Fel mae Keith Robbins wedi nodi, 'Where exactly the party stood was ... mysterious. It opposed war as an instrument of national policy, but at that point agreement stopped'.[48] Fodd bynnag, yng Nghymru, ar y cyfan, roedd y BLA yn ganolog i'r mudiad yn erbyn y rhyfel.

Roedd de Cymru yn enwedig, yn lleoliad poblogaidd ar gyfer ymweliadau lladmeryddion enwocaf y mudiad sosialaidd, gan gynnwys Ramsay Macdonald, Bruce Glasier a Keir Hardie, a chynhaliwyd y cyfarfod mawr cyntaf i wrthwynebu'r rhyfel gyda'r siaradwyr hyn yn annerch cynulleidfa o ddwy fil o gefnogwyr yn y Rinc ym Merthyr.[49] Dyma lle roedd canolfan gyhoeddus y gwrthwynebiad yn ne Cymru, a daeth yr hoelion wyth sosialaidd yno yn eu tro i annerch, gan gynnwys Sylvia Pankhurst,[50] Bertrand Russell,[51] W. C. Anderson a Katherine Bruce Glasier,[52] Philip Snowden a'i wraig, Ethel,[53] George Lansbury[54] a Tom Mann.[55]

Ond os collwyd aelodau ar gychwyn y rhyfel, ailenillodd y mudiad y tir a gollwyd yn eithaf cyflym, a derbyniodd nifer ychwanegol o aelodau oherwydd ei safiad yn erbyn y rhyfel. Adroddwyd 'It is specially gratifying to be able to report the spontaneous springing up of new branches, and the increasing number of members who are enrolled on Head Office books'.[56] Cynyddodd y nifer o ganghennau o 35 i 50 erbyn Ionawr 1916,[57] a chynyddodd ffïoedd aelodaeth y BLA yng Nghymru o £67 am 1916-17 i £148 ym 1918-19.[58] Yn wir, erbyn diwedd y rhyfel roedd gan Gymru 2,355 o aelodau, sef 11.1% o holl aelodaeth Prydeinig y blaid, a thwf mewn aelodaeth o 70% er dechrau'r rhyfel, pan oedd aelodau'r blaid yng Nghymru yn 6.9% o'r holl aelodaeth. Erbyn Chwefror 1918 roedd 75 o ganghennau gan y blaid yng Nghymru.[59]

Llansawel oedd y gangen gryfaf yng Nghymru cyn y rhyfel, ac yn ôl y *Labour Leader* roedd y gangen yn cynnig esiampl ardderchog i ganghennau eraill, gyda'i gwerthiant uchel o lenyddiaeth a'i sefyllfa ariannol gref.[60] Erbyn diwedd y rhyfel roedd 1 o bob 22 o drigolion y dref yn aelodau o'r blaid.[61] Roedd Llansawel yn gangen eithriadol, ond yn ystod y flwyddyn o haf 1917 ymlaen, crewydd 17 o ganghennau newydd ac mewn ardaloedd lle na fu'r BLA yn weithgar tan hynny. Cynhwysai wersyll Hirwaun a sefydlwyd ar gyfer gwrthwynebwyr cydwybodol a oedd wedi derbyn gwaith 'o bwysigrwydd cenedlaethol', Clydach, Aberbargoed, Dyffryn Garw, Doc Penfro, Ystum Taf, Felin-foel, Bae Colwyn, Merthyr Vale, Mynydd Cynffig, Ynys-y-bŵl, Garn-swllt, Crymlyn, Pen-y-graig a Llanelli.[62]

Erbyn diwedd y rhyfel felly roedd y BLA wedi ailddechrau tyfu, roedd adfywiad sylweddol ar lefel y canghennau, ac roedd y blaid yn ymddangos i fod mewn iechyd da. Mae'n bwysig cydnabod, er hynny, fod newididau wedi digwydd yn natur y blaid yn ystod y rhyfel, a hefyd fod y cyd-destun gwleidyddol a chymdeithasol wedi'u trawsnewid.

Ymddangosodd menywod disglair trwy'r mudiad

heddwch a ddechreuodd gymryd rôl flaenllaw yn y mudiad llafur. Roedd Minnie Pallister yn gymeriad pwerus a phenderfynol, a daeth yn un o brif drefnwyr y mudiad heddwch yn ne Cymru. Yn ferch i weinidog Methodistaidd ac yn enedigol o Gernyw, cafodd hi ei haddysg yn Hwlffordd a Phrifysgol Caerdydd, cyn symud i Fryn-mawr, sir Frycheiniog i fod yn athrawes.[63] Erbyn 1915 roedd yn llywydd Ffederasiwn Sir Fynwy y BLA,[64] a bu hefyd yn un o brif drefnwyr yr NCF.[65] Erbyn diwedd y rhyfel cafodd ei phenodi yn drefnydd ar gyfer Rhanbarth Cymru a sir Fynwy o'r BLA. Roedd ei llwyddiant yn symbol o newid ehangach yn y byd llafurol. Roedd menywod megis Agnes Hughes o Abercynon yn drefnydd yr NCF yn Aberdâr, a Lily Tobias yn weithgar iawn gyda'r NCF yng Nghaerdydd.[66]

Roedd y mudiad yn newid mewn ffyrdd eraill hefyd. Gellid dadlau bod Cymru yn lle mwy seciwlar ei farn o ganlyniad i'r rhyfel. Ar y cyfan, roedd y berthynas rhwng sosialwyr a'r capeli yn un o amheuaeth a drwgdybiaeth ar y ddwy ochr cyn y rhyfel,[67] ond dirywiodd y berthynas yn ystod y rhyfel. Roedd blaengarwch rhai capeli wrth recriwtio a hybu'r ymdrech ryfel yn atgas gan lawer, fel y mynegodd Minnie Pallister yng Nghynhadledd y BLA yn 1915:

Before the war she had urged some of her friends who were ministers to speak about social questions, but was met with the objection that their pulpits could only be used to speak on spiritual questions and not materialistic matters. She had given them credit for sincerity, but found, when the war broke out, that these pulpits which were too sacred to be used to fight the battle of the workers were not too sacred to be used as recruiting platforms.[68]

Y Syndicalwyr a'r Marcswyr

Erbyn haf 1917, roedd cymysgedd o ddylanwad Gorfodaeth Filwrol, blinder cyffredinol gyda'r rhyfel nad oedd modd gweld ei ddiwedd, a'r ymateb i Chwyldro cyntaf Rwsia ym mis Mawrth, yn trawsffurfio agweddau at y rhyfel. Roedd y maes glo yn ferw gwleidyddol, gydag aelodaeth gyffredin y Ffederasiwn yn dod mwyfwy dan ddylanwad Marcswyr fel Noah Ablett, A. J. Cook, Arthur Horner a'r chwith a oedd am ddefnyddio grym bargeinio'r Undeb yn erfyn gwleidyddol er mwyn gwella safonau byw a sicrhau codiadau cyflog.

Profodd Chwyldro Rwsia yn ysbrydoliaeth fawr i'r mudiad llafur, ac am gyfnod gellid dychmygu fod posibiliadau chwyldroadol yn bodoli ym Mhrydain, yn enwedig lle roedd y chwith yn gryf, yn ardal Clydeside yn yr Alban ac ym maes glo de Cymru. Cynhaliwyd cyfarfodydd niferus ym Merthyr Tudful a Rhymni, er enghraifft, er mwyn cefnogi Chwyldro Rwsia, ac ym mis Mai 1917, cynhaliwyd cyfarfod torfol yng Ngwauncaegurwen gyda Noah Ablett a J. L. Rees yn annerch, lle galwyd ar lowyr de Cymru i weithredu yn rhyngwladol, ar gais Rwsia, er mwyn dod â'r rhyfel i ben.[69]

Ymhlith y cynrychiolwyr o Gymru yn y gynhadledd a gynhaliwyd yn Leeds ym Mehefin 1917 er mwyn sefydlu sofietiaid o weithwyr a milwyr drwy Brydain, roedd cynrychiolwyr tri o ranbarthau Ffederasiwn Glowyr De Cymru, sef Rhanbarth y Gorllewin (ardal Abertawe-Port Talbot), Rhanbarth y Glo Carreg a Rhanbarth Merthyr Tudful, ill tri o dan ddylanwad trwm y BLA, ac yno hefyd roedd cynrychiolydd Cyngres Llafur a Masnach Clydach. Ar 29 Gorffennaf, ceisiwyd cynnal cyfarfod yn Abertawe er mwyn sefydlu Cyngor Sofietaidd o weithwyr a milwyr ar gyfer de Cymru, ac ymhlith y cynrychiolwyr roedd dau o lofeydd Cwm Tawe a Chyngres Masnach a Llafur

Ystradgynlais, ond chwalwyd y cynulliad yn llwyr gan brotestwyr, ac ni lwyddwyd i drefnu cyfarfod pellach.[70]

Cynyddodd gweithgarwch a dylanwad y lleiafrif milwriaethus oddi mewn i Ffederasiwn y Glowyr wrth i'r flwyddyn 1917 fynd rhagddi. Wrth i'r adain filwriaethus, Farcsaidd, a oedd o blaid i'r gweithwyr berchenogi'r diwydiant ennill dylanwad, felly hefyd y datblygodd trefniadaeth ochr fwy gwleidyddol a thraddodiadol y BLA. Cadarnhaodd adroddiad y Comisiwn i Anghydfod Diwydiannol ym mis Mehefin 1917, fod sefyllfa beryglus trwy faes glo y De. Argymhellodd y Comisiwn fod angen mesurau arbennig er mwyn lleddfu cwynion a phrotestiadau yn erbyn pris uchel bwyd, ac ymelwa cwmnïoedd oherwydd amgylchiadau'r rhyfel. Rhybuddid am ddylanwad aelodau grwpiau trafod tebyg i ddosbarthiadau'r Coleg Llafur Canolog, a dylanwad heddychiaeth yn sgil aflonyddwch mwy cyffredinol.[71] Disgrifiwyd y sefyllfa yn ne Cymru fel un lle 'roedd gelyniaeth chwerw wedi tyfu rhwng cyflogwyr a gweithwyr mewn diwydiannau penodol, a bod hyn, i ryw raddau, wedi ei feithrin gan eithafwyr a dallbleidwyr ar y ddwy ochr. Mae ymdeimlad o anghyfrifoldeb wedi ei greu felly, ac mae'r dynion wedi dangos tueddiad i streicio ar y cyfle cyntaf, er gwaethaf cyngor eu harweinwyr achrededig.'[72] Beio'r glowyr ac undebwyr trafnidiaeth am eu heithafrwydd a wnaeth yr adroddiad.

Elfen bwysig yn y broses o gryfhau dylanwad y chwith Marcsaidd yng Nghymru oedd twf dylanwad y Coleg Llafur Canolog. Rhwng 1914 a Ionawr 1918, cynyddodd nifer y dosbarthiadau yn y Coleg o ddau i 40 ar draws y maes glo, ac arweinid y symudiad hwn gan lowyr a oedd yn weithgar iawn yn lleol, fel Arthur Horner, A. J. Cook, Noah Ablett a W. H. Mainwaring o'r Rhondda, Mark Starr o Gwm Tawe ac Aberdâr, a Sid Jones a Will Hewlett o

Ddyffryn Sirhowy yn sir Fynwy. Roedd y mwyafrif o'r dosbarthiadau yn sir Fynwy a'r Rhondda, ond treiddiwyd i'r gorllewin, i Wauncaegurwen dan arweiniad D. R. Owen, a J. L. Rees yng Nghlydach. Tu allan i'r maes glo cynhaliwyd un dosbarth yn y Barri a dau yng Nghaerdydd.[73] Hybodd dosbarthiadau, fel y rhai a ddysgid gan W. J. Edwards ar 'Darwin and Marx' neu Mark Starr ar 'History and its Interpretation',[74] syniadaeth Farcsaidd, ac yn eu hanterth, credir bod oddeutu mil a hanner o bobl yn mynychu'r dosbarthiadau hyn ym 1917-18.[75] Llwyddodd y mudiad hwn i addysgu cadre o ddynion allweddol yn natblygiad sosialaeth a'r mudiad llafur, rhai fel Aneurin Bevan, Ness Edwards ac S. O. Davies, a gafodd yn eu tro ddylanwad radicaleiddio milwriaethus ar gyfeiriad Ffederasiwn y Glowyr.

Oherwydd eu gwrthwynebiad, bu aelodaeth gyffredin Ffederaswn Glowyr De Cymru yn gyfrifol am ohirio cyflwyno gorfodaeth filwrol yn y diwydiant glo trwy Brydain am un mis ar ddeg cyfan, tan i bleidlais gefnogi gofyniad y Llywodraeth ym mis Tachwedd 1917, o 98,946 i 28,903.[76] Ond er iddynt fethu, cynrychiolai hyn un o uchafbwyntiau gweithgarwch carfan filwriaethus glowyr de Cymru ym 1917, a phryd hynny yn unig y gorfodwyd glowyr i ymuno â'r lluoedd arfog.[77] Yn arwyddocaol ddigon, yr ardaloedd ffyrnicaf yn erbyn gorfodaeth filwrol oedd yr ardaloedd hynny lle roedd y BLA hefyd fwyaf dylanwadol, sef ardal Merthyr Tudful ac Aberdâr, Rhanbarth Gorllewin y maes glo a gynhwysai Llansawel, Cwmafan a Chwm Tawe, a'r Rhanbarth Glo Carreg, a gynhwysai ddyffrynnoedd Aman a Lliw. Yn ardal y Glo Carreg, awgrymai'r canlyniad fod lobi gref o blaid dod â'r rhyfel i ben, gyda 43% o'r 10,588 o bleidleisiau yn erbyn gorfodaeth filwrol.[78] Ymestynnai rhanbarth Gorllewin Cymru o Ben-y-bont yn y dwyrain hyd at Afon Llwchwr yn y gorllewin, ac ym mhyllau glo bychain Cwm Tawe, fel y Glais a Threbannws, pleidleisiodd y mwyafrif o blaid streicio yn erbyn gorfodaeth filwrol. Yn Rhanbarth y Gorllewin roedd y bleidlais agosaf rhwng y ddwy ochr, gyda'r sawl a wrthwynebai orfodaeth yn ennill 3,056 o bleidleisiau (48% o'r bleidlais), a'r sawl oedd yn cytuno â'r 'cribiad' o ddynion o'r diwydiant yn derbyn 3,308 o bleidleisiau (52%).[79]

Dehongliad angharedig y *Western Mail* oedd mai'r hyn oedd i gyfrif am faint y bleidlais yn erbyn gorfodaeth oedd mai pobl oedden nhw 'of diminutive intelligence who have been carried away by the "peace by negotiation" folly'.[80] Yr esboniad mwy cytbwys am y bleidlais uchel yn Rhanbarth y Gorllewin a Rhanbarth y Glo Carreg o blaid streic oedd bod yr ardaloedd hynny wedi dioddef mwy nag eraill am fod glofeydd lleol wedi eu dargyfeirio o'u gwaith masnachol proffidiol i waith llai proffidiol yn gysylltiedig â'r rhyfel, a bod y dynion felly yn dal dig o'r herwydd.[81] Ond dehongliad arweinydd gweithgar glowyr Cwm Tawe, aelod o'r BLA a'r heddychwr, J. L. Rees, Trebannws, oedd bod y teimlad lleol yn erbyn y rhyfel ac effaith Chwyldro Rwsia wedi bod yn ffactorau pwysig yn y bleidlais uchel yn erbyn gorfodaeth filwrol:

> Down in the West great meetings have been held during the last two years at which the impossibility, or at least the costliness, of the 'knock out blow' has been advocated. The mass of miners in this district have had that lesson driven into their minds and they realise that some other way than conquest must be found from the impasse of war.[82]

Wrth i'r aden filwriaethus, Farcsaidd o blaid perchnogaeth y gweithwyr o'r diwydiant ennill dylanwad o fewn y

Ffederasiwn, felly hefyd y datblygodd trefniadaeth ochr fwy gwleidyddol draddodiadol y Blaid Lafur. Sefydlwyd cyngresau lleol o'r undebau a chymdeithasau cefnogol i Lafur trwy Gymru, ac mae adroddiad cyntaf ysgrifennydd Cyngres Llafur a Masnach ardal Rhydaman ym 1918, James Griffiths, yn adlewyrchu gwewyr y cyfnod. Ac yntau yn wrthwynebydd i'r rhyfel, cyfarchodd y Chwyldro yn Rwsia fel ysbrydoliaeth i Ddemocratiaid. Cafodd Llafur, meddai, ei damsgen dan draed gan filitiariaeth Ewrop. Cafodd gobeithion y dosbarth gweithiol eu boddi mewn môr o waed, ond roedd y Chwyldro wedi rhoi gobaith newydd, a honnai Griffiths fod 'chwyldro tawel' wedi'i greu yn y cylch. Bellach roedd y gyngres yn cynrychioli deg cyfrinfa o'r Ffederasiwn; canghennau o chwe undeb arall, yn ogystal â'r BLA. Roeddent yn cynrychioli 3,500 o weithwyr, a chynhaliwyd deuddeg o gyfarfodydd cyhoeddus yn ystod y flwyddyn.[83]

Credai T. E. Nicholas mai Chwyldro Rwsia ym 1917 oedd y dylanwad mwyaf ar ei ddatblygiad gwleidyddol, a bu'n ysbrydoliaeth i lawer o'r ymgyrchwyr o fewn Ffederasiwn Glowyr De Cymru yn enwedig Arthur Horner, George Dolling, A. J. Cook a Noah Ablett, i ymuno â'r blaid Gomiwnyddol newydd pan y'i ffurfiwyd ym 1920. Ond nid yw'n gyd-ddigwyddiad mai'r ardaloedd mwyaf gwrthwynebus i'r rhyfel oedd rheiny lle roedd y BLA gryfaf – Llansawel, Merthyr Tudful ac Aberdâr, Cwm Afan a Phort Talbot, a Chwm Tawe.

Llansawel oedd canolfan bwysicaf y Blaid Lafur Annibynnol yn ne Cymru yn chwarter cyntaf yr ugeinfed ganrif, ac roedd bron i chwe chant o aelodau yn y gangen, sef un o bob 22 o boblogaeth y dref. Yma y gwelwyd y gweithgarwch amlycaf yn erbyn y rhyfel, gyda chyfarfodydd cyhoeddus lluosog o 1915 ymlaen. Yma hefyd y sefydlwyd y canghennau cyntaf yn ne Cymru o Gymdeithas Dim

Bu Jim Griffiths yn weithgar yn y mudiad yn erbyn y rhyfel yn Rhydaman, lle bu'n ddylanwadol yn Ffederasiwn y Glowyr, ac yn ysgrifennydd y Cyngor Llafur a Masnach lleol.

Gorfodaeth Filwrol, yr NCF (No-Conscription Fellowship), a'r Cyngor Cenedlaethol yn Erbyn Gorfodaeth Filwrol, yr NCAC (National Council Against Conscription), sef y Cyngor Cenedlaethol dros Hawliau Sifil, yr NCCL (National Council for Civil Liberties wedyn). Ond amlygwyd gwrthwynebiad i'r rhyfel hefyd ar draws ardaloedd diwydiannol eraill de Cymru lle roedd y BLA yn ddylanwadol a lle roedd gwreiddiau'r Blaid Lafur ddyfnaf. Tyfodd y blaid mewn ardaloedd lle roedd yna amrywiaeth o ddiwydiannau, megis dur, tun, alcam a rheilffyrdd, yng nghymoedd Aman a Thawe, Gorseinion, ardal Cwmafan, Llansawel a Phort Talbot, yn ogystal ag ym Merthyr Tudful, Aberdâr, Cwm Rhymni, a chymoedd gorllewinol sir Fynwy. Roedd gan y mudiad ddylanwad hefyd ym mhrif drefi'r de, yng Nghaerdydd, Abertawe a Chasnewydd Bu ganddi ganghennau llewyrchus yn ardal chwarelyddol siroedd Meirionnydd a Chaernarfon ar ddechrau'r rhyfel hefyd, cyn i gyni economaidd gau chwareli a gwasgaru'r gweithwyr o 1915 ymlaen, gan adael ychydig weithgarwch yn Nyffryn Nantlle, Caernarfon a Wrecsam.[84]

Cwm Tawe

Cwm Tawe oedd un o'r ardaloedd hynny lle treiddiodd y Blaid Lafur Annibynnol i ddatblygu'n ddeorfa ar gyfer y mudiad heddwch yn ogystal, ac mae dadansoddi'r hyn a ddigwyddodd yno yn gymorth i ddeall sut yr asiodd y ddau draddodiad athronyddol yn un. Gellid olrhain gwreiddiau'r BLA yn y Cwm i sefydlu'r wythnosolyn Cymraeg, *Llais Llafur*, yng Nghwm Tawe ym 1898 yn bapur sosialaidd, blaengar a radicalaidd gan y golygydd cyntaf, Ebeneser Rees. Yn dilyn ymweliad gan Keir Hardie, sefydlwyd cangen o'r BLA ym Mhontardawe, ac o'r dyddiau cynharaf, fe dynnodd y gangen wg yr eglwysi am ei bod wedi trefnu dawns i hel arian i'w chronfa. Ystyrid sosialwyr felly yn 'ddisgyblion y diafol', ond er gwaethaf y gwrthwynebiad, sefydlwyd canghennau eraill yn Ystalyfera, Gwauncaegurwen a Brynaman tua 1902.[85] I'r Gwenallt ifanc, roedd y BLA yn blaid 'wleidyddol, gyfansoddiadol, Gristionogol', a chymharai Keir Hardie i Iesu Grist fel sosialydd, a'r cyfalafwyr fel y Phariseaid a'r Ysgrifenyddion.[86]

Cryfhaodd y BLA yng nghyfnod chwerw yr 'Anniddigrwydd Mawr' cyn y Rhyfel Mawr, a denai aelodau'r genhedlaeth iau o gapeli pentrefi'r cymoedd diwydiannol i'w rhengoedd. Yng Nghwm Tawe, dywedid bod y BLA yn cynnwys pobl o bob cred, gan gynnwys dau deulu Iddewig, teulu Neft o Bontardawe a theulu Shepherd o Ystradgynlais, a gynhwysai Lily Tobias a'i brodyr.[87] Ar drothwy'r rhyfel, disgrifia Gwenallt yr awyrgylch o anniddigrwydd diwydiannol a chymdeithasol, a thrais agored rhwng heddlu a gweithwyr:

Cyfnod y streiciau oedd cyfnod 1910-1914. Cofiwn am blismyn boliog y Dociau yn gorymdaith, yn adeg streic, drwy Cwm Tawe, ac am yr ysgarmesoedd rhyngddynt â'r gweithwyr. Lluchiem, dadau a meibion, o'n cuddfeydd, gawodydd o gerrig am eu pennau, a gwisgai plismyn a gweithwyr, ar ôl y pastynu gadachau am eu cleisiau a'u clwyfau...Cofiaf am un o'r plismyn yn cyfarch fy mam, ar y glwyd, fel putain.[88]

Mor gynnar â 1912, roedd Nun Nicholas wedi llwyddo i ddenu dros 70 o aelodau i'w ddosbarthiadau ar economeg Marcsaidd ym Mhontardawe, ac fe'u nodweddid gan ei ddulliau dysgu anghonfensiynol a ddisgrifid fel, 'the brutal putting down of any sloppy thinking or use of ambiguous language by a student, combined with the liberal use of four letter expletives.[89] Cofiai Gwenallt pa mor gynrychioliadol oedd Nun Nicholas o'r haen hon o wrthwynebiad i'r rhyfel:

> Credai mewn Chwyldro, grym arfau i gigyddio'r gormeswr ... Dyna'r cylch gwleidyddol, Sosialwyr gwleidyddol, Sosialwyr diwydiannol, Sindicalwyr, Marxiaid, pasiffistiaid Tolstoaidd ac anarchwyr – yr un ymraniadau ac a gafwyd yn yr Almaen, yr Eidal ac Ysbaen. Pe byddai byddin fechan ffasgaidd wedi ymosod arnom yn y cyfnod hwnnw, byddai wedi ein gorchfygu yn llwyr, oherwydd ein hanundeb ... [90]

Ceid dylanwadau tebyg yn Rhydaman a ddefnyddiai'r 'White House' yn ganolfan gyfarfod a llyfrgell. Fe'i gelwid yn Neuadd i'r Comiwnyddion gan bapur lleol.[91] Prynwyd y lle gan George Davison, dyn busnes lliwgar a wnaeth ei arian yng nghwmni ffilm Kodak, ac er ei dueddiadau anarchaidd, cefnogai Davison y BLA yn frwd, a rhoddodd yr adeilad yn rhad ac am ddim i'r mudiad llafur lleol i'w ddefnyddio.[92] Roedd dylanwad y Coleg Llafur Canolog yno yn gryf, a hefyd syniadau'r maniffesto syndicalaidd a ddadleuai dros gymryd rheolaeth o'r diwydiant glo trwy rym Ffederasiwn y Glowyr, *The Miners' Next Step*.[93] Yma, yn cyfateb i ddylanwad Nun Nicholas ym Mhontardawe, roedd David Rees Owen o'r Garnant, atalbwyswr wrth ei alwedigaeth, a'r person cyntaf o'r ardal i fynd i'r Coleg Llafur.[94] Ef a Jack Griffiths, Cwm-twrch, a gynhaliai ddosbarthiadau ar economeg a Marcsiaeth. O'r hanner cant o bobl a fynychai'r 'White House' yn rheolaidd, roedd o leiaf ddeg yn wrthwynebwyr cydwybodol, gan gynnwys dau frawd, sef Ifan ac Edgar Bassett; hefyd, Tom Dafen Williams, Harry Arthur, Cliff Jones, Harry John Davies, David Rees Owen a nifer o rai eraill anhysbys o'r Garnant.[95]

Ond yn unol â phrofiad ardaloedd eraill o dde Cymru lle roedd y BLA wedi ennill ei phlwyf, gwelwyd rhwyg yng Nghwm Tawe o fewn y Blaid Lafur, gyda *Llais Llafur*, er enghraifft, yn cefnogi safbwynt y mwyafrif, o blaid y rhyfel, yn ffyrnig. Cyhuddodd Tom Evans, aelod blaenllaw o'r BLA, y papur o fod o blaid Prwsiaeth ac yn sicr roedd y papur yn ddiflewyn-ar-dafod wrth annog dynion ifainc i ymuno â'r fyddin:

Every able-bodied young man in our Welsh Valleys, who is without dependents should seriously consider whether it is not his duty to offer himself to his country at this fateful hour ... This is the considered view of the Labour Party, and we fully share that view. It is absolutely essential that in this war, Great Britain must emerge a victor ... Young men! Dedicate yourself to the sacred cause of freedom, to the holy duty of casting out the monster of German militarism that is threatening the existence of civilisation.[96]

Disgrifiodd Gwenallt gymeriad ei gymrodyr yn fanwl. Fel y noda Lyn Owen-Rees, ymgasglent, fel arfer, yng Nglyncoed, cartref cyfeillion Gwenallt, y brodyr Griff ac Albert Davies, yng nghanol y pentref, neu yn y Cross Inn:

Griff oedd ysgrifennydd yr NCF ym Mhontardawe, a'r tad yn flaenor gyda'r Bedyddwyr, yn caniatáu i'r cartref fod yn dipyn o ganolfan i'r gwrthwynebwyr. Byddai nifer yn casglu yn Glyncoed ar gyfer noson – yn cynnwys Jack Rees, The Pheasant, Nun Nicholas, Tommy Evans, Johnny Jones, Jac Joseph, Parch. T. E. Nicholas, a llawer o rai eraill. Rhain oedd arloeswyr mudiadau'r Plebs a'r ILP – darllenent lenyddiaeth Sosialaidd a Chomiwnyddol. Roedd eu trafod yn ddifrifol a deallusol, Nun Nicholas oedd 'exponent of Marx and Engels', a Charles Williams, y bardd dirwestol a diacon Saron Rhydyfro a Sosialydd Cristnogol. Ar rai nosweithiau, buasent yn monopoleiddio yr ystafell gefn – y 'Blue Room' yn nhafarn y Cross Hotel. Gelwid y lle 'y Cabinet' lle bydde dirwestwyr, a'r yfwyr cwrw a chwisgi yn yfed gyda'i gilydd. Tra'u bod yn y Cabinet, bydde Gwenallt ac Albert yn yfed te gartre. Yno roedd casgliad helaeth o lyfrau Sosialaidd ond, yn ôl Gwenallt, nid y dylanwad mwyaf arno oedd cyfarfodydd yr ILP ond llyfr E. D. Morel, 'The Ten Years of Secret Diplomacy' a 'Truth and the War'.[97]

Cynhwysai'r criw yma amrywiaeth o safbwyntiau yn erbyn y rhyfel, a'u barn yn amrywio o wrthwynebiad ar sail heddychol a Christnogol i'r safbwynt Marcsaidd a rannai Nun Nicholas, er enghraifft, sef mai brwydr oedd hon rhwng grymoedd imperialaidd a chyfalafol. Wedi cyflwyno gorfodaeth filwrol yn Ionawr 1916, datblygodd cynnen agored yn erbyn y gwrthwynebwyr rhyfel yn lleol. Yn ôl

Albert Davies, 'ferocious confrontation grew, with bitterness towards the small, pacifist, anti war group in the village'. Malwyd y lampau nwy y tu allan i siop Griff Davies, ac er i'r troseddwyr gael eu hadnabod, gwrthododd yr heddlu ag ymyrryd.[98]

Nid oedd aelodau'r BLA wedi troi eu cefnau ar y capeli yn gyfan gwbl, er gwaethaf cefnogaeth y mwyafrif o'r sefydliadau crefyddol i'r rhyfel. Ym Mhontardawe, roedd dau weinidog gyda'r Annibynwyr, sef y Parch. Llewellyn Bowyer, Capel Dan y Graig, Allt-wen, a'r Parch. W. J. Rees, Capel Allt-wen, yn ymgyrchwyr cyhoeddus ac eofn o blaid heddychiaeth ac yn ffigurau blaenllaw yn yr ymgyrch yn erbyn y rhyfel yn y cwm. Ym 1916, ymaelododd Gwenallt â'r BLA a daeth yn aelod o'r NCF, yn bennaf, meddai ei gyfaill Albert Davies, oherwydd dylanwad y ddau weinidog arno. Daethant yn gyfeillion agos iddo, a nhw a'i bedyddiodd ef yn Gwenallt.[99] Roedd Bowyer a Rees yn weithgar iawn hefyd yng Nghymdeithas y Cymod, yn cynorthwyo i gynhyrchu a dosbarthu pamffledi Cymraeg yn erbyn y rhyfel ac yn rhoi cefnogaeth ymarferol a moesol i'r gwrthwynebwyr cydwybodol a'u teuluoedd.[100]

Agorwyd y canghennau cyntaf o'r NCF yng Nghymru ym mis Mehefin 1915, yn Llansawel, Caerdydd, canol Morgannwg, ac ardal Abertawe.[101] Ar y cychwyn, roedd Cwm Tawe yn rhan o gangen Abertawe, gyda Tom Evans, Dôl-y-coed, Ynysmeudwy (a ddaeth yn ddiweddarach yn gadeirydd Cyngor Masnach a Llafur Pontardawe), yn gynrychiolydd. Ond erbyn mis Mai 1916, sefydlwyd cangen ar wahân yng Nghwm Tawe oherwydd prysurdeb y gweithgarwch lleol. O fis Chwefror 1916 ymlaen, trefnodd yr NCF yng Nghwm Tawe sesiynau hyfforddi ar gyfer gwrthwynebwyr cydwybodol er mwyn eu paratoi ar gyfer llenwi'r ffurflenni priodol a deall y drefn ar gyfer ymddangos gerbron tribiwnlysoedd. Trefnwyd un sesiwn yn y Glais, er enghraifft, gyda Niclas y Glais yn cynnig 'geiriau rhagarweiniol o anogaeth' a Tom Evans yn olrhain hanes yr NCF, a threfnwyd cyfarfod tebyg yng nghapel Beulah, Cwm-twrch, lle clywodd y gynulleidfa niferus anerchiadau gan Nun Nicholas a J. L. Rees ynglŷn â pham y dylent gofrestru'n wrthwynebwyr cydwybodol, ac adroddwyd un o gerddi gwrth-ryfel Niclas y Glais.[102]

Crewyd cangen newydd o'r NCF yn Ystradgynlais hefyd, ac ym mis Mawrth 1916 chynhaliwyd cyfres o gyfarfodydd cyhoeddus i wrthwynebu gorfodaeth filwrol yng Nghwm-twrch, Gwauncaegurwen, Pontardawe (lle roedd dwy fil yn bresennol), a Chlydach (lle roedd pymtheg cant yn bresennol).[103] Dros y misoedd dilynol, cynyddodd momentwm yr ymgyrchu yn erbyn gorfodaeth filwrol wedi ei drefnu gan yr NCF a'r BLA, gyda chyfarfodydd niferus iawn (dywedwyd bod miloedd yn bresennol) yn Abertawe, y Coed-duon, Aberbargoed, Aberaman a Merthyr Tudful. Ym Merthyr y cynhaliwyd y cyfarfod cyhoeddus cyntaf o'r Cyngor Heddwch ac Atal y Rhyfel ar ddiwedd mis Mawrth 1916, digwyddiad a drefnwyd ar y cyd gan y BLA, yr NCF, Cymdeithas y Cymod a changhennau undebau llafur lleol. Nodwyd bod dwy fil o bobl yn bresennol yn y cyfarfod hwnnw, ac fe'i dilynwyd gan gyfarfod cyhoeddus pellach ym mis Mai.[104]

Hynt gwrthwynebwyr cydwybodol Cwm Tawe

Mae'r gwrthwynebiad i'r rhyfel yng Cwm Tawe yn nodweddiadol o ardaloedd tebyg yn ne Cymru lle cafodd y Blaid Lafur Annibynnol ddylanwad. O ddiwedd mis Chwefror 1916 ymlaen, dechreuodd gwrthwynebwyr cydwybodol ymddangos gerbron tribiwnlysoedd, ac ym Mhontardawe, ar 14 Mawrth 1916, gwelwyd y nifer mwyaf o wrthwynebwyr cydwybodol gerbron sesiwn tribiwnlys unigol ag a fu erioed yn ystod y Rhyfel Mawr trwy Brydain gyfan, pan ymddangosodd 62 o ddynion, gan gynnwys 22 o Graig-cefn-parc, gerbron tribiwnlys milwrol Pontardawe.[105] Dechreuwyd dwyn y gwrthwynebwyr cydwybodol i'r carchardai ym mis Mai 1916.[106]

Ar fas-data Cofrestr Pearce sy'n rhestru enwau gwrthwynebwyr i'r Rhyfel Mawr, deunaw yn unig o wrthwynebwyr cydwybodol o Gwm Tawe sy'n ymddangos. Nid oes unrhyw dystiolaeth i awgrymu beth a ddigwyddodd i'r degau o ddynion eraill a ymddangosodd gerbron tribiwnlysoedd Cwm Tawe i ofyn am gael eu heithrio ar sail heddychol.[107] O'r deunaw hyn, roedd dau yn aelodau o Gymdeithas y Cymod, a nifer o rai eraill yn disgrifio eu 'teyrngarwch' yn Fedyddwyr, Annibynwyr, ac un Eglwyswr. Roedd nifer yn datgan eu bod yn aelodau o'r BLA, gan gynnwys Gwenallt. Roedd gan y gwrthwynebwyr hyn oll gefndiroedd amrywiol iawn. Er enghraifft, roedd Walter Cartwright o Ystradgynlais, a oedd yn wreiddiol o Oldham, yn ffotograffydd proffesiynol, ac roedd George Greenwood yn newyddiadurwr, yn aelod o'r BLA ac yn aelod gweithgar o Undeb y Newyddiadurwyr. Trwy ryw ryfedd wyrth, cafodd Greenwood ganiatád gan y tribiwnlys i dderbyn gwaith o 'bwysigrwydd cenedlaethol' a pharhaodd i weithio ar y papur newydd mwyaf angerddol o blaid y rhyfel yn ne Cymru, sef y *Western Mail*.

Restiwyd Nun Nicholas o Drebannws ym mis Medi 1916 a'i anfon ar ei ben i garchar Caerdydd. Ef oedd y prif ddiwtor ar ddosbarthiadau Cynghrair y Plebs a'r Cyngor Llafur Canolog ym Mhontardawe, a chynrychiolai haen ddylanwadol o wrthwynebiad i'r rhyfel ar sail sosialaidd. Wedi ei restio am yr ail waith, dygwyd ef i garchar Wakefield (a oedd wedi ei droi'n ganolfan waith ar gyfer gwrthwynebwyr cydwybodol), ond pan gafodd ganiatâd i ddychwelyd adref am bedwar diwrnod, arhosodd yno am chwech wythnos, cyn cael ei restio drachefn. Defnyddiodd ei gyfnod o ryddid i barhau i bropagandeiddio:

> Whilst at home he was not inactive in the Labour movement. He delivered two brilliant lectures before the Swansea Industrial History Class on 'The Tribal System in Wales'. He also spoke at the inaugural meeting of the Clydach Trades Council. Also, he delivered the opening lecture for the Clydach Industrial History Class. At Glais he gave a most humorous account of his experiences at Kinmel Park and Wormwood Scrubs.[108]

Y wedd amlycaf ar y gwrthwynebiad yn erbyn y rhyfel oedd y gwrthwynebwyr cydwybodol, ond ymestynnai'r gwrthwynebiad i gynnwys mudiadau a wrthwynebai orfodaeth filwrol am eu bod yn drwgdybio'r Llywodraeth o fwriadu cyflwyno gorfodaeth i ddiwydiannau hanfodol, megis y diwydiant arfau, y rheilffyrdd neu'r diwydiant glo.

Wrth i'r gwrthwynebwyr cydwybodol gael eu carcharu yn gynyddol o wanwyn 1916 ymlaen, cynyddodd yr ymgyrchu yn ne Cymru yn erbyn y rhyfel, gyda chynulleidfaoedd o fil o bobl yn mynychu cyfarfodydd i brotestio yn erbyn gorfodaeth filwrol yn Ystradgynlais, dwy fil ym Mhontardawe ym mis Mawrth[109] a thorf fawr yn y Glais.[110] Pasiwyd cynnig gan y tri chyfarfod yn mynnu 'heddwch cyfiawn a pharhaol' gan brotestio yn erbyn y driniaeth lem a gâi'r gwrthwynebwyr cydwybodol.

Trwy gydol yr haf hwnnw, trefnodd yr NCCL gynadleddau a raliau sylweddol er mwyn gwrthwynebu gorfodaeth filwrol a'r bwriad i'w ymestyn i faes diwydiant. Cynhaliwyd y rali gyntaf yn Abertawe ym mis Awst 1916, ac mae'r rhestr o gynrychiolwyr yn adlewyrchu'r clymblaid o grwpiau a ddaeth ynghyd. Yn eu plith roedd cynrychiolwyr 58 o undebau llafur, 11 cyngres lafur, tair cymdeithas gydweithredol, ynghyd ag wyth cangen o'r NCF. Roedd 21 cynrychiolydd cangen o'r BLA, tri o'r Gynghrair Menywod Llafur, un o'r Gynghrair Cydweithredol i Fenywod, ac 11 o gymdeithasau crefyddol (capeli yn bennaf). Gwrthwynebu gorfodaeth filwrol a wnaeth y cynnig a basiwyd, gan ragweld y byddai'n cael ei ymestyn i faes diwydiant:

> ...this form of compulsion in the workshops endangers the whole standard of industrial conditions, and places the men in the mines, the factories, railways, docks, etc., practically under military or semi-military law, and that this puts a weapon of great power in the hands of private employers working for their own profits and dividends, [this meeting] pledges itself to offer unrelenting opposition to any such proposals.

Wrth i wrthwynebwyr cydwybodol gael eu carcharu fwyfwy, ceisiodd yr NCF ledaenu'r protestio yn erbyn gorfodaeth filwrol a'r driniaeth o wrthwynebwyr cydwybodol. Yng Ngorffennaf 1917, er enghraifft, anfonwyd llythyrau o brotest gan 20 o gyngresau llafur a 18 o ganghennau undebau a'r Blaid Lafur yn erbyn camdriniaeth gwrthwynebwyr cydwybodol, gan gynnwys Cyngres Lafur Pontardawe, cyfarfod o lowyr Cwmafan, a Phlaid Lafur Llanelli.[111] Ar draws de Cymru yn enwedig, ymestynnodd cyfarfodydd o blaid heddwch gyda'r BLA a'r radicaliaid o fewn ffederasiwn Glowyr De Cymru ar y blaen.

Nodiadau

1. Arthur Marwick, 'The Independent Labour Party 1918-1932' (B.Litt, Prifysgol Rhydychen, 1960), t. 11.
2. John Rae, op. cit., tt. 82-3.
3. Ysgrif gan Percy Ogwen Jones trwy garedigrwydd ei fab, Geraint Percy Jones.
4. Lynn Owen Rees, *Cofio Gwenallt* (Llandysul: Gwasg Gomer), t. 41.
5. Arthur Horner, *Incorrigible Rebel* (Llundain: McGibbon and Kee, 1960), t. 9.
6. Cyril Parry, 'Gwynedd and the Great War, 1914-1918', *Cylchgrawn Hanes Cymru*, 14.1 (1988), 78-117.
7. Llyfrgell LSE, Cofnodion Cangen Llundain o'r BLA, 3 Mawrth 1916.
8. *Pioneer*, 8 Awst 1914.
9. *Labour Leader*, 30 Ebrill 1914.
10. K. O. Morgan, *Keir Hardie, Radical and Socialist* (Llundain: Weidenfeld & Nicholson, 1975), t. 243.
11. *Dinesydd Cymreig*, 26 Chwefror 1913; *Dinesydd Cymreig* 4 Mehefin – 23 Gorffennaf 1913.
12. *Labour Leader*, 26 Mawrth 1914.
13. Ivor Thomas Rees, 'Thomas Evan Nicholas, 1879-1971' yn *Merthyr Historian*, cyfrol 22 (Cymdeithas Hanes Merthyr Tydfil, 2011), tt. 49-71.
14. *Pioneer*, 12 Medi 1914.
15. *Labour Leader*, 30 Gorffennaf 1914.
16. *Adroddiad Blynyddol y Blaid Lafur, 1916*, tt. 6-7. Am ymateb cefnogol gan y mudiad llafur i'r rhyfel gweler David Swift, 'Patriotic Labour in the Era of the Great War', traethawd PhD, Prifysgol Swydd Caerhirfryn Canolog, 2014.
17. Dyfynnwyd yn Chris Wrigley, *Arthur Henderson* (Caerdydd: Gwasg Prifysgol Cymru, 1990), t. 84.
18. *Flintshire Observer*, 30 Rhagfyr 1915.
19. Peter Stead, 'Vernon Hartshorn: miners' agent and Cabinet Minister', yn Stewart Williams (gol.), *Glamorgan Historian*, cyf. VI (Y Bontfaen, 1969), tt. 83-94.
20. Ivor Nicholson a Lloyd Williams, *Wales Its Part in the War* (Hodder a Stoughton, 1919), tt. 71-2.
21. Llundain, Llyfrgell LSE, Gohebiaeth Francis Johnson, 1914/265, llythyr gan Edward Gill at Keir Hardie, 29 Awst 1914.
22. Ness Edwards, *History of the South Wales Miners' Federation* (Llundain: Lawrence and Wishart, 1938), tt. 78-9.
23. R. Page Arnot, *South Wales Miners, 1914-1926* (Caerdydd: Cymric Federation Press, 1975), t. 7.
24. K. O. Morgan, *Wales in British Politics* (Caerdydd: Prifysgol Cymru, 1970), t. 276.
25. *Amman Valley Chronicle*, 'Atgofion Amanwy', 24 Mawrth 1938.
26. Chris Wrigley, *David Lloyd George and the British Labour Movement: Peace and War* (Brighton: Gwasg Harvester, 1976), t. 122.
27. *Pioneer*, 31 Hydref 1914.
28. T. E. Nicholas, *Dros Eich Gwlad: Llythyr Agored at Mr D. J. Davies, Belsize Crescent, Llundain, ar y Rhyfel Anghyfiawn* (Abertawe, Thomas a Parry, 1915).
29. Angharad Tomos, 'Bywyd a Gwaith David Thomas 1880-1967' (Traethawd M Phil, Aberystwyth, 2000), tt. 75-94.

30 Dyfynnwyd yn Keith Robbins, 'Morgan Jones in 1916', *Llafur*, cyfrol 1, rhif 4, 1975, 38-43: 39 yn arbennig.

31 LlGC, Y Bywgraffiadur Cymreig ar lein (2009), erthygl ar Hughes, Emrys Daniel 1894-1969; Wayne David, *Remaining True; a Biography of Ness Edwards*, (Caerffili: Cymdeithas Hanes Leol, 2006); Yr Arglwydd Maelor [T. W. Jones], *Fel Hyn y Bu* (Dinbych, Gwasg Gee, 1970), tt. 58-92, 103-19.

32 Emrys Hughes, *Keir Hardie* (Llundain: Allen & Unwin, 1956), t. 231. Am adroddiad gwreiddiol o'r digwyddiad gweler Anthony Mór O'Brien (gol.), *The Autobiography of Edward Stonelake* (Cyngor Sir Morgannwg Ganol, 1981), tt. 157-63.

33 Adroddiad Blynyddol y BLA, 1916, t. 27.

34 *Flintshire Observer*, 30 Rhagfyr 1915; Anthony Mór-O'Brien, 'The Merthyr Boroughs Election, November 1915', *Cylchgrawn Hanes Cymru*, cyfrol 12, rhif 4, Rhagfyr 1985, 538-66; Anthony Mór O'Brien, 'Keir Hardie, C. B. Stanton and the First World War', *Llafur*, cyfrol 4.3, 1986, 31-42. Am y gefnogaeth tu ôl i ymdrech Stanton gweler Barry M. Doyle, 'Who Paid the Price of Patriotism? *English Historical Review*, cyfrol CIX, 434, Tachwedd 1994, 1215-22.

35 Anthony Mór O'Brien, '"Conchie": Emrys Hughes and the First World War', *Cylchgrawn Hanes Cymru*, cyfrol 13.3 (Mehefin 1987), tt. 328-52.

36 Edward Tupper, *Seaman's Torch: The Life Story of Captain Edward Tupper* (Llundain: Hutchinson, 1938), tt. 71-173; *Herald of Wales*, 18 Tachwedd 1916.

37 *Labour Leader*, 26 Awst 1915.

38 Llundain, Llyfrgell LSE, Papurau'r BLA, Gohebiaeth Francis Johnson, 1916/85, Henry Davies at Francis Johnson, 23 Mai 1916.

39 Ibid., Gohebiaeth Francis Johnson 1916/85, Stan Jones at Francis Johnson, 31 Mai 1916.

40 Archif Prifysgol Abertawe, Sam Mainwaring at F. Shipton, d.d. [?1916], Llyfr gohebiaeth BLA Llansawel, SWCC/MNC/PP/20/1.

41 *The Tribunal*, 7 Medi 1916.

42 Ibid., 11 Tachwedd 1916.

43 Dewi Eirug Davies, op. cit., t. 152; *Llais Llafur*, 25 Tachwedd 1916.

44 *Llais Llafur*, 2 Rhagfyr 1916.

45 *Adroddiad Blynyddol y BLA*, 1917, t. 11.

46 Llundain, Llyfrgell LSE, Papurau'r BLA, Gohebiaeth Francis Johnson, 1915/130, David Thomas at Francis Johnson, 23 Gorffennaf 1915.

47 Adroddiadau Cynadleddau'r BLA.

48 Keith Robbins, *The Abolition of War: The 'Peace Movement' in Britain, 1914-1919* (Caerdydd: Gwasg Prifysgol Cymru, 1976), t. 67.

49 *Pioneer*, 31 Hydref 1914.

50 *Pioneer*, 6 Tachwedd 1915.

51 *Pioneer*, 8 Gorffennaf 1916.

52 *Pioneer*, 9 Mawrth 1916.

53 *Pioneer*, 1 Gorffennaf 1916.

54 *Pioneer*, 2 Rhagfyr 1916.

55 *Pioneer*, 23 Mehefin 1917.

56 Adroddiad Blynyddol BLA, 1916, t. 7.

57 *Pioneer*, 29 Ionawr 1916.

58 Adroddiad Blynyddol BLA, 1914-1919.

59 Llundain, Llyfrgell LSE, casgliad y Blaid Lafur Annibynnol – BLA 10/4/3.
60 *Labour Leader*, 18, 25 Mawrth 1915.
61 Marwick, op. cit., t. 51.
62 Adroddiad Blynyddol BLA, 1917-1918.
63 *Pioneer*, 11 Medi 1915; *Labour's Who's Who* (Llundain: Labour Publishing Co., 1927).
64 *Labour Leader*, 1 April 1915.
65 Adroddiad Blynyddol y BLA, 1919, t. 18.
66 Deirdre Beddoe, *Out of the Shadows: A History of Women in Twentieth Century Wales* (Caerdydd: Gwasg Prifysgol Cymru, 2000).
67 Robert Pope, *Building Jerusalem: Nonconformity Labour and the Social Question in Wales, 1906-1939* (Caerdydd: Gwasg Prifysgol Cymru, 1998); R. Tudur Jones, *Ffydd ac Argyfwng Cenedl: Hanes Crefydd yng Nghymru 1890-1914* (Abertawe: Gwasg John Penry, 1982), tt. 265-71.
68 Adroddiad Blynyddol y BLA, 1915, t. 48.
69 *Pioneer*, 26 Mai 1917.
70 David Egan, 'The Swansea Conference of the British Council of Soldiers' and Workers' Delegates, July 1917: Reactions to the Russian Revolution of February 1917, and the Anti-War Movement in South Wales', *Llafur*, cyf. 1, rhif 4 (1975), 12-37.
71 Ibid.; Julie Light, 'The 1917 Commission of Enquiry Into Industrial Unrest – A Welsh Report', *Welsh History Review*, cyf. 21 rhif 4 (2003), 705-28.
72 *Comisiwn i Anghydfod Diwydiannol ym Mhrydain*, Command 8668, 1917, t. 12.
73 Richard Lewis, *Leaders and Teachers: Adult Education and the Challenge of Labour in South Wales* (Caerdydd: Gwasg Prifysgol Cymru, 1993), tt. 118-19.
74 *Labour Leader*, 11 Ionawr, 8 Chwefror 1917.
75 *Welsh Outlook*, Tachwedd 1917.
76 R. Page Arnot, op.cit., t. 134.
77 Ibid.
78 Ioan Matthews, 'The World of the Anthracite Coal Miner' (traethawd Ph.D, Prifysgol Caerdydd, 1995), t. 263.
79 *Western Mail* 16 Tachwedd 1917.
80 Ibid.
81 Ibid.
82 *South Wales Daily News*, 23 Tachwedd 1917.
83 *Archifau Prifysgol Abertawe*, Casgliad Maes Glo De Cymru, Adroddiad Blynyddol Cyngres Llafur a Masnach Rhydaman a Llandybïe, adroddiad yr ysgrifennydd, James Griffiths, ar gyfer Mawrth 1917–Chwefror, 1918.
84 Cyril Parry, 'Gwynedd and the Great War', *Cylchgrawn Hanes Cymru*, cyfrol 14, rhif 1-4 (1988-9), 104.
85 Robert Smith, *'In the direct and homely speech of the workers'* (Aberystwyth: Canolfan Uwchefrydiau Cymreig a Cheltaidd Prifysgol Cymru, 2000), t. 9.
86 T. E. Nicholas, *Llygad y Drws*, t. 9., gyda rhagymadrodd gan D. Gwenallt Jones.
87 Albert Davies, op. cit., 13.
88 T. E. Nicholas, op.cit., t. 9.
89 Richard Lewis, *Leaders and Teachers*, tt. 97 a 188.
90 T. E. Nicholas, op. cit., t. 10.
91 *South Wales Guardian*, 13 Hydref 1913.

92 T. Brennan, 'The White House', *Cambridge Journal* (Ionawr 1954), 243-8; James Griffiths, *Pages from Memory* (Llundain: J. M. Dent and Sons, 1969), tt. 20-1.
93 Unofficial Reform Committee, *The Miners' Next Step* (Tonypandy, 1912).
94 *Amman Valley Chronicle*, 9 Chwefror 1956.
95 J. Beverley Smith, *James Griffiths and his Times*, (Ferndale: W. T. Maddock, 1981), tt. 20-1.
96 *Llais Llafur*, 5 Medi 1914.
97 Lynn Owen-Rees, op. cit., t. 51.
98 Albert Davies, op. cit., t. 23.
99 Ibid., tt. 11-12.
100 Ibid., t. 20.
101 *Llais Llafur*, 19 Mehefin 1915.
102 *Pioneer*, 4 Mawrth 1916.
103 *Pioneer*, 4-25 Mawrth; 1 Ebrill 1916.
104 *Pioneer*, 15, 22 Ebrill, 13 Mai 1916.
105 *Pioneer*, 25 Mawrth 1916; *Llais Llafur*, 18 Mawrth 1916. Mae'r paragraff nesaf yn seiliedig ar yr adroddiadau hyn.
106 *The Tribunal*, 7 Tachwedd 1918.
107 Cofrestr Pearce, 2017.
108 *Pioneer*, 24 Chwefror 1917.
109 *Pioneer*, 25 Mawrth 1916.
110 *Pioneer*, 26 Chwefror 1916, 1 Ebrill 1916; *Llais Llafur*, 4 Mawrth 1916.
111 Archifdy Cumbria, Papurau Catherine Marshall, D/MAR/4/21.

Gwasanaeth milwrol a'r Tribiwnlysoedd – Creu'r Gwrthwynebwyr Cydwybodol

Crewyd y dosbarth o ddynion a adwaenid yn wrthwynebwyr cydwybodol yn ffurfiol trwy gyfrwng y Ddeddf Gorfodaeth Filwrol a gyflwynwyd ym mis Ionawr, 1916.

Y nhw oedd y dynion hynny a oedd wedi penderfynu eu bod yn gwrthwynebu ac yn ymwrthod â gwasanaeth milwrol. Roeddent yn grŵp cymysg o ddynion yn dod o gefndiroedd amrywiol tu hwnt. Gallai gwrthwynebiad ar sail cydwybod gynnwys nifer helaeth o gymhellion – ond gellir eu gosod mewn pedwar categori yn bennaf:

- gwrthwynebiad ar sail Cristnogol ac a ystyriai na ddylid cymryd rhan yn y Fyddin na chynorthwyo yn yr ymdrech ryfel.
- gwrthwynebiad ar sail moesol i ymladd a chymryd bywyd.
- gwrthwynebiad ar sail sosialaeth ryngwladol yn gwrthwynebu ymladd yn erbyn cyd-weithwyr.
- anghytundeb gyda hawl y wladwriaeth i'w gorchymyn i ymladd.

Roedd anhawster mawr gan y wladwriaeth wrth benderfynu sut i werthuso difrifoldeb cydwybod ac i asesu cymhwyster ymgeisiadau gwrthwynebwyr i gael eu heithrio. Mae John Rae, yn y llyfr safonol ar driniaeth y Llywodraeth o'r gwrthwynebwyr, yn ystyried mai'r diffiniad gorau o wrthwynebwyr cydwybodol oedd 'y dynion hynny oedd naill ai wedi eu derbyn yn wrthwynebwyr gan dribiwnlys, neu rai, os oeddent wedi methu perswadio tribiwnlys o'u hachos, oedd yn dal i wrthod gwasanaethu yn filwrol ar dir cydwybod.'[1]

Wedi cyflwyno'r Ddeddf Gorfodaeth Filwrol, bu o leiaf 16,500 yn wrthwynebwyr cydwybodol drwy Brydain (ni chyflwynwyd gorfodaeth filwrol yn Iwerddon), ac o'r rheini amcangyfrifir bod oddeutu 893 o Gymru

Cyflwyno gorfodaeth filwrol yn Ionawr 1916 oedd y cam mwyaf eithafol y gellid bod wedi ei gymryd er mwyn delio gyda'r argyfwng milwrol a wynebai Prydain. Yn sgil y colledion difrifol o ddynion ar y Ffrynt Gorllewinol yn Ffrainc trwy gydol 1915, a methiant cyfundrefn wirfoddol Pwyllgor yr Arglwydd Derby o annog dynion i ardystio ar gyfer ymuno â'r Fyddin, penderfynodd y Llywodraeth Glymblaid gyflwyno gorfodaeth filwrol ar gyfer dynion di-briod rhwng 18 a 41 a'i ymestyn i ddynion priod hyd at 41 mlwydd oed erbyn mis Mai 1916. Codwyd yr oedran i 50 erbyn Chwefror 1918, a rhwng Ionawr 1916 a diwedd y rhyfel, recriwtwyd oddeutu 124,000 dan orfodaeth yng Nghymru i ymuno â'r lluoedd arfog. Erbyn diwedd y rhyfel roedd 1.35 miliwn o ddynion wedi'u gorfodi i ymuno â'r lluoedd arfog, llawer ohonynt yn anfoddog ond heb reswm digonol dros gael eu heithrio.

Dim ond 30 Aelod Seneddol a bleidleisiodd yn erbyn y Mesur, ond cynhwysent nifer o'r garfan Ryddfrydol Gymreig, gan gynnwys Tom Richards (Gorllewin sir Fynwy), E. T. John (Dwyrain sir Ddinbych), Caradog Rees (sir Gaernarfon: Arfon) a W. Llewellyn Williams (Caerfyrddin). Yn ogystal, ymataliodd neu gwrthwynebwyd y Mesur gan William Abraham (Mabon), Aelod y Rhondda, Haydn Jones (Meirionnydd) ac Ellis W. Davies (sir Gaernarfon: Eifion), a chrewyd gelyniaeth barhaol o fewn y blaid dros egwyddor gorfodaeth filwrol.[2]

Hon oedd yr ymyrraeth fwyaf cignoeth gan y wladwriaeth ym mywydau beunyddiol pobl Prydain, ac er mwyn gweinyddu'r Ddeddf Gorfodaeth Filwrol, crëwyd cyfundrefn o dribiwnlysoedd lleol, gyda llys apêl ymhob sir, a Llys Apêl canolog i wrando ar apeliadau eithriadol. Yn anffodus, gan nad oedd cyfarwyddiadau diwyro ar gael, a chan fod diffyg rheolaeth ganolog ar waith y tribiwnlysoedd, amrywiai'r penderfyniadau rhwng tribiwnlysoedd a'i gilydd.

Tueddai aelodau'r tribiwnlysoedd fod rhwng pump a 25 o ran nifer, a thueddent i fod yn ddynion busnes a oedd yn gynghorwyr lleol, yn ogystal ag un neu ddau gynrychiolydd o'r undebau llafur. Yn Wrecsam, er enghraifft, daeth ysgrifennydd cyffredinol ac asiant Cymdeithas Glowyr Gogledd Cymru, Edward Hughes, yn aelod ymroddedig o dribiwnlys ardal wledig Wrecsam. Ond cythruddwyd ei elynion gan ei ragrith yn annog glowyr i ymuno, tra'n sicrhau fod ei fab, Hugh Hughes, yn cael ei eithrio, gan sicrhau swydd yn ddirprwy i'w dad, ac yn ysgrifennydd ariannol i'r Gymdeithas.[3] Yn sir Aberteifi, bu cynllwyn ymhlith aelodau'r tribiwnlys i sicrhau eithriad i Teifion, mab un o'r aelodau, y Parch. John Williams. Roedd ef yn weinidog capel Bedyddwyr Bethania yn Aberteifi, a llwyddodd i sicrhau fod y pensaer ifanc yn cael ei eithrio rhag gwasanaethu yn y Fyddin.[4]

O'r cychwyn cyntaf, fe'u beirniadwyd yn hallt gan wrthwynebwyr rhyfel, ond roedd cyflwyno y fath fesur gorfodaeth hefyd yn gwbl groes i gred wleidyddol llawer iawn o Ryddfrydwyr a oedd o blaid y rhyfel. Achosodd rwyg parhaol rhwng W. Llewellyn Williams, Aelod Seneddol Bwrdeistrefi Caerfyrddin, a'i gyfaill agos Lloyd George, a amddiffynnodd ei hun gan honni mai'r cyfan oedd gorfodaeth filwrol oedd 'ymdrech wirfoddol drefnus yn syml':

Every effort was made to save the voluntary system by means of Derby's scheme ... But Lord Derby's scheme was not the voluntary system ... As a matter of fact there is no doubt at all judged now by experience – and we are all very wise after the event – that the Derby campaign had a great many of the disadvantages of compulsion and voluntaryism without the advantages of either ... I have no shame in declaring for compulsory enlistment. [5]

I'w gyn-gyfeillion, roedd Lloyd George wedi 'syrthio oddi wrth ras', a rhybuddiwyd Williams ynglŷn ag effaith bellgyrhaeddol y Mesur:

Yr ydym ni'r Rhyddfrydwyr fel defaid heb fugail arnynt. Credaf na wna'r llywodraeth sefyll yn hir. Mae'r Prif Weinidog [H. H. Asquith] yn hen, yn wan, yn flinedig, yn cael ei lusgo gerfydd ei drwyn gan ein cydwladwr enwog, beiddgar, di-ofn.[6]

Arwydd o'r sensitifrwydd hwn ynglŷn â'r modd yr ymdriniodd tribiwnlysoedd gydag achosion, oedd gorchymyn y Llywodraeth yn 1921 i ddinistrio eu cofnodion. Serch hynny, mae cofnodion pedwar tribiwnlys yng Nghymru wedi goroesi, ar gyfer sir Aberteifi, sir Fynwy, Talacharn yn sir Gaerfyrddin, a thribiwnlys ardal y Waun yn sir Ddinbych.[7] Mae'r cofnodion lleol yn cadarnhau mai lleiafrif bach iawn a ddaeth ger bron yn wrthwynebwyr cydwybodol. Er enghraifft, derbyniodd Tribiwnlys Apêl sir Aberteifi wyth apêl yn unig oddi wrth wrthwynebwyr cydwybodol, o blith y cannoedd o apeliadau a glywyd yn ystod 59 o'u sesiynau,[8] er mai un anhawster wrth asesu nifer yr apeliadau ar sail cydwybod oedd bod modd i ddynion apelio ar sail sawl rheswm, boed yn effaith ar fusnes neu deulu.

Er enghraifft, apeliodd Owen Owen o Drawsfynydd, yn wrthwynebydd ar sail ei gydwybod, ym mis Mai 1918, ond apeliodd hefyd ar sail yr effaith ar ei fusnes ac ar ei deulu. Cafodd ei eithrio dros dro am gyfnod o dri mis, ond wedyn cafodd ei eithrio yn llwyr gan bwyllgor amaethyddol y sir, oherwydd pwysigrwydd ei waith yn saer olwynion.[9] Apeliodd Owen Jones, saer olwynion arall o Lan Conwy, i dribiwnlys Llandudno yn Ebrill 1916, i'w eithrio ar sail cydwybod, ond newidiodd ei feddwl pan apeliodd ei gyflogwr ar ei ran a chaniatawyd iddo gael ei eithrio am ddau fis.[10] Mae'n anochel fod y nifer o ddynion a apeliodd ar sail cydwybod yn uwch na'r nifer y gwyddom amdanynt. Tueddai adroddiadau papurau newydd i beidio ag enwi apelwyr gerbron tribiwnlysoedd ar sail cydwybod. Yn sir Gaerfyrddin, er enghraifft, gellir nodi gwrandawiadau 24 o wrthwynebwyr, ond dim ond pump enw sy'n cael eu datgelu.[11]

Tueddai'r holi ganolbwyntio ar geisio arwain y gwrthwynebydd i gydnabod nad oedd yn gwbl ddiffuant. Yn Llys Apêl Wrecsam, gwnaeth athro oedd yn Fedyddiwr gais am ryddhad fel gwrthwynebydd cydwybodol, gan ddweud na allai gymryd rhan mewn rhyfel, gan mai llofruddiaeth drefnedig oedd ef, ac ni buasai'n lladd hyd yn oed er mwyn amddiffyn y gwan. Pan gyhuddwyd ef gan aelod o'r tribiwnlys, Mr. Stanford, nad oedd yn gynrychioliadol o farn ei enwad, meddai, 'Yr ydym fel Bedyddwyr yn hawlio bod yn ddilynwyr i Grist'. Atebodd Stanford, 'Dyna y rheswm sydd gennyf fel Bedyddiwr o blaid ymladd yn erbyn y Caiser'. Methodd yn ei gais, a phenderfynwyd ei gyflwyno i'r gwasaneth anymladdol.[12] Yn Llys Apêl Caernarfon ymddangosodd dau wrthwynebydd cydwybodol dienw gerbron deg o aelodau'r tribiwnlys lleol, gan gynnwys y Maer a'r Prif Gwnstabl:

Y Maer: Oni fuasech yn ceisio atal y Germaniaid?

Yr Apelydd: Na fuaswn.

Y Maer: A fuasech yn gallu edrych arnynt yn cam-drin eich chwaer?

Yr Apelydd: Buaswn yn ceisio eu hargyhoeddi.

Y Maer: A fuasech yn gwrthwynebu gofalu am y cleifion?

Yr Apelydd: Buaswn ar hyn o bryd. Credaf na fuaswn ond yn ei wneud yn barod i fyned yn ôl i'r ffosydd drachefn.

Y Prif Gwnstabl: Yr ydych yn barod i dderbyn amddiffyniad y Wladwriaeth, ond ni roddwch unrhyw beth fel ad-daliad. Gallwch gyflawni gwaith negeseuydd neu yriedydd yn y ffrynt. A ydych yn barod i wneud hyn?

Yr Apelydd: Trwy wneud un o'r pethau hyn buaswn yn cynorthwyo i gario y rhyfel ymlaen. Yr wyf wedi bod yn ddinesydd da i'r wlad.

Mr. A. H. Richards: A ydych yn credu mewn aberthu?

Yr Apelydd: Ydwyf, ond ni wnaf aberthu dros fy mrenin a'm gwlad.

Capten R. Jones (y cynrychiolydd milwrol): Beth ydyw eich gwrthwynebiad i ryfel?

Yr Apelydd: Am mai sefydliad pob rhyfel ydyw gormes a thrais.

Capt. R. Jones: Beth am Grist yn defnyddio gallu i droi allan y cyfnewidwyr arian allan o'r deml?

Yr Apelydd: Yn ôl fy ngwybodaeth i o'r Ysgrythurau, nid oes dystiolaeth ei fod wedi defnyddio gallu i droi y dynion hyn allan.

Y Cadeirydd: Pe buasai dyn yn eich taro, a fuasech yn ei daro yn ol?

Yr Apelydd: Na fuaswn.

Roedd yr ail wrthwynebydd yn newyddiadurwr dienw yng

Nghaernarfon, ac mae natur y cwestiynu yn awgrymu y bu'n un o'r newyddiadurwyr a sefydlodd *Y Dinesydd Cymreig* yn 1912, yn dilyn streic gan argraffwyr. Dywedodd ei fod â gwrthwynebiad cydwybodol i 'unrhyw fath o ryfel, ac na allasai ufuddhau ond i'w gydwybod ei hunan':

Y Cadeirydd: A fuasech yn rhoi cymorth i filwr clwyfedig?

Yr Ail Apelydd: Na fuaswn. Bai y milwr ei hun ydoedd iddo gael ei glwyfo. Mae gennyf frawd sydd wedi ei glwyfo dair gwaith. Mae'r cartref yn dibynnu arnaf hefyd.

Y Cadeirydd: Pe buasai rhywun yn eich taro, a fuasech yn ei daro yn ôl?

Yr Ail Apelydd: Na fuaswn.

Y Cadeirydd: Buasech yn codi gwŷs yn ei erbyn?

Yr Ail Apelydd: Nis gwn beth am hynny.

Mr. R. T. Jones: Darfu i rywun ofalu am eich brawd neu mi fuasech hebddo heddyw, onide?

Yr Ail Apelydd: Do, ond ni allaf ymgymeryd â gwasanaethu gyda'r RAMC (Corfflu Meddygol) gan ei fod heddyw yn rhan o'r peirianwaith brwydrol.

Mr. J. P. Gregory: Deallaf mai gohebydd ydych. Onid ydyw hyn i raddau yn wasanaeth rhyfel?

Yr Ail Apelydd: Yr oeddwn yn ohebydd cyn y rhyfel, a fy ngwaith ydyw cyflenwi newyddion i'r cyhoedd.

Mr. A. H. Richards: Beth pe buasai eich tŷ yn Belgium. Beth fuasech yn wneud pan ddeuai y Germaniaid?

Yr Ail Apelydd: Ni fuaswn yn eu gwrthsefyll.

Mr. A.H. Richards: Ni fuasai gwahaniaeth gennych pe deuai y Germaniaid yma?

Yr Ail Apelydd: Na fuasai. Nid wyf yn credu mewn rhyfel. Buasai'n well gennyf gael fy saethu na saethu neb fy hunan.

Mr. R. T. Jones: Nid ydych yn credu mewn unrhyw fath o frwydro, brwydr argraffwyr, neu unrhyw frwydr lafur arall?

Yr Ail Apelydd: Yr wyf yn gwybod am beth yr ydych yn cyfeirio, ond a gaf egluro,' ond sylwodd y Cadeirydd nad oedd y drafodaeth yn ateb unrhyw ddiben.

Er gwaethaf eu cais am eithriad, cymeradwywyd y ddau i 'wasanaeth gwlad heb orfod trin y cledd.'[13] Asesiad John Rae o waith y tribiwnlysoedd mewn cysylltiad â'r gwrthwynebwyr cydwybodol yw mai fel niwsans diangen y gwelid y gwrthwynebwyr:

Given no clear guidance on which of the alternatives most appropriately dealt with conscience, many tribunals, simultaneously hostile to the application and nervous of the implications of being 'soft' on pacifism in wartime, treated early cases relatively harshly, offering at most the non-combatant option. ...The Tribunals did not wish to hear cases of conscience; having heard them, they had little urge to revisit the experience unnecessarily.[14]

Mesurid eu llwyddiant yn ôl y nifer a oedd yn ymuno â'r Fyddin; cynnal yr economi leol yn wyneb gostyngiad achlysurol a difrifol yn y nifer o ddynion oedd ar gael i weithio, defnyddio perspectif dynol mewn amgylchiadau annynol, neu gydbwysedd a oedd yn ceisio tipyn o'r cyfan. Mae astudiaethau mwy diweddar tebyg i ystyriaeth McDermott o'u gweithredu yn swydd Northampton, yn fwy cydymdeimladol tuag atyn nhw:

Success was based on the efficient processing of fit young men from civilian life to the Colours, the maintenance of local economies in the face of periodic large-scale manpower depletion, the exercise of a humane perspective in inhuman circumstances, or a balance which sought to deliver a measure of each.[15]

Roedd yn anochel bod y mwyafrif o aelodau'r tribiwnlysoedd yn elyniaethus i'r gwrthwynebwyr. Wedi'r cyfan, roedd cynifer ohonynt hefyd wedi gwasanaethu ar bwyllgorau cynllun Derby i annog ricriwtio gwirfoddol flwyddyn ynghynt.

Ym marn W. Llewellyn Williams, ystyrid y tribiwnlysoedd gydag amheuaeth:

Mae'r ffermwyr yn gwneud arian fel y gro, ond dydyn nhw ddim yn ffond o'r rhyfel, nac o'r Llywodraeth. Mae enw Ll. Sior [Lloyd George] 'weithiau yn drewi' fel Lazarus yn y bedd a phawb yn disgwyl am heddwch. Does dim llafur i'w gael, a grwgnach yn erbyn y Tribunals a'r Swyddogion.[16]

Doedd wiw i unrhyw aelod o dribiwnlys ychwaith ddatgan cydymdeimlad gyda gwrthwynebwyr. Roedd James Price yn gynghorydd gyda'r BLA ar gyngor Aberafan. Ar ôl iddo gadeirio cyfarfod cyhoeddus yn erbyn gorfodaeth filwrol, cafodd ei ddiarddel oddi ar y tribiwnlys gan ei gyd-gynghorwyr yn dilyn cwyn gan y cynrychiolydd milwrol lleol. Fe'i cyhuddwyd o ddiffyg teyrngarwch i'w wlad gan y Maer:

I have spoken to the military on this matter, and they object to Mr. Price sitting on the tribunal. They say he cannot try cases with an impartial mind.

Tra'n derbyn ei fod wedi ymddwyn yn annoeth yn cadeirio'r cyfarfod, credai nad oedd hawl gan y cyngor i drafod ei weithred, a honnodd nad oedd yn fwy rhagfarnllyd na'r aelodau hynny a alwai yn 'conscription-ists'.[17] Dim ond pan restiwyd Price, gyda thri aelod arall o'r BLA, a'i ddirwyo 40 swllt am 'obstruction' wrth gynnal cyfarfod yn erbyn gorfodaeth filwrol, y cafodd ef ei ddiswyddo o'r tribiwnlys.[18]

Credai D. J. Williams, ychydig wythnosau ar ôl cychwyn gwaith y tribiwnlysoedd yng ngwanwyn 1916, mewn erthygl goeglyd, fod y tribiwnlysoedd yn anghymwys i wneud eu gwaith:

Mae'r syniad o garu gelyn ac ymddwyn yn ddynol tuag ato yn heresi yng Nghymru heddiw fel ag ydoedd yn amser Moses gynt ... Yn sicr damweiniol hollol ydoedd i Grist lefaru'r fath eiriau os llefarodd hwynt hefyd. Ni fwriadodd erioed fod iddynt ystyr ddwys. Ac oni cheir athronwyr a diwinyddion penna'r oes, ac yn anad neb, gwŷr doeth a bucheddol mainc y treibiwnal – blaenffrwyth ein dinasyddiaeth oleuedig yn rhoddi i ni esboniad hollol foddhaol ar gyffelyb eiriau dieithr, ac amhosibl ydyw felly ein bod yn gwyro dim oddiwrth y gwir. Pa hawl sydd gan yr un trychfilyn o ddinesydd cyffredin, ynteu, ryfygu barn drosto'i hun?[19]

Ond i ba raddau mae'r feirniadaeth o dribiwnlysoedd yn deg? Barn Rae yw eu bod wedi cael beirniadaeth ar gam a bod eu gwaith wedi bod yn amhosibl. Ar y naill law, roedd disgwyl iddynt sicrhau cymaint ag oedd yn bosibl i ymuno â'r Fyddin, ond ar y llaw arall roedd disgwyl iddynt roi chwarae teg i'r sawl a oedd am gael ei eithrio rhag ymuno â'r Lluoedd Arfog. Ond roedd hyd yn oed y papurau lleol a oedd o blaid y rhyfel yn edliw ffaeleddau y tribiwnlysoedd, a chredai papur lleol Blaenau Ffestiniog fod aelodau'r tribiwnlys lleol yn camddeall ei swyddogaeth:

Camgymeriad rhai yw tybio mai swyddfa Ricriwtio y dylai Tribunal fod. A barnu oddiwrth eiriau rhai aelodau o'r Tribwnalau gallesid tybio mai llys i yrru dynion i'r Fyddin yw tribunal. Ni fuasai yn bosibl gwneyd camgymeriad mwy. Llys yw y Tribunal i ddal y fantol yn deg rhwng y Fyddin a'r wlad. ... Pan welir y fainc yn gwneud gwaith y military representative, nid yw yntau yn deilwng o'r ymddiriedaeth osodwyd ynddo.[20]

Thema gyson papurau newydd lleol, fel papur Rhyddfrydol sir Gaerfyrddin, y *Cambria Daily Leader* oedd anghysondeb y tribiwnlysoedd,[21] a chwestiynai papur gwrth-ryfel llafurol ardal Caernarfon, *Y Dinesydd Cymreig*, sut y gallai'r tribiwnlys apêl lleol ymwneud â'r gwrthwynebwyr cydwybodol mewn modd cytbwys:

nid gorchwyl hawdd yn ol y cyfansoddiad presennol ydyw cadw yn hollol glir o'r dylanwadau hyn, gan fod aelodau y llys a'r person fo'n apelio, yn enwedig mewn ardaloedd bychain, yn adnabod eu gilydd, ac yn meddu ar rhyw gysylltiadau a rhyw chyfathrachiadau allant brofi yn anfanteisiol i weinyddiad barn onest ac unplyg ... Hwyrach mai'r apelydd gaiff mwyaf o gam oddiar ddwylo y Llys ydyw y gwrthwynebydd cydwybodol. Mae'n amheus genym oddi wrth eu gweithrediadau a ydynt yn deall safle rhai apeliant oddiar ystyriaeth gydwybodol.[22]

Yn aml roedd tribiwnlysoedd naill ai yn anwybodus neu yn fwriadol am beidio gweithredu yn ôl canllawiau canolog yn ymwneud â gwrthwynebiad cydwybodol.

Cyn hwyred â mis Ebrill 1917, bu'n rhaid i Brifathro Coleg Diwinyddol y Presbyteriaid yng Nghaerfyrddin, W. J.

Lewis, esbonio i dribiwnlys y dref bod rheoliadau yn eu lle yn eithrio myfyrwyr diwinyddol o wasanaeth milwrol, cyn belled â'u bod yn astudio ar gyfer y weinidogaeth.[23] O ganlyniad i'r ansicrwydd hwn, cyhoeddwyd canllawiau pellach ymron blwyddyn ar ôl cyflwyno Gorfodaeth Filwrol, yn atgoffa tribiwnlysoedd bod modd gweithredu er mwyn eithrio gwrthwynebwyr cydwybodol o'r lluoedd arfog ar fwy nag un sail. Dywedwyd bod tribiwnlysoedd wedi bod dan yr argraff mai dim ond eithrio ar sail osgoi dyletswyddau milwrol y gellid gwneud, ond ailddatganwyd bod dynion yn medru cael eu heithrio a'u bod yn medru cyflawni 'gwaith o bwysigrwydd cenedlaethol.'[24]

Nid oedd llawer o dribiwnlysoedd yn deall fod ganddynt yr hawl i roi eithriad diamod i wrthwynebwyr cydwybodol dan y ddeddf. Cydnabu tribiwnlys apêl sir Ddinbych, er enghraifft, fod ei chlerc a'i haelodau heb fod yn ymwybodol o'u pŵer i wneud hynny dan y ddeddf.[25] Wrth astudio tribiwnlysoedd sir Gaerfyrddin, mae Rob Phillips yn cydnabod eu bod wedi gweithredu yn anghyson yn aml, ond mae'n eu hamddiffyn, gan bwysleisio anhawster eu gwaith. Cynghorwyr lleol oeddent yn bennaf, heb hyfforddiant, dan bwysau amser, dan bwysau o du'r Fyddin i sicrhau mwy o filwyr, ac wrth gwrs, pob penderfyniad yn cael effaith ddifrifol ar deuluoedd ar draws y sir.[26]

Mae astudiaeth Barlow o'r rhyfel yn sir Gaerfyrddin yn awgrymu bod y tribiwnlysoedd wedi bod yn fwy tueddol o eithrio dynion rhag mynd i'r Fyddin yn hytrach na'u hanfon yno. Dylid cofio rhwng 1 Mawrth 1916 a 31 Mawrth 1917, er enghraifft, fe ymunodd 371,500 o ddynion dan orfodaeth filwrol ym Mhrydain, ond yn ystod yr un cyfnod, fe eithriwyd dros ddwbl y nifer hwnnw – 779,936 o ddynion – gan y tribiwnlysoedd. Ar raddfa Brydeinig felly, rhoddodd y tribiwnlysoedd, ar gyfartaledd, eithriad i un o

bob dau berson a ddaeth ger eu bron.[27] Ond mae
dadansoddiad Barlow o'r ystadegau recriwtio yn sir
Gaerfyrddin yn awgrymu, yn rhyfeddol ddigon, mai dim
ond un ymhob deg o'r sawl a ymddangosai gerbron
tribiwnlysoedd y sir a anfonid i'r Lluoedd Arfog.[28] Yn wir,
cynddrwg oedd y sefyllfa recriwtio yng Nghaerfyrddin, sir
Aberteifi a sir Benfro, fel y codwyd y mater yn y Senedd
gan yr Aelod Seneddol Ceidwadol, Charles Stuart-Wortley:

I have been in Carmarthenshire, Pembrokeshire and
Cardiganshire for ten days, and I am thoroughly
disgusted with what I have seen and heard of the
recruiting. They are exempting everybody. I cannot
mention names, but one public character who attests
people and pays them 2s 9d tells everyone to 'get an
appeal paper at once and see So-and-So, and he will
help you to fill it in.' You would think it was an election
day to see them running about looking for influence to
get out of serving their country...the whole of the
Nonconformist ministers are working against the Act,
and, if attested, using influence to get exemption.[29]

Mae hyn yn awgrymu bod nifer ryfeddol o dribiwnlysoedd
mewn ardaloedd gwledig wedi cydymdeimlo gyda'r angen
i gadw digonedd o ddynion gartref er mwyn cynnal y
diwydiant cynhyrchu bwyd, ac anghenion y diwydiannau
hynny a oedd yn hanfodol ar gyfer gwasanaethu'r Llynges
a'r Fyddin, megis glo a dur.[30] Er enghraifft, ar drothwy
brwydr y Somme, yng nghyfnod y pwysau mwyaf am
ddynion, eithriwyd pob un apelydd gan dribiwnlysoedd
Cwmaman a Llandeilo drwy gydol mis Mehefin 1916,[31] a
chwynodd Capten Edwards, y cynrychiolydd milwrol yng
Nglanaman, ei fod wedi treulio oriau lawer heb ennill yr un
ricriwt.[32]

Yn Llanelli, dirywiodd yr holi ar y 'sosialydd amlwg lleol', Dan Griffiths, i fod yn ddadl wleidyddol, wrth i aelodau Llafur y tribiwnlys honni bod Griffiths wedi'i ddirwyo dan y Ddeddf Amddiffyn y Deyrnas am gynnal cyfarfod gwrth-ryfel yn y dref.[33] Yn nhribiwnlys Llansawel (Briton Ferry), bygythiodd y cynrychiolydd milwrol ofyn am symud lleoliad y tribiwnlys yn dilyn derbyn llythyrau bygythiol ganddo ef ac aelodau'r tribiwnlys, oherwydd natur 'anfoesol' a dirmygus cwestiynau'r cynrychiolydd milwrol.[34]

Un o nodweddion llawer o'r tribiwnlysoedd oedd y bwlio gan y cynrychiolydd milwrol. Medrent ddominyddu aelodau gwan a byddai rhai yn aros gyda'r tribiwnlys pan ystyrid eu dyfarniadau, a defnyddient eu safle yn aml i ormesu a chodi ofn ar yr apelydd.[35] Tra bo'r uchelwr Herbert Vaughan, aelod o dribiwnlys apêl sir Aberteifi, yn cydymdeimlo â'u cyfrifoldeb, roedd yn feirniadol o'u diffyg proffesiynoldeb:

The military authorities were represented by a middle-aged officer in khaki uniform from Monmouthshire, Colonel Brewer, who was popularly but quite erroneously credited with having served and had been wounded in the early days of this 'war to end all war'. He again was assisted by a certain Major Williams who spoke Welsh fluently. I am sure both of these gentlemen carried out their decidedly unpleasant duties to the best of their ability, but I do not think either of them were [sic] particularly efficient.[36]

Roedd cynrychiolydd milwrol ardal Abertawe, Cyrnol Pearson yn gyn-filwr a heb unrhyw amynedd tuag at wrthwynebwyr cydwybodol. Yn Nhribiwnlys Gwledig ardal Gŵyr, gofynnodd i ddyn oedd yn gwneud cais i'w eithrio ar sail ei gydwybod, os oedd wedi treulio amser mewn gwallgofdy, a datganodd fod yr apelydd ddim ond yn 'fit to be on the point of a German bayonet.'[37] Mae'r wrogaeth a dalwyd iddo gan aelodau tribiwnlys Abertawe ar ei ymddeoliad yn adlewyrchu'r berthynas agos rhyngddynt, a'u hedmygedd o'i gyfraniad:

> he would stand no nonsense from the shirkers and conscientious cowards who so often came under his notice. He said that because, like so many others, he had sons fighting himself and it was always a source of great indignation to him to see the obnoxious people called peacemakers, who appeared to love each country but their own, enjoying the privileges the boys at the front were denied.[38]

Sefydlwyd y tribiwnlysoedd er mwyn gwrando ar geisiadau unigol, ac ym misoedd cyntaf eu gwaith, cawsant eu cynhyrfu pan byddai nifer o wrthwynebwyr cydwybodol yn dod gyda'i gilydd i apelio. Roedd y grwpiau mwyaf o wrthwynebwyr cydwybodol lle roedd y BLA yn gryf. Ym Merthyr Tudful, adroddodd y *Pioneer* bod hyd at gant o wrthwynebwyr cydwybodol yn barod i wynebu'r tribiwnlys, ac roedd tri deg dau eisoes wedi ymddangos, gan greu anhrefn yn y gwrandawiad.[39] Yn Abertawe, ymddangosodd ugain gwrthwynebwr gerbron y tribiwnlys ar yr ail o Fawrth[40] ac yn Ystradgynlais, ymddangosodd dau wrthwynebydd a oedd yn rhagflaenwyr o leiaf 40 arall.'[41] Mewn dwy sesiwn o'r tribiwnlys ym Mangor, ymddangosodd 35 o fyfyrwyr yn bennaf[42] ond pan ymddangosodd gwrthwynebwyr cydwybodol gwleidyddol, gallai'r gwrandawiadau ddirywio i fod yn adegau o wrthdaro. Er enghraifft, pan ymddangosodd nifer o aelodau'r BLA gerbron Tribiwnlys Aberafan ar 4 Mawrth 1916, fe'u cynrychiolwyd gan Henry Davies o Gwmafan, a ystyrid yn 'aggressive and anti-war propagandist,'[43] a oedd yn gynghorydd lleol ac yn ddiweddarach yn gynrychiolydd Cymru ar weithrediaeth cenedlaethol yr NCF. Gwrthodwyd rhoi eithriad i'r cyfan, ac ar sawl tro, bygythiodd cadeirydd y tribiwnlys glirio'r llys pe bai'r protestiadau yn parhau. Yn ystod y gwrandawiad, taflwyd un person allan am wneud sylwadau ar ymddygiad cyflogwr a oedd wedi cael gwared ar un o'i weithwyr am wrthod arwyddo ffurflen dan y Ddeddf Cyfrinachau Cyhoeddus.[44]

O ddiwedd mis Chwefror 1916 ymlaen y dechreuodd gwrthwynebwyr cydwybodol ymddangos gerbron tribiwnlysoedd ac ym Mhontardawe, ar 14 Mawrth 1916, gwelwyd y nifer mwyaf o wrthwynebwyr cydwybodol gerbron sesiwn tribiwnlys unigol a fu erioed yn ystod y Rhyfel Mawr trwy Brydain gyfan, pan ymddangosodd 62 o ddynion, gan gynnwys 22 o Graig-cefn-parc, gerbron tribiwnlys milwrol Pontardawe.[45]

Am hanner awr wedi deg y diwrnod hwnnw yn swyddfeydd Cyngor Pontardawe, ceisiodd y tribiwnlys gynnal ei thrafodion yn breifat, gan ganiatáu i ddau yn unig o gefnogwyr y gwrthwynebwr cydwybodol, sef Tom Jeremiah a Griff Davies, fod yn bresennol yn yr oriel gyhoeddus. Ond yn dilyn protestio gan y dorf y tu allan, caniatawyd mynediad i'r cyhoedd. Yn ystod y dydd, ymyrrwyd ar yr achosion yn gyson gan brotestiadau o'r galeri cyhoeddus, a phan ddaeth bonllef o gymeradwyaeth i'r apelydd, Trevor Williams, rhybuddiodd y cadeirydd y byddai'n clirio'r llys. Ond gwrthododd y gynulleidfa symud, ac wrth i un o'u plith fynd i eistedd gyda'r apelydd, aeth y lle'n ferw. Yn ôl adroddiad y *Pioneer*, 'the place was now in uproar.' Gwaeddodd Tom Jeremiah nad oedd gwaeth Prwsianaeth i'w gael, a chyhuddwyd y fainc gan Tom Evans o fod yn 'blackguards and hypocrites'. Cwynodd

Griff Davies fod y cynrychiolydd milwrol yn yr achosion, y Cyrnol Pearson (cymeriad amhoblogaidd a oedd yn atgas gan y gwrthwynebwyr), wedi aros gyda'r tribiwnlys tra eu bod yn ystyried eu dyfarniadau, ac, yn dilyn y gŵyn, fe adawodd yr ystafell tra bo'r tribiwnlys yn ystyried eu dyfarniad. Ni roddwyd eithriad i neb, ond tynnodd nifer eu ceisiadau yn ôl gan ddweud eu bod wedi eu camarwain, a gofynnwyd i'r tribiwnlys ystyried eu ceisiadau ar sail amgylchiadau teuluol.[46] Ar sail sosialaidd neu Gristnogol yr apeliodd y mwyafrif o wrthwynebwyr cydwybodol Pontardawe yn erbyn eu ricriwtio. Naw yn unig ohonynt a enwyd yn yr adroddiadau papur newydd am yr achos, sef Thomas Davies, John Lewis, Thomas Jones, David Ll. Davies, Tom Evans, Howell J. Griffiths, Trevor Williams, Griff Davies a Nun Nicholas. Ymhlith y 62 yr oedd rhai o arweinwyr amlycaf y chwith radicalaidd yn Ffederasiwn y Glowyr yng Nghwm Tawe, gan gynnwys Nun Nicholas, a ddisgrifid yn un o ddynion mwyaf carismataidd y mudiad llafur yn yr ardal,[47] J. L. Rees, Trebannws, a Tom Evans, Ynysmeudwy. O'r wybodaeth a roddwyd, mae'n bosibl, hefyd, adnabod J. L. Rees, Trebannws, glöwr a fu yng Ngholeg Ruskin, ac a haerodd yn y tribiwnlys ei fod yn wrthwynebus i filitariaeth. Tra cytunai fod glo yn angenrheidiol ar gyfer ymladd y rhyfel, dadleuai y byddai'r rhyfel yn gorfod dod i ben pe na bai glo yn cael ei gynhyrchu ar gyfer y llynges. Ymosododd ar aelod o'r tribiwnlys yn ogystal gan ddweud nad oedd hwnnnw o blaid cael llynges chwaith, ac, yn anorfod, gwrthodwyd ei gais, ond oherwydd ei alwedigaeth, ni fynnwyd ei alw i'r fyddin tan i orfodaeth filwrol gael ei chyflwyno i'r diwydiant glo ym mis Rhagfyr 1917.[48]

Apeliodd nifer o ddynion yn wrthwynebwyr cydwybodol ar sail sosialaidd a Christnogol, er gwaethaf y ffaith nad oedd gorfodaeth arnynt i ymuno â'r Lluoedd

Arfog, gan fod glowyr wedi eu heithrio am y tro. Wrth ymateb i fainc y tribiwnlys pan godwyd y pwynt hwn, pwysleisient eu bod wedi apelio rhag ofn bod eu glofa yn cau yn y dyfodol, ac y byddent yn cael eu gadael ar y clwt ac felly'n cael eu gorfodi i ymuno. Ar ddiwedd yr achos, gyda llawer o'r gynulleidfa wedi eu gwylltio, gwnaethpwyd areithiau ffyrnig yn erbyn ymddygiad y tribiwnlys, rhai siaradwyr yn eu condemnio am y ffordd y gweinyddid y diwrnod, eraill yn mynnu penderfyniadau ynglŷn â'u hapeliadau yn erbyn gwasanaethu ac yn gofyn am ffurflenni apêl.[49] Erbyn y cyfarfod nesaf o'r tribiwnlys sicrhawyd presenoldeb yr heddlu fel na fyddai'r un golygfeydd yn cael eu hailadrodd.[50]

Trefnu'r Gwrthwynebwyr Cydwybodol

Trefnwyd y gwrthwynebiad i orfodaeth filwrol ar sail cydwybod yn bennaf gan y Gymdeithas Dim Gorfodaeth Filwrol neu'r No-Conscription Fellowship (NCF).

Fe'i sefydlwyd yng ngwanwyn 1915, yn dilyn apêl gan olygydd papur y *Labour Leader*, Fenner Brockway, a'i amcan oedd i roi trefn ar y dynion hynny a fwriadai wrthod ymgymryd â gwasanaeth milwrol a chario arfau, ac a wrthwynebai unrhyw ymgais i gyflwyno gorfodaeth filwrol i Brydain Fawr. Denodd y mudiad dros 16,000 o ddynion ifainc oedd â chredoau 'mor amrywiol a damcaniaethau crefyddol a gwleidyddol y genedl'.[51] Daeth pymtheg cant o gynrychiolwyr, yn cynrychioli deng mil o aelodau, i'w Confensiwn cyntaf yn Ebrill 1916,[52] a gwrthwynebai'r mwyafrif y rhyfel ar dir heddychiaeth Gristnogol. Dim ond degfed ran a ddisgrifid yn sosialwyr, ond hwy a dueddai i arwain gwaith a threfniadaeth yr NCF. Daeth Fenner Brockway yn ysgrifennydd a daeth Clifford Allen, a anwyd yng Nghasnewydd ac a weithiodd yn ninas Llundain, yn gadeirydd. Pan garcharwyd ef, cymerwyd ei le gan Bertrand Russell, yr athronydd a phropagandydd effeithiol. Cynrychiolydd Cymru ar y pwyllgor gwaith oedd y Cynghorydd Morgan Jones, ysgolfeistr o Fargoed yng Nghwm Rhymni, ac aelod Cymru ar bwyllgor gwaith y BLA.

Ym mis Mai 1916, cafodd y mwyafrif o'r pwyllgor, gan gynnwys Morgan Jones, ei restio dan y Ddeddf Amddiffyn y Deyrnas am gyhoeddi taflen *Repeal the Act* a gynhwysai ddeunydd a ystyrid yn debygol o danseilio'r ymdrech recriwtio. Fe'u dirwywyd gan punt yr un a charcharwyd Morgan Jones cyn cael ei ailrestio a'i anfon i'r Fyddin. Fe'i disgrifwyd yn ei wrandawiad yn y tribiwnlys, yn 'ddyn cyhoeddus adnabyddus, ac un o'r dynion gwrth-filitaraidd mwyaf amlwg yn y wlad'. Roedd yn Llywydd Cyngor De Cymru yn erbyn Gorfodaeth Filwrol (NCCL), ac yn un o aelodau Pwyllgor Cenedlaethol yr NCF. Roedd hefyd yn gadeirydd y BLA yn ne Cymru, yn Sosialydd blaenllaw, yn aelod o Gyngor Gelli-gaer a chyrff cyhoeddus eraill.[53]

Treuliodd yr NCF lawer o egni yn ceisio plethu elfennau amrywiol i fudiad unedig yn erbyn gorfodaeth filwrol a'r rhyfel, ond gorweddai llawer o'i wendid yn natur amrywiol gwleidyddol a chrefyddol yr aelodaeth. Ar gyfer Sosialwyr fel Emrys Hughes, Abercynon, un o aelodau mwyaf blaenllaw y BLA yn ne Cymru, ac un o aelodau cynharaf yr NCF, roedd y gwrthwynebiad i orfodaeth filwrol yn unol â'r ysbryd milwriaethus o fewn y mudiad llafur cyn y rhyfel:

> if the Bill becomes law, there will be resistance and determined resistance throughout the country, and south Wales will again do its share. In the Valleys we have seen the cavalry clattering up the hills to intimidate the strikers of Tonypandy and Aberdare. These facts are not easily forgotten.[54] We will not be

Conscripts. The South Wales Valleys have seen many struggles for liberty and freedom; Keir Hardie is dead but the idea is alive, and when the time comes we will be true to the memory of Hardie and fight conscription whatever the consequences may be.[55]

Synnwyd yr awdurdodau gan niferoedd y dynion a ddaeth gerbron tribiwnlysoedd o fis Chwefror 1916, ymlaen. Prin fod y Llywodraeth wedi ystyried yn ddwys beth fyddai'n digwydd i'r gwrthwynebwyr pe bai nhw'n gwrthod cydweithredu â'r awdurdodau milwrol. Yng Nghymru sefydlwyd y gangen gyntaf o'r NCF yn Llansawel (Briton Ferry) ym Mehefin 1915, ynghyd â changhennau ar gyfer sir Fynwy, canol Morgannwg, ac Abertawe.[56] Aelodau ifainc o'r BLA yn bennaf a ymgymerodd â'r gwaith o sefydlu canghennau, ond denodd heddychwyr pasiffistaidd yn ogystal. Ymunodd mwy â rhengoedd y BLA yn ystod y rhyfel, yn rhannol oherwydd safiad gwrth-ryfel y blaid, a daeth nifer o'r gwrthwynebwyr cydwybodol, tebyg i Emrys Hughes, Ness Edwards, a T. W. Jones yn Aelodau Seneddol ac yn amlwg iawn yn y Blaid Lafur.[57]

Aelodau o'r Blaid Lafur Annibynnol oedd y mwyafrif o drefnwyr y gwrthwynebwyr cydwybodol. Roedd nifer o drefnwyr yr NCF hefyd yn weithgar iawn gyda'r BLA (gweler Tabl Dau). Yn eu plith roedd John Thomas (Aberdâr), Tom Evans (Ynysmeudwy), George Dardis (Rhisga), Niclas y Glais (sir Aberteifi), Ben Jones (sir Benfro), Henry Gale (Abertyleri), A. Brobyn (Merthyr), J. Morris (Cwmafan), R. H. Ley (Casnewydd) a'r Cynghorydd Tal Mainwaring (Aberafan).[58] Niclas y Glais oedd cydlynydd yr NCF yn sir Aberteifi, ac er nad oedd cangen fel y cyfryw yng ngogledd Cymru, bu David Thomas[59] a'r Prifathro Thomas Rees[60] yn cynghori a hyfforddi gwrthwynebwyr cydwybodol yno cyn iddynt ymddangos gerbron tribiwnlysoedd lleol.

Tabl Dau – Canghennau o'r NCF, a'u hysgrifenyddion yng Nghymru – mis Mai 1916[61]

Llansawel	H. Armstrong (BLA)
Cwmafan	J. Morris (BLA)
Gorll. Morgannwg	W. J. Roberts, Gorseinon
Aberafan	Y Cynghorydd T. Mainwaring (BLA)
Abertawe	Miss M. Harris d/o Canolfan Sosialaidd Abertawe, y 'Bomb Shop'
Cwm Tawe	Tom Evans Ynismudw [= Ynysmeudwy] (BLA)
Aberdâr	J. Thomas B.A. Aberdâr (BLA)
Abercynon	J. R. Taylor
Bargoed	Moses Price
Caerdydd	E. F. Williams
Morgannwg Ganol	T. Mainwaring (BLA)
Maesteg	A. Jones
Merthyr	A. Brobyn (BLA)
Pontypridd	D. J. Williams
Tonyrefail	T. J. Williams
Abertyleri	Henry Gale (BLA)
Bedlinog	J. M. Williams
Blaenafon	F. Marchant
Casnewydd	R. H. Ley (BLA)
Nant-y-glo	J. E. Jones
Rhisga	G. Dardis (BLA)
Sir Benfro	Ben T. L. Jones, Boncath (BLA)
Sir Aberteifi	Parch. T. E. Nicholas (BLA)

Erbyn Mai 1916, roedd gan Gymru 23 o ganghennau o'r NCF, yn bennaf yng Ngorllewin Morgannwg, Caerdydd, Abertawe, ardal Aberdâr a Merthyr, a chymoedd gorllewinol sir Fynwy. Gweinyddid yr NCF yng Nghymru gan ei ysgrifennydd yng Nghaerdydd, Ieuan Peter Hughes, yn wreiddiol o Wrecsam, cyn ei garcharu ym mis Mai 1916. Ymhen dim amser, carcharwyd ysgrifenyddion canghennau Gorllewin Morgannwg, Merthyr a Rhisga hefyd am fod yn wrthwynebwyr cydwybodol.[62] Restiwyd o leiaf chwarter ohonynt am droseddau dan Ddeddf Amddiffyn y Deyrnas, ar sail annog bradwriaeth a chylchredeg deunydd a amharai ar recriwtio ar gyfer y Fyddin.[63]

Roedd Cwm Tawe yn enghraifft o weithgarwch yr NCF a gyfunodd gyda gweithgarwch y BLA yn erbyn y rhyfel. Ar y dechrau, roedd Cwm Tawe yn rhan o gangen NCF Abertawe, gyda Tom Evans, Dol-y-coed, Ynysmeudwy (a ddaeth yn ddiweddarach yn gadeirydd Cyngor Masnach a Llafur Pontardawe), yn gynrychiolydd. Ond erbyn mis Mai 1916, sefydlwyd cangen ar wahân yng Nghwm Tawe oherwydd prysurdeb y gweithgarwch lleol. O fis Chwefror 1916 ymlaen, trefnodd yr NCF yng Nghwm Tawe sesiynau hyfforddi ar gyfer gwrthwynebwyr cydwybodol er mwyn eu paratoi ar gyfer llenwi'r ffurflenni priodol a deall y drefn ar gyfer ymddangos gerbron tribiwnlys. Trefnwyd un sesiwn yn y Glais, er enghraifft, gyda Niclas y Glais yn cynnig 'geiriau rhagarweiniol o anogaeth' a Tom Evans yn olrhain hanes yr NCF, a threfnwyd cyfarfod tebyg yng nghapel Beulah, Cwm-twrch, lle clywodd y gynulleidfa nifer o anerchiadau gan gynnwys rhai gan yr addysgwr Marcsaidd a'r glöwr Nun Nicholas a swyddog amlwg o Ffederasiwn Glowyr De Cymru J. L. Rees ynglŷn â pham y dylent gofrestru yn wrthwynebwyr cydwybodol, ac adroddwyd un o gerddi gwrth-ryfel Niclas y Glais.[64]

Crewyd cangen newydd o'r NCF yn Ystradgynlais hefyd, ac ym mis Mawrth 1916 cynhaliwyd cyfres o gyfarfodydd cyhoeddus i wrthwynebu gorfodaeth filwrol yng Nghwm-twrch, Gwauncaegurwen, Pontardawe (lle roedd dwy fil yn bresennol), a Chlydach (lle roedd pymtheg cant yn bresennol).[65] Dros y misoedd dilynol, cynyddodd momentwm yr ymgyrchu yn erbyn gorfodaeth filwrol a drefnwyd gan yr NCF a'r BLA, gyda chyfarfodydd niferus iawn (dywedwyd bod miloedd yn bresennol) yn Abertawe, y Coed-duon, Aberbargoed, Aberaman a Merthyr Tudful, lle cynhaliwyd cyfarfod cyntaf y Cyngor Heddwch ac Atal y Rhyfel.[66]

Yn chwarter cyntaf 1916, cynhaliodd yr NCF gyfres o gyfarfodydd protest yn erbyn gorfodaeth filwrol ar y cyd gyda chyfrinfeydd, glofeydd a chyngresau llafur lleol. Fe'u cynhaliwyd yn bennaf yng nghadarnleoedd y BLA, lleoedd tebyg i Ddyffryn Aman a Chwm Tawe, Aberdâr a Merthyr, a Phontypridd, a chynhwysai'r siaradwyr Nun Nicholas a J. L. Rees, Pontardawe.[67]

Fe'i trefnwyd ar y cyd gyda chyrff gwrth-ryfel eraill ac undebau llafur, ac roedd dwy fil o bobl yn bresennol, a dilynwyd hynny gan brotest dorfol arall ym mis Mai.[68]

Ar ddiwedd 1915 sefydlwyd pwyllgorau cyfrinachol gyda hanner dwsin ymhob cangen, am eu bod yn argyhoeddedig fod y Llywodraeth yn benderfynol o ddinistrio'r NCF.[69] Arbedodd hyn y mudiad rhag cael ei ddinistrio'n llwyr wrth i wrthwynebwyr cydwybodol gael eu carcharu, a chymerwyd eu lle gan fenywod galluog fel Agnes Hughes, a ddaeth yn brif drefnydd yr NCF yn ne Cymru, a Margaret Morgan Jones (merch y Parch. John Morgan Jones, Merthyr).[70] Wrth i'r gwrthwynebwyr gael eu restio, aildrefnwyd yr NCF yn ganolog i wahanol adrannau, gan gynnwys Bureau Gwybodaeth a gadwodd gofnod o leoliad pob gwrthwynebydd, adran y wasg a llenyddiaeth a gynhyrchai bropaganda, a'r adrannau gwleidyddiaeth ac ymgyrchu a oedd yn lobïo o blaid y gwrthwynebwyr. Roedd gan yr Adran Ymweld bobl trwy Brydain a gofnodai bob gwrthwynebydd unigol, ac a hysbysai'r prif swyddfa o leoliadau gwrthwynebwyr mewn carchardai a gwersylloedd milwrol.[71]

Roedd 13 o'r 232 ymwelydd yn gwasanaethu yng Nghymru. Yn eu plith roedd Minnie Pallister, chwaer Emrys Hughes, Agnes Hughes, a'r Parch. John Morgan Jones, gweinidog Capel yr Hope ym Merthyr, a ymwelai â charcharorion yng ngharchardai de Cymru yn bennaf,[72] tra byddai'r Parch. Gilbert Jones, Llangloffan, yn ymweld â gwrthwynebwyr ym marics Doc Penfro a charchar Caerfyrddin.

Yng ngogledd Cymru, y prif ymwelydd oedd y Parch. E. K. Jones a'i brif gyfrifoldeb oedd cadw mewn cysylltiad gyda'r gwrthwynebwyr a ddeuai i'r gwersylloedd milwrol enfawr ym Mharc Cinmel a Park Hall tu allan i Groesoswallt. Fe'i cynorthwyid gan y Prifathro Thomas Rees, y Parch. Wyre Lewis, Croesoswallt, a dau Grynwr o ardal Degannwy, sef Watson Webb a Frederick Payne, a ymwelai â charchar Caernarfon.[73] Roedd E. K. Jones yn un o arweinwyr y Bedyddwyr yn ngogledd Cymru,[74] yn un o'r ymgyrchwyr mwyaf pybyr yn erbyn y rhyfel, ac yn aelod o Gymdeithas y Cymod a'r NCF. Casglodd fanylion am bob gwrthwynebydd yng ngwersylloedd y Gogledd a'u trosglwyddo i swyddfa ganolog yr NCF.[75] Gwasanaethodd yn dyst cymeriad mewn llysoedd milwrol a thribiwnlysoedd sifil, a chadwodd gysylltiad agos gyda'r mudiad gwrth-ryfel yn ne Cymru trwy ei deulu agos a oedd yn weithgar yn y BLA yn Llansawel a Phort Talbot. Yno, fe siaradodd yn aml yng Nghapel Jeriwsalem, Llansawel, a oedd yn noddfa ar gyfer gwrthwynebwyr, ac ymwelodd hefyd â gwrthwynebwyr yng ngharchardai Lerpwl ac

Amwythig. Rhoddwyd cefnogaeth iddo gan ei gapel i wrthwynebu'r rhyfel, ond nododd ymdeimlad o unigedd, oherwydd cefnogaeth y mwyafrif o gapeli i'r rhyfel, er gwaethaf y 'strong band of ministers and lay persons who decided not to bend their knees to Baal'.[76]

Cadwodd E. K. Jones gofnodion manwl o 467 gwrthwynebydd cydwybodol yng ngwersylloedd a charchardai gogledd Cymru, gan gynnwys 176 o Gymru.[77] Cynhwysai ei waith rhyfeddol gysylltu â pherthnasau a'u teuluoedd, mynychu tribiwnlysoedd a llysoedd milwrol yn dyst cymeriad neu gyfaill, ac ymweliadau â gwrthwynebwyr cydwybodol.[78] Ef hefyd a ysgrifennai erthygl fisol yn *Y Deyrnas* yn dilyn hynt a helynt y gwrthwynebwyr. Un gwrthwynebydd cydwybodol a dderbyniodd ymweliad ganddo oedd Ithel Davies o Fallwyd. Cofiai ef am E. K. Jones fel un oedd yn 'ddwys grefyddol, a byddai'n cynnal cyfarfod gweddi bach yn y gell bob tro', ac er gwaethaf sgeptigiaeth Ithel at grefydd, eto credai bod 'eneidiau prin' fel E. K. Jones a Wyre Lewis yn foddion cysur ac yn 'disgleirio fel ambell seren mewn ffurfafen gymylog ddu'.[79]

Ffigur pwysig arall oedd y nofelydd a'r newyddiadur-wraig Lily Tobias, yr Iddewes a'r genedlaetholwraig Iddewig a Chymreig, yr oedd ganddi dri brawd a oedd yn wrthwynebwyr cydwybodol, sef Joseph, Isaac a Solomon Shepherd. Fe'i hadwaenid fel 'a young, battling, aggressive socialist pacifist' ac roedd yn adnabyddus am fod yn barod i herio'r awdurdodau.[80] Roedd Lily Tobias yn wreiddiol o Ystalyfera a bu'n ysgrifennydd y BLA yn Abertawe, cyn symud i ardd-bentref Rhiwbeina yng Nghaerdydd, a sefydlwyd ar sail gydweithredol, a lle ymgasglodd nifer o deuluoedd sosialaidd, gan gynnwys Edgar Chappell o Ystalyfera, ynghyd â grŵp bychan o ddeallusion sosialaidd.[81]

Hi oedd un o'r dolenni cyswllt allweddol rhwng gwrthwynebwyr dan glo yn ne Cymru a'r NCF. Cadwai mewn cysylltiad gyda'u teuluoedd, a nododd achosion o gam-drin gwrthwynebwyr gan y Fyddin. Gweithiai ar ran yr NCF, er enghraifft, fe gefnogodd gwynion mam i ddau wrthwynebydd, Thomas a Robert Bassett, ynglŷn ag amgylchiadau byw a gweithio yng ngwersyll Llanddeusant, lle roedd yn ddau yn gweithio yn rhan o Gynllun y Swyddfa Gartref.[82]

Roedd Lily Tobias yn Iddewes o Ystradgynlais, a fu'n weithgar yn y Blaid Lafur Annibynnol a'r mudiad i wrthwynebu'r rhyfel. Carcharwyd tri o'i brodyr fel gwrthwynebwyr cydwybodol. Roedd yn genedlaetholwraig Iddewig a Chymreig a daeth yn awdur nofelau adnabyddus.

Cododd aelodau gweithgar fel ysgrifennydd yr NCF yn Aberafan, y Cynghorydd Tal Mainwaring, achos Richard Mainwaring, a oedd yn sâl gartref, ac a orfodwyd i gael archwiliad meddygol gan feddyg milwrol.[83] Cynhelid digwyddiadau codi arian gan yr NCF i helpu'r sawl a gosbid mewn achosion llys â dirwyon, tebyg i'r deg aelod yn Llansawel a ddirwywyd am ddosbarthu 'deunydd anheyrngar dan y Ddeddf Amddiffyn y Deyrnas.[84] Cefnogwyd apeliadau yr NCF gan nifer o undebau llafur, er enghraifft, pasiodd adran de Cymru o'r Gymdeithas Cyfanwerthu Cydweithredol i alw am yr un arian i'w dalu i'r sawl oedd yn ddibynnol ar wrthwynebydd cydwybodol ag i'r sawl oedd yn ddibynnol ar gyflog milwr.[85] Cefnogai cangen Gorseinon o'r NCF berthnasau dibynnol gwrthwynebwyr trwy gynnal casgliadau wythnosol a gwerthu glo a godwyd o dipiau amrywiol, gan werthu darnau o goed, a thrwy rafflau. Cylchlythyrwyd pob capel yn yr ardal, ac mewn chwe mis, codwyd cant a hanner o bunnoedd er gwaethaf y ffaith fod llawer o'i haelodau mewn 'carchar a gwersyll'.[86]

Yn sicr, fe gyfyngwyd ar effeithlonrwydd yr NCF fel mudiad ymgyrchu trwy'r cynnydd cyflym yn nifer yr aelodau a erlynwyd gan yr awdurdodau o fis Mai 1916 ymlaen, ond mae'r disgrifiad sionc hwn o daith canghennau Merthyr, Aberdâr a gwaelod y Rhondda i Lanfabon yn adlewyrchu ymdeimlad o hwyl a brawdgarwch:

a 'spread' had been arranged. The mountain walk served to have given them a good appetite, for as soon as they arrived at the appointed place they fell to. After tea they all entered the Parish Room, where Mr. Brobyn (Merthyr) was appointed chairman for the evening. He made a nice little speech on the present position and our duty to our comrades in prison. Guardian Noah Tromans and Miss Agnes Hughes followed with short addresses. Then Mr. Warren sang one of his favourite songs. After singing the 'Red Flag' and giving cheers to the International and boys in prison they started to journey home. Everybody seemed to enjoy the ramble, and it has been decided to hold another within a month's time.[87]

Cefnogid y carcharorion ar ôl iddynt gael eu rhyddhau hefyd. Yn Hydref 1916, cynhaliwyd derbyniad gan gangen NCF Llansawel i groesawu tri o'i haelodau o garchar Abertawe ar ôl gwrthod talu dirwyon am ddosbarthu taflenni gwrth-ryfel.[88] Ar yr un noson, cynhaliwyd derbyniad i groesawu dau frawd a fu'n wrthwynebwyr cydwybodol, John a Sidney Bamford, ac fe'u cyflwynwyd gyda phendant aur, ces sigarennau arian, a phwrs o arian. Cynhaliwyd cyfarfod croeso arall i gyfarch Tal Mainwaring allan o garchar Abertawe, gyda 200 yn bresennol, ac adroddwyd bod cangen leol y British Steel Smelters Union wedi penderfynu y dylai gwrthwynebwyr dderbyn yr un croeso â dynion yn dychwelyd o'r ffrynt.[89] Cynhaliodd NCF Pontypridd noson gymdeithasol, gydag adroddiadau, areithiau a chanu'r 'Red Flag',[90] a threfnodd yr NCF ddigwyddiadau i godi calonnau yr aelodau dan gaethiwed trwy drefnu canu tu allan i garchar Caerdydd.[91]

Cyswllt arall pwysig rhwng prif swyddfa'r NCF a Chymru oedd Margaret Jones, merch y Parch. John Morgan Jones, Merthyr, a weithiodd yn swyddfeydd yr NCF yn Llundain gan geisio cofnodi amgylchiadau pob gwrthwynebydd.[92] Erbyn Mai 1917, roedd gan yr NCF 26 o ganghennau ac un Ysgol Sul yn ne Cymru, ond oherwydd yr hyn a elwid yn 'natur symudol' y boblogaeth o wrthwynebwyr, bu'n rhaid newid trefniadau, ac erbyn diwedd y flwyddyn, roedd nifer y canghennau wedi gostwng i ugain cangen.[93]

Pryder cyson i'r NCF oedd yr erledigaeth a ddioddefent gan yr heddlu a'r gwasanaethau diogelwch. O fis Mai 1916, cynyddodd gweithgarwch heddlu sir Forgannwg yn erbyn y mudiad. Restiwyd dau aelod o'r NCF, D. J. Evans a T. Thomas, ac fe'u dirwywyd ddeg swllt gyda mis o garchar (llafur caled) dan y Ddeddf Amddiffyn y Deyrnas ym mhentref Cefn, ger Merthyr, ar ddydd Gwener y Groglith.[94] Yn ystod mis Mai, cafodd 25 o aelodau a chefnogwyr yr NCF yn ardal Llansawel eu harestio a'u dirwyo yn dilyn protestiadau yn erbyn gorfodaeth filwrol yn Aberafan.[95]

Cynhaliodd yr heddlu gyrch ar swyddfeydd y BLA yng Nghwmafan yn yr un mis, a chymerwyd yr holl lenyddiaeth gwrth-ryfel o'r swyddfa, yn ogystal â llyfr gohebiaeth a chofnodion y gangen. Gohebodd ysgrifennydd y gangen, A. H. Armstrong, â phrif swyddfa'r NCF, yn eu rhybuddio bod pwysau o du'r heddlu mewn perygl o effeithio ar waith y gangen:

I suggest that the distribution of future leaflets should be seriously considered or we shall all be imprisoned, not that we fear imprisonment, but our services, and the services of many many men we cannot afford to lose will be lost to us ... The fact is that any matter published in the war can be held to be 'prejudical to training and discipline in His Majesty's Forces' we are under the Iron Heel.[96]

Daethpwyd â mwy o erlyniadau yn erbyn ail grŵp o aelodau'r BLA yn Llansawel a gyhuddwyd o ddosbarthu erthyglau a oedd yn debygol o 'greu anfodlonrwydd ac yn niweidiol i ddeiliaid Ei Fawrhydi'. Disgrifiodd golygydd y *Pioneer* weithgarwch yr heddlu fel polisi 'of suppression with a violence that savours of vindictiveness', polisi a oedd yn achosi anniddigrwydd a drwgdybiaeth yn y gymuned, a chyferbynnodd ef gyda chyfres o 'gynadleddau Democrataidd yn erbyn gorfodaeth a Heddwch trwy drafod'.[97]

Trwy gydol Haf 1916, cynhaliwyd cyfarfod sylweddol o filoedd o bobl i wrthwynebu gorfodaeth filwrol a chefnogi'r gwrthwynebwyr cydwybodol ym Merthyr, Cwm Tawe, Bargoed a Chwmafan. Denodd y cyfarfod yn Ystradgynlais fil o bobl, pymtheg cant ym Mhontardawe, a 'thorf fawr' yn y Glais.[98] Cynyddodd maint y cyfarfodydd protest trwy gydol haf a hydref 1916. Gwnaeth cyfarfodydd heddwch a anerchwyd gan Philip Snowden yn Abertyleri ddenu cynulleidfa o dair mil o bobl, ac ym Merthyr, anerchodd ef a'i wraig, Ethel, gerbron torf o bum mil o bobl mewn cyfarfod a drefnwyd gan Gymdeithas Heddwch Merthyr, yn mynnu y dylai erledigaeth gwrthwynebwyr cydwybodol ddod i ben.[99]

Ymwelodd Bertrand Russell, cadeirydd gweithredol yr NCF, ag awyrgylch cynhennus de Cymru yng Ngorffennaf 1916, a chynhaliodd daith areithio ar draws cymoedd y de. Cymharodd yr anawsterau a oedd ynghlwm wrth ymgyrchu yn erbyn y rhyfel yn Llundain, gyda'r derbyniad gwresog a dderbyniodd ef yn ne Cymru:

> I spent three weeks in the mining areas of Wales, speaking sometimes in halls, sometimes out-of-doors. I never had an interrupted meeting, and always found the majority of the audience sympathetic so long as I confined myself to industrial areas. In London however, the matter was different.[100]

Anerchodd yn ddilyffethair yn Llansawel, Cwm Tawe, ardal Merthyr Tudful,[101] Pontypridd, Abertyleri a Chwmafan. Dim ond yn ei gyfarfod olaf, tu allan i'r cymoedd diwydiannol, yng Nghaerdydd, y cafodd ei heclo,[102] a lleisiodd ei bryder yn ddiweddarach, efallai y dylai fod wedi mynd i ardaloedd fwy gelyniaethus am fod de Cymru wedi bod 'merely a picnic' ond fe'i rhyfeddwyd gan lefel uchel y gefnogaeth i'r mudiad gwrth-ryfel yn ne Cymru.[103]

Parhaodd cyrchoedd yr heddlu ar swyddogion yr NCF trwy gydol hydref 1916, ac yn ystod wythnos gyntaf Medi, chwiliwyd 27 o gartrefi a swyddfeydd, gan gynnwys cartrefi ym Mhont-y-pŵl, Cwm Tawe, Aberafan, Tai-bach, Pengam a Chaerdydd.[104]

Tra bod gwrthwynebwyr cydwybodol yn cael eu carcharu wrth eu cannoedd, ceisiodd yr NCF ledaenu sail y mudiad protest yn erbyn gorfodaeth filwrol a thriniaeth y gwrthwynebwyr. Yng Ngorffennaf 1917, protestiodd ugain cyngor masnach llafur ac 89 cangen o'r Blaid Lafur ac undebau llafur yn erbyn cam-drin gwrthwynebwyr cydwybodol. Cynhwysent gynghorau llafur Aberdâr, Pontardawe a Threherbert, canghennau Maesteg a Chroesoswallt o Undeb y Gweithwyr Rheilffyrdd, cangen gweithwyr rheilffyrdd Glandŵr, Abertawe, pedair cyfrinfa glowyr yn Nhylorstown, Cwm-du, Abertridwr a Thyleri, a dau gyfarfod torfol o lowyr yng Nghwmafan a Llanelli.[105] Adlewyrchwyd yr ymgais hon i ledaenu sylfaen yr NCF gan y berthynas agos gyda'r mudiad hawliau sifil, a'r ymdrech i atal lledaenu gorfodaeth filwrol i'r diwydiant glo yn benodol.

Yn haf 1917, yn ddadleuol ddigon, datganodd yr NCF gefnogaeth i gynghorau neu 'sofietiaid' ar gyfer gweithwyr a milwyr, yn dilyn Chwyldro Rwsia ym mis Mawrth, ond denodd anghytundeb aelodau tebyg i Morgan Jones, a gredai y dylai'r NCF gyfyngu ei hun i wrthwynebu gorfodaeth filwrol a chadw hawliau cydwybod.[106] Wrth i'r rhyfel rygnu yn ei flaen, tynnodd yr NCF sylw at amodau caethiwus cynifer o wrthwynebwyr cydwybodol. Yn Chwefror 1918, penderfynodd canghennau de-ddwyrain Cymru ymgyrchu i sicrhau rhyddhad eu 'tortured comrades'.[107] Erbyn blwyddyn olaf y rhyfel, roedd yr NCF wedi colli momentwm, ac er i nifer o'r canghennau barhau i ymgyrchu er mwyn rhyddhau carcharorion, gostyngodd nifer yr aelodaeth ac roedd yn fudiad a oedd yn edwino, 'physically and psychologically badly depleted.'[108] Methodd hyd yn oed ymestyn gorfodaeth filwrol i ddynion dan 51, ac i Iwerddon, ddenu mwy o aelodau. Yn dilyn y Cadoediad, ceisiodd yr NCF ymgyrchu i ryddhau'r ddwy fil o wrthwynebwyr cydwybodol a oedd yn dal yng ngharchar. Dechreuwyd ymgyrch yn Ionawr 1919, ac arwyddwyd deiseb gan 162 o bobl amlwg, a'r Prifathro Thomas Rees oedd yr unig Gymro yn eu plith.[109]

Daethpwyd â'r NCF i ben yn ei chynhadledd derfynol ym mis Tachwedd 1919, gan greu pwyllgorau i ymgyrchu yn erbyn gorfodaeth filwrol yn y dyfodol, i greu dolen gyswllt ar gyfer gwrthwynebwyr cydwybodol, ac i wrthwynebu militariaeth mewn ysgolion. Wrth gau y mwdwl ar y mudiad, datganodd ei gobaith iwtopaidd nad 'trwy dywallt gwaed yr enillid rhyddid neu ddinistrio militariaeth, ond gyda'r cariad a sicrheid trwy ddioddefaint hir a chwerw dynoliaeth.'[110]

Nodiadau

1   John Rae, op. cit., t. 70.
2   J. Graham Jones, 'Lloyd George, W. Llewellyn Williams and the 1916 Conscription Bill' yn *David Lloyd George and Welsh Liberalism* (Aberystwyth: Archif Wleidyddol Cymru, Llyfrgell Genedlaethol Cymru), tt. 173-88.
3   Eric Griffiths, 'Denbighshire Coalminers and their Agent during the Great War, 1914-1918', *Trafodion Cymdeithas Hanes Sir Ddinbych* cyfrol 50 (2001), t. 129.
4   Gwyn Jenkins, op. cit., tt. 116-17.
5   *North Wales Chronicle*, 12 Mai 1916.
6   J. Graham Jones, op. cit., t. 174.
7   John Rae, op. cit., t. 259.
8   LlGC, Cofnodion Tribiwnlys Apêl Sir Aberteifi, CTB 2/4/18, CTB 2/4/102, CTB 2/1/1, CTB 2/2/1, CTB 3/11/1-40, CTB 3/3/1; Hubert H. Vaughan, *Wales* (1948), t. 177.
9   LlGC, Papurau E. K. Jones, llythyr oddi wrth Owen Owen at E. K. Jones, 4 Tachwedd, 1918, blwch 6.
10 *North Wales Weekly News*, 6 Ebrill 1916.
11 Rob Phillips, 'Gorfodaeth Filwrol yn sir Gaerfyrddin yn ystod y Rhyfel Mawr', Traethawd M.A., Prifysgol Cymru, Llanbedr Pont Steffan, 1992, tt. 81-100.
12 *Y Dinesydd Cymreig*, 22 Mawrth 1916.
13 *Y Dinesydd Cymreig*, 5 Gorffennaf 1916.
14 John Rae, op. cit., t. 224.
15 James MacDermott, *British Military Service Tribunals 1916-1918* (Manceinion: Gwasg Prifysgol Manceinion, 2011), t. 219.
16 Llsgr. LlGC 16,354D, f. 67, llythyr at T. Huws Davies, 1918.
17 *South Wales Daily Post*, 18 Mai 1916.
18 *The Tribunal*, 1 Mehefin 1916, yn dyfynnu Hansard, 23 Mai 1916; *Llais Llafur*, 27 Mai 1916.
19 D. J. Williams, *Y Wawr*, Gwanwyn 1916, 110.
20 *Y Rhedegydd*, 25 Mawrth 1916.
21 *Cambria Daily Leader*, 'Notes and Comments', 21 Chwefror 1916.
22 *Y Dinesydd Cymreig*, 8 Mawrth 1916.

23   Rob Phillips, op. cit., tt. 76-7, yn dyfynnu *Carmarthen Journal*, 7 Ebrill 1917.

24   Bwrdd Llywodraeth Leol, cylchlythyr R70, 23 Mawrth 1917.

25   Yr Archifau Cenedlaethol, Papurau'r Swyddfa Ryfel, WO32/2051/3319.

26   Rob Phillips, op. cit., t. 160, yn dyfynnu y *Carmarthen Journal*, 7 Ebrill 1917, t. 100.

27   Ian Beckett a Keith Simpson, *Nation in Arms* (Manceinion: Gwasg Prifysgol Manceinion, 1985), t. 11; *Statistics of the Military Effort of the British Empire during the Great War* (Llundain: HMSO, 1922), t. 364.

28   Robin Barlow, 'Aspects of the Great War in Carmarthenshire' (Ph.D anghyhoeddedig, Prifysgol Cymru, Llanbedr Pont Steffan, 2001), t. 138.

29   Hansard, Dadleuon Seneddol (Tŷ'r Cyffredin) 5ed cyfres, cyfrol 75, col. 2357, 16 Mawrth 1916.

30   Robin Barlow, op. cit., t. 138.

31   Ibid,, t. 143.

32   *Amman Valley Chronicle*, 15, 27 Mehefin 1916.

33   *South Wales Daily Post*, 11 Mawrth 1916.

34   Ibid., 17 Mawrth 1916.

35   John W. Graham, *Conscription and Conscience* (Llundain; George, Allen and Unwin, 1922) t. 66.

36   Herbert Vaughan, *Wales*, cyfrol 45 (1947), tt. 171-80.

37   David Cleaver, 'Conscientious Objection in the Swansea Area', *Morgannwg*, 1984, 48 yn dyfynu W. Isaac Thomas, Gorseinon.

38   *South Wales Daily Post*, 27 Mehefin 1916.

39   *Pioneer*, 18 Mawrth 1916.

40   *South Wales Daily Post*, 9 Mawrth 1916.

41   *Pioneer*, 18 Mawrth 1916.

42   *North Wales Chronicle*, 3 Mawrth 1916.

43   *South Wales Daily Post*, 6 Mawrth 1916.

44   *South Wales Daily Post*, 6 Mawrth 1916.

45   *Pioneer*, 25 Mawrth 1916; *Llais Llafur*, 18 Mawrth 1916. Mae'r paragraff nesaf yn seiliedig ar yr adroddiadau hyn.

46   *Pioneer*, 25 Mawrth 1916.

47   Richard Lewis, *Leaders and Teachers: Adult Education and the Challenge of Labour in South Wales, 1906-1940* (Caerdydd: Gwasg Prifysgol Cymru, 1993), t. 97.

48   *Pioneer*, 25 Mawrth 1916.

49   *Pioneer*, 25 Mawrth 1916.

50   *Llais Llafur*, 25 Mawrth 1916.

51   *The No Conscription Fellowship: A Souvenir of its Work during the Years 1914-1919* (Llundain: NCF, 1919), t. 8.

52   Thomas C. Kennedy, *The Hound of Conscience: A History of the No-Conscription Fellowship, 1914-1919* (Fayetteville: Gwasg Prifysgol Arkansas, 1981), t. 280.

53   *Llais Llafur*, 3 Mehefin 1916.

54   *Pioneer*, 15 Rhagfyr 1915.

55   *Pioneer*, 1 Ionawr 1916.

56   *Llais Llafur*, 19 Mehefin 1915.

57   Hughes, Emrys Daniel 1894-1969, Y Bywgraffiadur Cymreig ar-lein, Llyfrgell Genedlaethol Cymru, 2009: Wayne David, op. cit.; Yr Arglwydd Maelor [T. W. Jones], op. cit., tt. 58-92, 103-19.

58 Thomas C. Kennedy, op. cit., tt. 294-301.
59 Angharad Tomos, 'Hiraeth am Yfory' (Llandysul: Gwasg Gomer, 2002), t. 84.
60 LlGC, Papurau E. K. Jones, blwch 2, llythyr diddyddiad gan Dan Jones, Coleg y Bedyddwyr, Bangor, at E. K. Jones.
61 Archifau Cumbria, Papurau Catherine Marshall, D/MAR/4/4, 'Rhestr o ganghennau'r NCF, Mai 1916'.
62 ibid.
63 Cofrestr Pearce, 2017.
64 *Pioneer*, 4 Mawrth 1916.
65 *Pioneer*, 4-25 Mawrth; 1 Ebrill 1916.
66 *Pioneer*, 15, 22 Ebrill; 13 Mai 1916.
67 *Pioneer*, 26 Chwefror 1916; *Pioneer*, 4 Mawrth 1916.
68 *Pioneer*, 15, 22 Ebrill, 13 Mai 1916.
69 Thomas C. Kennedy, op. cit., tt. 65, 66; John Rae, op. cit., t. 12.
70 *Pioneer*, 1 Rhagfyr 1917.
71 *The No Conscription Fellowship*, tt. 24-6.
72 Archifau Cumbria, Papurau Catherine Marshall, D/MAR 4/95.
73 LlGC, Papurau E. K. Jones, blwch 29, Goss at E. K. Jones, 27 Hydref 1916.
74 LlGC, Bywgraffiadur Cymru ar lein, Evan Kenffig Jones, 2009.
75 LlGC, Papurau E. K. Jones, blwch 2.
76 E. K. Jones, 'Atgofion am Dri Rhyfel', *Pamffledi Heddychwyr Cymru* (Dinbych: Gwasg Gee, 1944), t. 20.
77 LlGC, Papurau E. K. Jones, blwch 2, 'Achosion gwrthwynebwyr cydwybodol'.
78 E. K. Jones, op. cit., t. 22.
79 Ithel Davies, *Bwrlwm Byw* (Llandysul: Gwasg Gomer, 1984), t. 69.
80 Jasmine Donahaye, cyflwyniad i lyfr Lily Tobias, *Eunice Fleet* (Dinas Powys: Honno Classics, 2004), t. xii.
81 Jasmine Donahaye, *The Greatest Need: the creative life and troubled times of Lily Tobias, a Welsh Jew in Palestine* (Honno, 2015), tt. 86-95.
82 Archifau Cumbria, Papurau Catherine Marshall, D/MAR/4/55, llythyr oddi wrth Lily Tobias at Miss Rinder.
83 Archifau Cumbria, Papurau Catherine Marshall, D/MAR/4/66, llythyr at Miss Rinder, 26 Mawrth 1917.
84 *Pioneer*, 15 Rhagfyr 1917.
85 Ibid.
86 *Pioneer*, 22 Rhagfyr 1917.
87 *Pioneer*, 26 Awst 1916.
88 *Pioneer*, 7 Hydref 1916.
89 Ibid.
90 *Pioneer*, 22 Mehefin 1918.
91 *The Tribunal*, 17 Mai 1917.
92 Archifau Cumbria, Papurau Catherine Marshall, D/MAR/4/53, llythyr oddi wrth Marshall at Pallister.
93 *The Tribunal*, 24 Mai 1917.
94 *Pioneer*, 29 Ebrill 1916.
95 *Pioneer*, 20 Mai 1916.
96 Archifau Cumbria, Papurau Catherine Marshall, D/MAR/4/95, llythyr oddi wrth Armstrong, 13 Mai 1916.
97 *Pioneer*, 17 Mehefin 1916.
98 *Pioneer*, 24 Mehefin 1916.

[99] *Pioneer*, 1 Gorffennaf 1916.

[100] Bertrand Russell, *The Autobiography of Bertrand Russell 1914-1944* (Llundain: George Allen and Unwin, 1968), tt. 24-5.

[101] *Pioneer*, 15 Gorffennaf 1916.

[102] Jo Vellacott, *Bertrand Russell and the Pacifists* (Brighton: Harvester Press, 1980), tt. 88-9.

[103] Nicholas Griffin, *The Selected Letters of Bertrand Russell* (Llundain: Routledge, 2001), t. 67.

[104] *The Tribunal*, 7 Medi 1916.

[105] Archifau Cumbria, Papurau Catherine Marshall, D/MAR/4/21.

[106] Ibid., D/MAR/4/25, llythyr at ysgrifenyddion canghennau, 17 Gorffennaf 1917.

[107] *Pioneer*, 9 Mawrth 1918.

[108] Thomas C. Kennedy, op. cit., tt. 262-3.

[109] *The Tribunal*, 9 Ionawr 1919.

[110] *Souvenir of the No-Conscription Fellowship 1914-1919* (Llundain, NCF, 1919), tt. 85, 92.

Y Gwrthwynebwyr Cydwybodol

Bron na ellir dweyd fod y rhyfel presennol yn creu popeth o newydd, ac un o'i greadigaethau harddaf yw y cymeriad a ddynodir gan y teitl anystwyth uchod.

Dyma ddatganiad o gred y Parch. E. K. Jones, un o gymwynaswyr mwyaf y gwrthwynebwyr cydwybodol, yn *Y Deyrnas* ym mis Ebrill 1917. Disgrifiodd hwy fel rhai 'a faidd ac a ddioddef bopeth cyn caniatau i unrhyw allu dreisio eu natur oreu a'u hargyhoeddiadau crefyddol a chymdeithasol dyfnaf'. Cymharodd y gwrthwynebwyr i ferthyron Anghydffurfiol y gorffennol, a chystwyodd fethiant y tribiwnlysoedd i fedru dygymod â'u cyfrifoldeb i gydnabod cydwybod:

> Cyhoeddant lawer yn gywir a chydwybodol. Dyfarnant eraill yn brin o gydwybod, a chyflwynant y cyfryw yn ol i garchar ac i farn. Yn absenoldeb cymhwyster i farnu, daw opiniwn tyner a rhagfarn i fewn yn lle pwyll a gwybodaeth. ... Ceir llawer heddyw yn dioddef mewn carcharau oherwydd cydwybod, er i'r llysoedd a nodwyd ddatgan nad oedd ganddynt gydwybod.

Cyfeiriodd at y carcharau lle roedd tyrfaoedd ohonynt, a rhai carcharorion yno am yr ail, y drydedd, a'r bedwaredd waith:

> Daw hefyd ffrwd newydd, gref ohonynt yn barhaus ... daeth carcharau Caerdydd a Chaernarfon, yr Amwythig

a Lerpwl, ac yn arbennig Wandsworth a Wormwood Scrubbs yn lleoedd cysegredig, oblegid ynddynt y bu ac y mae cynifer o'n cyfeillion anwylaf yn dioddef yn ddistaw, yn gweddio ac yn cymuno a'r Anweledig.

Disgrifiai rhai o'r gwrthwynebwyr eu profiadau yng ngharchar fel 'cysegr Duw' gan droi'r carchar 'tywyll, du' yn 'nefolion leoedd'.[1] Medrai'r gyffelybiaeth hon i ferthyron cynnar yr eglwys Gristnogol gythruddo eu gelynion, a thueddai'r dehongliad arferol o'r gwrthwynebwyr yn nhudalennau gwasg y cyfnod i'w portreadu yn llwfrgwn a dynion gwyrdroedig, a gaseid gan y mwyafrif o'r boblogaeth.[2]

Disgrifiodd Percy Ogwen Jones y gwrthwynebwyr cydwybodol fel 'ceinciau cymysg', yn meddu ar gymhellion amrywiol iawn i'w gilydd:

> Rhaff ac iddi amryw geinciau oedd mudiad heddychwyr 1914–18. Ar un ystyr nid oedd yn fudiad o gwbl; yn hytrach, damwain a chyd-ddigwydd a ddug y ceinciau hyn at ei gilydd yn un rhaff, a Deddf Gorfodaeth 1916 a wnaeth y rhaff. ... Un agwedd wedi ein hasio'n fudiad a pheri gwrthdrawiad a deddf gwlad. Yr oedd yn wrthdaro yr unigolyn a'r wladwriaeth. Mi gredaf fod i hynny ei werth, a'i fod weithiau'n anochel.[3]

Doedd yna ddim un gredo nag athroniaeth yn eu clymu at ei gilydd. Datganiad ffydd y No-Conscription Fellowship (NCF) oedd y peth agosaf i'r hyn a unai'r criw hwn o ddynion, a phwysleisiai hwnnw sancteiddrwydd bywyd a gwrthod hawl y wladwriaeth i orfodi gorfodaeth filwrol. Gwnaeth y mwyafrif o'r sawl a wrthwynebai'r rhyfel wneud felly ar dir moesol, gan gynnwys nifer helaeth ar sail Gristnogol. Gwnaeth nifer bach broffesu eu cred yn heddychiaeth Tolstoy, ond roedd nifer hefyd o'r gwrthwynebwyr yn Sosialwyr a gredai 'mor gryf ym Mhrawdgarwch Dyn ag y gwnai Cristnogion gredu mewn Duw fel Tad.'[4] Roedd eraill, a oedd yn wrthwynebwyr ar sail wleidyddol yn gwrthwynebu gorfodaeth filwrol am ei fod yn tanseilio rhyddid dyn, ac yn arwain y ffordd i orfodaeth yn y gweithle; eu bod yn credu bod polisi tramor ffôl ar ran Prydain yn rhannol gyfrifol am y rhyfel, neu bod y rhyfel wedi ei achosi gan grwpiau o ddynion yn cynrychioli buddiannau cyfalafol ac imperialaidd o fewn y gwledydd a oedd yn ymladd.

Y gwrthwynebwyr cydwybodol oedd elfen mwyaf amlwg y gwrthwynebiad i'r Rhyfel Mawr, ac yn eu plith yr oedd dynion deallus a galluog a ddylanwadodd ar hanes Cymru am y degawdau canlynol. Mae'r canran o ddynion a ddaeth yn wrthwynebwyr cydwybodol yng Nghymru oddeutu 0.66% o'r 'boblogaeth ricriwtio' o 135,000, sef y nifer a recriwtiwyd yn orfodol yng Nghymru ar ôl Ionawr 1916. Mae hynny'n cyfateb i'r un canran o wrthwynebwyr o'u cymharu â milwyr trwy Brydain, ond llwyddiant pennaf yr awdurdodau yng Nghymru oedd lleihau'r nifer o wrthwynebwyr cydwybodol trwy greu'r cwmni Cymreig arbennig o fewn y Corfflu Meddygol. Arbedodd hyn oddeutu 160 o ddynion a ystyriai eu bod megis 'cwmni o basiffistiaid' i bob pwrpas,[5] a phe bai'r rhain wedi cofrestru yn wrthwynebwyr, byddai wedi codi canran y gwrthwynebwyr yng Nghymru i 0.78%, ac yn gyfartaledd uwch ar gyfer Cymru nag ar gyfer Lloegr a'r Alban.

Tabl Tri: Ymlyniad crefyddol a ddatganwyd gan Wrthwynebwyr Cydwybodol yng Nghymru[6]

		Cwmni Cymreig yr RAMC
Christadelffiaid	155	---
Crynwyr	51	---
Bedyddwyr	35	+ 23
Annibynwyr	40	+ 41
Methodistiaid	21	+ 62
Tystion Jehofa	7	-----
Brodyr Plymouth	17	-------
Wesleaid	7	+ 7
Eglwys Loegr	8	+ 24
Iddewon	7	-------
Undodiaid	1	--------
Eglwys Crist	1	
Pabyddion	1	
Byddin yr Iachawdwriaeth	1	+ 1
Presbyteriaid		+ 1
Methodist Cyntefig		+ 1
Cyfanswm	352	+ 160

Gwnaeth ymron i hanner y gwrthwynebwyr ddatgan ymlyniad wrth gorff neu drefniant crefyddol a gwleidyddol o ryw fath. Adlewyrchir arwyddocâd crefydd a safbwynt Gristnogol i'r mudiad yn erbyn y rhyfel gan y canran o wrthwynebwyr cydwybodol a broffesodd sail grefyddol i'w safiad. Er bod llawer o'r disgrifiadau o wrthwynebwyr cydwybodol y Rhyfel Mawr wedi eu canolbwyntio ar gyfraniad y Crynwyr a sosialwyr yn gysylltiedig â'r Blaid

Lafur Annibynnol,[7] doedd rhain ddim ond yn cynrychioli oddeutu 3%, ac 11% o'r gwrthwynebwyr cydwybodol hynny a ddatganodd ymlyniad wrth grefydd neu fudiad.[8] Roedd y mwyafrif o'r gwrthwynebwyr a ddatganodd ymlyniad yn aelodau o enwadau Anghydffurfiol neu sectau crefyddol.

Gwnaeth oddeutu 352 ddatgan ymlyniad crefyddol. Y grŵp mwyaf oedd y 155 a oedd yn aelodau o sect y Cristadelffiaid; a'r nifer mwyaf o'r gweddill oedd y Crynwyr, gydag oddeutu hanner cant; yr Annibynwyr a'r Bedyddwyr gydag oddeutu 40 yr un, Methodistiaid gydag oddeutu 20, a Brodyr Plymouth, gydag oddeutu 15.

Trwy Brydain roedd cyfanswm o 750 o'r gwrthwynebwyr yn Grynwyr, gan gynnwys 13 o Gymru. Roedd pedwar ohonynt yn absoliwtiaid, gan gynnwys Bernard Cudbird a'i frawd Horace, o Gaerdydd, a oedd wedi bod yn Annibynwyr, a Samuel Broomfield o Gasnewydd, a wrthododd dynnu ei het gerbron y tribiwnlys.[9] Ymhlith y saith Iddew roedd y tri brawd, Joseph, Isaac a Solomon Shepherd, a fu yng ngharchar ac ar Gynllun y Swyddfa Gartref,[10] a'r brodyr Henry a Sidney Solomon, o'r Crymlyn yn sir Fynwy, a weithiai fel gwystlyddion (pawnbrokers). Mewn llythyr oddi wrth gyfreithiwr y teulu, esboniwyd sail eu gwrthwynebiad i fod yn addewid sanctaidd a wnaethpwyd i'w tad, oedd yn Iddew uniongred:

Roedd ef yn fab Gweinidog Iddewig a[c] fe'i codwyd i gredu fod bywyd yn sanctaidd, ac ni fyddai byth yn caniatáu un o'i feibion i ddinistrio bywyd mewn unrhyw ffurf. Ychydig cyn ei farwolaeth (13 Hydref 1915), galwodd ei ddau fab at ei wely ac yn y modd mwyaf dwys, mynnodd i'r ddau dyngu llw ... na fyddent yn lladd y gelyn yn y rhyfel hwn.[11]

Yr ymlyniad mwyaf a ddatganwyd i gorff gwleidyddol neu heddychol gan y gwrthwynebwyr, oedd 49 i'r Blaid Lafur Annibynnol (BLA), a hefyd i Gymdeithas y Cymod (31), gydag un yr un ar gyfer y British Socialist Party, y Socialist Labour Party, ac un Sosialydd Cristnogol. Mae'n deg awgrymu, fodd bynnag, fod aelodaeth o'r BLA yn sicr o fod yn uwch na'r ystadegau hyn, ac amcangyfrifid eu bod yn 10% o'r cyfanswm Prydeinig. Gwyddom am nifer o wrthwynebwyr cydwybodol, fel Gwenallt na gydnabu'u haelodaeth o'r BLA yn y cofnodion swyddogol, ac amcangyfrifir y byddai oddeutu 90 o'r gwrthwynebwyr cydwybodol yng Nghymru wedi bod yn aelodau o'r BLA.

Tueddai lleoliad y gwrthwynebwyr adlewyrchu lleoliad poblogaeth Cymru – gyda dros eu hanner ym Morgannwg a sir Fynwy. Ond mae'r niferoedd yn adlewyrchu hefyd gryfder y BLA yn lleol mewn ardaloedd penodol, gan gynnwys Llansawel, Aberdâr, Merthyr, Cwm Rhymni, Cwm Tawe ac ardal dyffrynnoedd Aman a Lliw.

Yng Nghymru, gellir cyfrif o leiaf 893 o ddynion yn wrthwynebwyr cydwybodol, ond mae'n debyg nad yw'r ffigur hwn yn cynnwys y cyfan o'r nifer. Er enghraifft, nid yw'r nifer yn cynnwys George M. Ll. Davies, a ymddangosodd gerbron tribiwnlys gyntaf oll yn Finchley, Llundain,[12] Walter Roberts, a ymddangosodd gerbron tribiwnlys Stockport yn swydd Gaerhirfryn, a Harold Watkins, a fu gerbron tribiwnlys Malvern. Mae'r ystadegau isod yn seiliedig ar ffynhonellau amrywiol gan gynnwys cofnodion Pwyllgor Pelham, sy'n rhoi ystadegau inni ar gyfer y nifer o wrthwynebwyr a ddaeth dan ei awdurdod.

Daw manylion y sawl a ymunodd ag Uned Ambiwlans y Crynwyr (Friends Ambulance Unit) oddi wrth gofnodion personél yr uned, a daw rhestr o'r gwrthwynebwyr cydwybodol a oedd yn fyfyrwyr ym Mangor oddi wrth bapurau lleol, Archifau Coleg Bala-Bangor a Phapurau

Thomas Rees, Bangor. Daw manylion y mwyafrif o'r gwrthwynebwyr cydwybodol o gofnodion y Tribiwnlys Canolog ac adroddiadau'r NCF a'i bapur, *The Tribunal.* Mae manylion yr wybodaeth am wrthwynebwyr cydwybodol wedi'i gasglu gan Gofrestr Pearce yn cynnwys manylion 176 o wrthwynebwyr cydwybodol o Gymru a gasglwyd gan y Parch. E. K. Jones yn rhinwedd ei swyddogaeth yn ymwelydd ar ran yr NCF yng ngwersylloedd milwrol Parc Cinmel, ger Bodelwyddan, a Park Hall, ger Croesoswallt. Hyd yn hyn felly, gellir cyfrif 893 o wrthwynebwyr cydwybodol a ddôi o Gymru, a gellir adnabod o leiaf 810 ohonynt.

Dewis y gwrthwynebwyr cydwybodol oedd naill ai gwrthod cyfaddawdu a derbyn tymhorau olynol o garchar, sef yr absoliwtiaid, neu dderbyn gwaith o rwy fath na fyddai yn cael ei ystyried yn gymorth i'r Fyddin, sef yr 'alternativists', sef y mwyafrif o wrthwynebwyr. Carcharwyd oddeutu traean y gwrthwynebwyr cydwybodol, naill ai am eu bod yn 'absoliwtiaid', neu am eu bod wedi gwrthod ufuddhau i reolau cynllun y Swyddfa Gartref neu'r Corfflu Anymladdol.

Ym mis Mai 1916, gyrrwyd 21 o wrthwynebwyr cydwybodol i Ffrainc, a'u dedfrydu yno i farwolaeth. Cododd Philip Snowden yn y Senedd a rhybuddio'r llywodraeth, os saethid un o'r bechgyn hyn, y wynebai'r llywodraeth helynt enbyd. Edifarhaodd y llywodraeth, diddymwyd y ddedfryd a'u dwyn yn ôl i Brydain i wynebu penyd wasanaeth, sef carchar am eu hoes a'u gyrru i Garchar Maidstone yn swydd Caint.[13] Ni chafodd neb ar ôl hynny ei anfon i garchar milwrol, ond yn hytrach i garcharau'r wlad. Daeth yn fwyfwy amlwg fod darpariaeth y Fyddin ar gyfer gwrthwynebwyr yn boenus o annigonol.

Tabl Pedwar – Dosbarth Daearyddol
Gwrthwynebwyr Cydwybodol fesul sir[14]

Sir	Nifer	% GC yng Nghymru	% cyfanswm poblogaeth dynion yng Nghymru
Sir Fôn	5	0.6	2.0
Brycheiniog	16	2.0	2.4
Aberteifi	31	4.0	2.18
Caerfyrddin	64	8.0	6.49
Caernarfon	65	8.0	4.8
Dinbych	33	4.0	6.0
Y Fflint	15	2.0	3.7
Morgannwg	448	55.0	47.26
Meirionnydd	13	1.6	1.7
Mynwy	114	14.0	17.0
Penfro	9	1.0	3.5
Maesyfed	9	1.0	1.0
Trefaldwyn	4	0.5	2.0

| Nifer y GC (y gellir eu hadnabod) yng Nghymru | 810 | | |

Mae dosbarthiad daearyddol y gwrthwynebwyr cydwybodol yn adlewyrchu dosbarthiad cyffredinol poblogaeth Cymru, gyda dau eithriad. Roedd y nifer o wrthwynebwyr a oedd yn fyfyrwyr yn ardal Bangor bron â dyblu'r cyfanswm yn ardal sir Gaernarfon i 65, ac mae'r niferoedd ar gyfer Morgannwg a Mynwy yn adlewyrchu lle roedd y Blaid Lafur Annibynnol yn gryf, gan gynnwys ardal Castell-nedd-Llansawel-Port Talbot (96), ardal Merthyr-Aberdâr-Aberpennar (70), Caerdydd (96) ac Abertawe (53). Yn sir

Fynwy, Casnewydd, y dref fwyaf yn y sir, oedd â'r nifer uchaf o wrthwynebwyr, sef 39. Yn sir Gaerfyrddin, Llanelli oedd â'r nifer uchaf, gydag oddeutu 38, a thraean ohonynt yn Gristadelffiaid. Roedd Wrecsam, y dref fwyaf yng ngogledd Cymru, â'r nifer gymharol fechan o 24.

Nodwedd y gwrthwynebwyr cydwybodol oedd bod eu patrwm cyflogaeth yn tueddu adlewyrchu dynion o gefndir dosbarth gwaith sgilgar, neu'r dosbarth canol is. O'r 533 o ddynion a ddatgelodd eu swyddi i dribiwnlys, roedd 58 glöwr, a orfodwyd i ymuno ar ôl cyflwyno gorfodaeth yn y diwydiant yn Rhagfyr 1917. Roedd 79 myfyriwr, gan gynnwys 56 o fyfyrwyr diwinyddol, a 39 athro. Roedd yna 35 clerc, 30 yn gweithio yn y diwydiant tun, dur neu haearn, 20 groser, 16 gwas ffer neu ffermwr, 11 asiant yswiriant, ac wyth crydd.

Ceid clystyrau o wrthwynebwyr cydwybodol ar draws y wlad, yn adlewyrchu dylanwad y Blaid Lafur Annibynnol yn bennaf. Disgrifiodd Amanwy hwy yn Nyffryn Aman:

Yng nghanol y cwbl, safodd un grŵp bach yn heddychwyr trwyadl, hyd yn oed yn y berw gwylltaf. Pan oedd pawb a phopeth yn fud, mynnai nifer o aelodau ifainc yr I.L.P. gyhoeddi bod rhyfel yn annuwiol a chythreulig. Cynhaliwyd cyfarfodydd yn Neuadd yr Iforiaid, ac anogwyd y bobl ieuainc i adael y gwŷr mawr i ymladd eu brwydrau eu hunain. Nid hawdd oedd gwneuthur hyn, a chafodd nifer ohonynt lawer cernod a sen, a hyd yn oed garchar am sefyll dros eu hargyhoeddiadau. Cystal inni eu henwi, rhag i neb gredu bod heddwch heb ei bleidwyr yn nyffryn Aman. Dyma nhw: Ifan Bassett, Edgar Bassett, Tom Dafen Williams, Harry Arthur, Cliff Jones, Harry John Davies, David Rees Owen a'i ffrindiau o'r Garnant.[15]

Yng Nghymru, mewn nifer o ardaloedd, ymddangosodd grwpiau sylweddol o wrthwynebwyr cydwybodol gerbron tribiwnlysoedd. Bu 25 o fyfyrwyr Coleg Bala-Bangor a rhai colegau eraill gerbron tribiwnlys Bangor;[16] cyfanswm o 62 o flaen tribiwnlys Pontardawe; 32 ym Merthyr;[17] a 24 yn nhribiwnlys Aberpennar.[18] Bu nifer o'r cyfarfodydd hyn yn stormus tu hwnt ac amharwyd ar y gweithgareddau gan brotestwyr.

Derbyniodd y mwyafrif o'r gwrthwynebwyr cydwybodol ryw fath o ddarpariaeth gan y wladwriaeth, a derbyniwyd cyflogaeth gan 'Gynllun Brace' y Swyddfa Gartref, cynllun Pwyllgor Pelham, neu ddarpariaeth y Fyddin o fewn yr NCC, Uned Ambiwlans y Crynwyr neu Gorfflu Meddygol Brenhinol y Fyddin (gweler Tabl Pump).

Tabl Pump –
Y Canlyniadau i Wrthwynebwyr Cydwybodol Cymru

Cynllun	Nifer o Wrthwynebwyr Cydwybodol	% cyfanswm
Pwyllgor Pelham	207	23%
Uned Ambiwlans y Crynwyr	28	3%
Friends War Volunteer Relief	8	1%
Corfflu Anymladdol		
(74 gerbron llys milwrol)	201	22%
Cynllun y Swyddfa Gartref	258	28%
'Absoliwtiaid'	70	8%
RAMC	5	1%
YMCA	2	0.0022%
Eraill (gan gynnwys		
eithriad llwyr)	122	14%
Cyfanswm	893	100%

Gyda 22% o'r gwrthwynebwyr cydwybodol o Gymru yn gwasanaethu yn y Corfflu Anymladdol, roedd hyn yn ganran tipyn is na'r 29.5% o'r gwrthwynebwyr trwy Brydain. Gwnaeth yr un canran ymuno â chynllun Pwyllgor Pelham o Gymru a gweddill Prydain. Gwnaeth traean o'r gwrthwynebwyr o Gymru ymuno â Chynllun y Swyddfa Gartref o gymharu â'r canran is o 27% drwy Brydain. Y gwrthwynebwyr mwyaf eithafol oedd yr 'absoliwtiaid', sef 8% o'r gwrthwynebwyr trwy Brydain (1,350), a chyda 70 yng Nghymru.[19]

Cafodd y mwyafrif o aelodau Cynllun y Swyddfa Gartref o leiaf un cyfnod o garchar cyn ymddangos gerbron y Tribiwnlys Canolog ar ôl Mehefin 1916. Carcharwyd 224 unwaith, 65 ddwywaith, ac 20 dair gwaith. Ni ddylai fod yn syndod fod cyn lleied wedi ymuno gydag Uned Ambiwlans y Crynwyr a'r FWVR am fod cyn lleied o Grynwyr yng Nghymru.

Tra bo'r dewisiadau wedi bodloni llawer o'r gwrthwynebwyr, profodd y gwersylloedd gwaith hyn yn fwy amhoblogaidd ym 1917, a chafodd y sawl a wrthryfelai neu gwyno eu dychwelyd i garchar yn ddisymwth. Aethpwyd â'r mwyafrif o wrthwynebwyr cydwybodol i wersylloedd milwrol yng Nghymru, i Barc Cinmel yn y Gogledd, i Park Hall ger Croesoswallt, neu i Gaerdydd yn ne Cymru. Pan wrthodai gwrthwynebwyr gydymffurfio, fe'u hanfonid i garchar gan lys milwrol. Datblygwyd cyfundrefn o garchardai a gwersylloedd gwaith a sefydlwyd yn benodol ar gyfer y gwrthwynebwyr cydwybodol. Yng Nghymru, gwasgerid gwrthwynebwyr naill ai i garchardai yn Lloegr fel Dartmoor, Walton, Knutsford a Pentonville, neu i wersylloedd gwaith a grewyd yn benodol ar eu cyfer. Aeth nifer i wersylloedd yn Iwerddon, er na chyflwynwyd gorfodaeth filwrol yno drwy gydol y rhyfel.

Yng Nghymru, codwyd gwersylloedd gwaith arbennig yn Llan-non (ger Llanelli), Llyn y Fan, Penderyn (ger Merthyr), a Thalgarth, ond aeth nifer sylweddol o'r Cymry i wersylloedd yn Lloegr, ac eithrio y niferoedd a ymunodd yn ddiweddarach gyda'r RAMC, ac a ddaeth o golegau diwinyddol a cholegau Bangor, Aberystwyth, Llanbed, Y Bala, Caerfyrddin a Chlynnog.

Absoliwtiaid, neu'r 'Anghymroddedwyr'

Y gwrthwynebwyr cydwybodol absoliwt greodd yr anawsterau mwyaf dychrynllyd i'r awdurdodau milwrol, gan eu bod yn gwbl bendant fod derbyn gwaith o unrhyw fath gan y wladwriaeth yn annerbyniol. Hyd yn oed os nad oedd gwaith yn ymwneud yn uniongyrchol â'r rhyfel, byddai'n golygu rhyddhau rhywun arall i ymuno â'r Fyddin. Yn haf 1916, dechreuwyd cynnal Tribiwnlys Canolog a wrandawai ar achosion gwrthwynebwyr cydwybodol yng ngharchar, a chynnig 'gwaith o bwysigrwydd cenedlaethol' iddynt.

Roedd y Llywodraeth yn benderfynol o wneud llwybr yr absoliwtiaid yn anodd. Dywedodd yr Ysgrifennydd Rhyfel, Lloyd George ei fod am wneud ei orau glas i beidio cynnig consesiynau iddynt:

Cerdyn post a gynhyrchwyd er mwyn portreadu profiadau gwrthwynebwyr cydwybodol yng ngharchar.

With that kind of men I personally have absolutely no sympathy whatsoever, and I do not think they ought to be encouraged ... I do not think they deserve the slightest consideration. With regard to those who object to shedding blood it is the traditional policy of this country to respect that view, and we do not propose to part from it; but in the other case I shall only consider the best means of making the path of that class a very hard one.[20]

Yn groes i'r dybiaeth gyffredinol, lleiafrif o wrthwynebwyr cydwybodol – oddeutu 985 (sef rhyw 6% o'r cyfanswm) ar draws Prydain – a wrthododd gydweithredu â'r Llywodraeth yn llwyr, ac i'r graddau eu bod yn gwrthod unrhyw waith a elwid yn 'waith o bwysigrwydd cenedlaethol'.

Torrodd iechyd nifer o ganlyniad i'w cosb, a phenderfynodd eraill ymuno â chynlluniau arbennig y Llywodraeth ar gyfer y gwrthwynebwyr, sef Cynllun Pelham neu Gynllun y Swyddfa Gartref. Ond ar draws Prydain, bu 816 mewn carchar am fwy na dwy flynedd, a bu sawl un yn y carchar am hyd at chwech o gyfnodau gwahanol:

Nifer o Wrthwynebwyr Cydwybodol gerbron Llys Milwrol[21]

Ddwy waith	655
Tair gwaith	521
Pum gwaith	50
Chwe gwaith	3

Yng Nghymru, carcharwyd rhai cannoedd, ond cytunodd y mwyafrif wedyn i dderbyn gwaith o ryw fath. Roedd o leiaf 85 o ddynion yn absoliwtiaid, ac o'u plith:

Gerbron llys milwrol:

31	unwaith
32	ddwywaith
15	tair gwaith
6	pedair gwaith
1	pum gwaith[22]

Adlewyrchai'r dynion hyn y gymysgfa o ddaliadau gwleidyddol a chrefyddol a gymhellai'r gwrthwynebwyr i fabwysiadu agwedd gwbl ddigymrodedd yn erbyn y rhyfel. Ymhlith y gwrthwynebwyr a ddioddefodd fwyaf oedd Emrys Hughes, a garcharwyd bum tro yn olynol, ac Ithel Davies a garcharwyd bedair gwaith. Roedd Ithel Davies o Gwm Tafolog ym mhlwyf Cemaes, sir Drefaldwyn. Roedd y ddau yn sosialwyr ond yn dod o gefndiroedd gwahanol iawn. Roedd Ithel Davies yn fab fferm, a'i dad yn 65 ac yn bugeilio mil a hanner o ddefaid gyda chymorth brawd Ithel. Cafodd ei ddylanwadu gan Sosialaeth y Blaid Lafur Annibynnol a phapur y Blaid Lafur, a dderbynnid yn ei gartref. Roedd eisoes wedi dwyn perswâd ar nifer o fechgyn ifainc yr ardal i ymuno â'r NCF, a chredai mai dyna pam y'i herlidiwyd gan yr awdurdodau.[23] Roedd cefndir crefyddol a gwleidyddol tad Ithel yn arwyddocaol o gofio anian wleidyddol a chrefyddol, Rhyddfrydol ac Anghydffurfiol, ei fro enedigol:

> Tueddai at Undodiaeth yn ei syniadau crefyddol ac er mai yn y traddodiad Rhyddfrydol y bu ef yn wleidyddol, tueddai at Sosialaeth dros yr ugain mlynedd olaf neu well o'i oes.[24]

Roedd eisoes yn adnabyddus fel bardd a llenor. Yn dilyn ymddangosiad gerbron tribiwnlys apêl yn y Drenewydd, cafodd ei anfon i gyflawni 'gwasanaeth anymladdol', ond gwrthododd dderbyn y ddedfryd. Ym mis Ebrill 1916 fe'i restiwyd, ac fe'i cymerwyd i Farics Wrecsam lle mynnwyd ei fod yn ymuno â Phedwaredd Catrawd y Ffiwsilwyr Cymreig. Yno, gwrthododd Ithel Davies â gwisgo'r wisg filwrol, ond fe'i gorfodwyd i wneud, a'i gymryd i wersyll Park Hall ger Croesoswallt, lle bu gerbron llys milwrol, a chafodd bedwar mis o garchar gyda llafur caled, ond cwtogwyd hynny i fis gan Ynad Cynghorol (Judge Advocate) y lluoedd arfog mewn carchar milwrol. Yn y carchar milwrol yn yr Wyddgrug, fe'i triniwyd yn giaidd, gyda'r bygythiad o gael ei yrru i Ffrainc. ac os byddai'n parhau i wrthod gasanaethu, byddai'n cael ei saethu. Fe'i dyrnwyd tan i'w drwyn dorri, a'i orfodi i wisgo gwasgod rwym (straight jacket). Ar ddiwedd mis yno, fe'i dychwelwyd i wersyll Park Hall, a'r tro hwn fe'i dedfrydwyd gan lys milwrol i chwe mis o garchar, ac aeth i garchar Amwythig. Cwtogwyd y ddedfryd i bedwar mis, ac yn ystod y cyfnod hwnnw, bu raid i Ithel Davies fynd i Wormwood Scrubs i ymddangos gerbron y Tribiwnlys Canolog, a oedd yn gyfrifol am benderfynu os oedd dynion yn gymwys ar gyfer Cynllun y Swyddfa Gartref neu beidio. Cafodd gynnig i ymuno â'r cynllun, ond gwrthododd, ac ymddangosodd o flaen llys milwrol o ganlyniad i hynny, lle cafodd flwyddyn arall o garchar gyda llafur caled, a'i anfon yn ôl i Amwythig. Yno, hefyd, roedd Harold Watkins, Crynwr a gwrthwynebydd o Lanfyllin, Nun Nicholas o Glydach, a dau efaill o Lansawel, Morgannwg. Hwyrnos a Chynwawrddydd Jones, a enwyd yn ôl amseriad eu geni.

Cwtogwyd y ddedfryd hon hefyd i chwe mis, ac ar ôl dychwelyd i Park Hall, fe'i cymerwyd i wersyll Parc Kinmel. Yno, cafodd bedwaredd dedfryd o ddwy flynedd o garchar ac fe'i cymerwyd nôl i garchar Amwythig. Tra roedd yno, ceisiodd y Llywodraeth lacio rhywfaint ar eu caethiwed, a

Emrys Hughes o Abercynon, a garcharwyd chwe gwaith yn olynol, y nifer mwyaf ar gyfer gwrthwynebydd cydwybodol yng Nghymru.

chymerwyd rhai oedd wedi bod yn y carchar am ddwy flynedd neu fwy, i garchar Wakefield yn Swydd Efrog. Daethpwyd ag ychydig gannoedd yno, ond gwrthododd y carcharorion gydweithredu, a chymerwyd Ithel Davies i garchar Armley yn Leeds. Fisoedd ar ôl i'r rhyfel ddod i ben, fe'i rhyddhawyd, ym mis Ebrill 1919, wedi treulio cyfanswm o dair blynedd dan awdurdod y Fyddin, a than glo mewn carchar am y rhan fwyaf o'r cyfnod.[25]

Roedd Emrys Hughes wedi bod yn athro dan hyfforddiant ac eisoes yn amlwg iawn yn y BLA yn ne Cymru. Ymresymai na allai gefnogi rhyfel rhwng grymoedd imperialaidd a gadael i'r dosbarth gweithiol ddioddef yn y gyflafan, a mynnodd gael ei eithrio o wasanaeth milwrol ar sail ei Sosialaeth. Credai, meddai, fod rhyfel a militariaeth yn wrthwynebus i les y bobl ac i ddatblygiad dynoliaeth.[26] Ar ôl y rhyfel fe briododd ag Agnes, merch Keir Hardie, un a fu'n weithgar yn y mudiad yn erbyn y rhyfel hefyd.[27] Yn fab i weinidog o Abercynon, roedd Emrys Hughes yn un o sylfaenwyr yr NCF yn ne Cymru. Nid arddelai'r term 'gwrthwynebwr cydwybodol', a disgrifiai ei hun yn hytrach yn Sosialydd, gwrth-filitaraidd a gwrthwynebus i ryfel.

Ei brofiad ef oedd y mwyaf eithafol o blith y gwrthwynebwyr cydwynbodol o Gymru a brofodd gyfundrefn y Fyddin ar gyfer delio gyda'r absoliwtiaid. Ef a ddioddefodd y nifer fwyaf o ddedfrydau a charchariadau ac adlewyrchodd y driniaeth a gafodd Emrys Hughes yr hyn oedd yn anhawster sylfaenol ym mholisi'r Llywodraeth i ddelio gyda'r gwrthwynebwyr cydwybodol o fewn cyd-destun disgyblaeth filwrol.

Cafodd ei gaethiwo gyntaf yn ngharchar milwrol Devizes, ar ôl cael ei ddedfrydu i ddwy flynedd o garchar gyda llafur caled, a ostyngwyd i naw mis. Cafodd ei guro yno yn gyson, a rhoddwyd bara a dŵr yn unig iddo am gyfnodau, am ei fod yn gwrthod gwneud gwaith o 'natur filwrol'. Ar ôl saith wythnos, cafodd fynd o flaen llys milwrol eto, ac fe'i dedfrydwyd i 21 mis arall (a ostyngwyd i naw mis) am wrthod drilio a'i drosglwyddo i garchar Shepton Mallet. Oddi yno fe'i cymerwyd i garchar Caerdydd ac wedyn i Wormwood Scrubs i ymddangos ger bron y Tribiwnlys Canolog, a ddaeth i'r casgliad nad oedd ganddo wrthwynebiad cydwybodol dilys i wrthod gwasanaethu yn y Fyddin.[28]

Fe'i hanfonwyd yn ôl i gwblhau ei ddedfryd yng ngharchar Caerdydd. Fe'i rhyddhawyd ym Mawrth 1917, ond ar ôl dychwelyd i wersyll milwrol Parc Kinmel, fe'i dedfrydwyd gan lys milwrol i ddwy flynedd o garchar gyda llafur caled, ac fe'i hebryngwyd i garchar Caernarfon.[29] Fe'i rhyddhawyd yn Ionawr 1918 a'i gymryd i ymuno â'i gatrawd tybiedig yn Redcar. Yno fe'i dedfrydwyd am chwech mis arall yng ngharchar North Allerton yng Ngogledd Swydd Efrog. Wedi'i ryddhau, fe'i hanfonwyd nôl i'w gatrawd ac yno fe'i dedfrydwyd i ddwy flynedd arall o garchar, yng ngharchar North Allerton. Fe'i rhyddhawyd o'r diwedd yn 1919, a thros dair blynedd ers y diwrnod y'i carcharwyd ef gyntaf.[30]

Yn ystod ei bumed ymddangosiad gerbron llys milwrol yn Redcar, yng Ngorffennaf 1918, wedi disgrifio ei hun fel 'abandoned and unrepentant criminal', amlinellodd ei egwyddorion yn absoliwtydd:

> Rwyf yn gwrthwynebu cymryd rhan mewn gwasanaeth rhyfel amgen neu mewn unrhyw un o'r ymdrechion diwydiannol i ddatrys problem y gwrthwynebwyr cydwybodol, yn gyntaf trwy eu gorfodi i weithio dan amgylchiadau diraddiol mewn penydfa, ac yna eu gadael i ddarganfod gwaith arall os addawant i ffrwyno'u barn ... Rwyf yn ystyried mai'r gwasanaeth mwyaf y gallaf ei gynnig i drigolion y wlad hon yw gwrthwynebu'r sefydliadau milwrol sydd wedi eu cyflwyno mewn cyfnod o banig a braw, lle bo miloedd o ddynion wedi'u gorfodi i blygu i drefn atgas o ddisgyblaeth filwrol ac wedyn cael eu hanfon i gael eu bwtsiera mewn rhyfel gwaedlyd, dibwrpas a ffôl, am fod ein rheolwyr wedi mynnu. Y bygythiad mwyaf i ryddid y bobl yw'r ddeddfwriaeth Gorfodaeth Filwrol; cyfrifoldeb mwyaf y dinesydd deallus yw ei wrthwynebu ar bob cyfrif, ac i barhau i'w wrthwynebu nes ei ddymchwel.[31]

Roedd cymhellion y chwech gwrthwynebydd arall a garcharwyd bedair gwaith yn adlewyrchu'r amrywiaeth o safbwyntiau yn erbyn rhyfel, lle roedd cymhellion gwleidyddol, crefyddol a moesol yn aml yn gymysg. Disgrifiai Chris Morgan o Bontarddulais ei hun yn undebwr llafur, Annibynnwr, ac aelod o'r Undeb Trafnidiaeth; roedd Pryce Brown o'r Trallwng yn fyfyriwr oedd yn gweithio ar fferm; roedd E. D. Mort yn aelod blaenllaw ac adnabyddus o Undeb y Docwyr yn Nhaibach, ger Port Talbot; roedd Philemon Edwards o Dongwynlais ger Caerdydd yn aelod o'r BLA, yn Fedyddiwr ac aelod o'r Crynwyr, yn aelod o'r NCF ac yn löwr; ac roedd Edgar Davies o'r Fenni yn aelod o Gymdeithas y Cymod, yn Fedyddiwr a mynychwr cyfarfodydd y Crynwyr, aelod o'r NCF, Union of Democratic Control (UDC), ac wedi gweithio fel clerc banc ac fel athro yn ysgol y Crynwyr yn Colwall ger Great Malvern yn Swydd Gaerwrangon.

Roedd derbyn gwaith o unrhyw fath gan y wladwriaeth yn annerbyniol i'r absoliwtiaid hyn. Hyd yn oed os nad oedd y gwaith yn ymwneud yn uniongyrchol â'r rhyfel, byddai'n rhyddhau rhywun arall i fod ynglŷn â'r rhyfel. Yn haf 1916, dechreuwyd cynnal Tribiwnlys Canolog a wrandawai ar achosion gwrthwynebwyr cydwybodol yng ngharchar, a chynnig 'gwaith o bwysigrwydd cenedlaethol' iddynt. Yn ôl Ithel Davies, 'teimlem ni a wrthododd fod y lleill wedi ein bradychu braidd ac wedi ei gwneud yn haws i'r llywodraeth ein cadw yng ngharchar.[32] Lleiafrif o wrthwynebwyr oedd yr absoliwtiaid yn cynrychioli oddeutu un o bob 12 gwrthwynebydd trwy Brydain, ac oddeutu un o bob 10 yng Nghymru.

Cynllun y Swyddfa Gartref

Yn groes i obaith Ithel Davies ac arweinyddiaeth yr NCF, cynllun y Swyddfa Gartref ddaeth y dewis mwyaf poblogaidd ar gyfer gwrthwynebwyr cydwybodol Cymru, a hynny er gwaethaf y ffaith ei fod wedi'i seilio ar wrthddywediad sylfaenol, sef bod y sawl a ymunodd â'r Cynllun yn filwyr, er dan y Cynllun fe'u hystyrid yn wrthwynebwyr cydwybodol.[33] Lleiafrif oedd y nifer a ddaeth yn absoliwtaidd ac a wrthododd gyfaddawdu.

Roedd creu Cynllun y Swyddfa Gartref a Chynllun Pwyllgor Pelham i gynnig 'gwaith o bwys cenedlaethol' yn haf 1916 yn gydnabyddiaeth hwyrfrydig i ddilema gynyddol y Llywodraeth a'r Fyddin o sut i ddelio gyda'r gwrthwynebwyr cydwybodol. Ond crewyd argyfwng i'r gwrthwynebwyr cydwybodol gan Gynllun Brace, a barn bendant yr NCF oedd na ddylid cyfaddawdu â'r gyfundrefn am fod ymgymryd â 'gwaith o bwys cenedlaethol' yn medru golygu rhyddhau dyn arall i ymuno â'r Fyddin.

Wrth i'r Ddeddf Gorfodaeth Filwrol gael ei gweithredu, sylweddolodd y Llywodraeth a'r Fyddin yn fuan fod angen cynnig ateb amgen i'r gwrthwynebwyr cydwybodol na charchar milwrol. Yn wyneb y llif o wrthwynebwyr cydwybodol oedd wedi eu carcharu erbyn canol haf 1916, ymateb y Llywodraeth oedd i beidio â rhoi modfedd i'r gwrthwynebwyr ar sail absoliwt, ond i roi cyfle i wrthwynebwyr weithio mewn gwersylloedd arbennig dan ofal y Swyddfa Gartref. Ym mis Mehefin 1916 felly, fe drosglwyddwyd y gwrthwynebwyr cydwybodol i garcharau sifil gan roi'r dewis iddynt ymuno â chynllun dan awdurdod y Swyddfa Gartref, byddid yn cynnig gwaith i'r sawl a dderbyniai. Ceisiodd y Fyddin olchi ei dwylo yn lân o'r gwrthwynebwyr felly, a throsglwyddwyd y broblem i'r awdurdodau sifil, ac i bwyllgor o'r Swyddfa Gartref dan gadeiryddiaeth un o'i gweinidogion, William Brace, un o gyn-asiantau Ffederasiwn y Glowyr yn ne Cymru ac Aelod Seneddol Rhyddfrydol/Llafur De Morgannwg. Adolygwyd pob achos yn unigol gan Dribiwnlys Canolog, a arferai gyfarfod yng ngharchar Wormwood Scrubs, ac a roddai ganiatâd i ddynion ymuno â Chynllun y Swyddfa Gartref os gallent berswadio'r Tribiwnlys eu bod yn ddiffuant yn eu gwrthwynebiad.

Erbyn Mehefin 1916, roedd cannoedd o wrthwynebwyr cydwybodol yn gwrthod gorchmynion milwrol ac mewn carchardai milwrol a sifil. O 27 Gorffennaf 1916 ymlaen, cyfarfu'r Tribiwnlys yng ngharchar Wormwood Scrubs o leiaf ddwy waith yr wythnos am weddill y rhyfel, a chyfwelwyd â phob gwrthwynebydd cydwybodol a oedd wedi'i garcharu neu yn y ddalfa dan awdurdod milwrol. Derbyniwyd dilysrwydd 90% o'r achosion a'u hargymell ar gyfer caniatáu iddynt ymuno â'r Cynllun, yn y gred bod y dynion hyn yn gwbl ddi-werth i'r Fyddin a'u bod yn llyffethair mewn cyfnod pan oedd pwysau aruthrol ar swyddogion i hyfforddi milwyr newydd.[34]

Fodd bynnag, gwrthodid pob cais gan wrthwynebydd cydwybodol a oedd yn seiliedig ar wrthwynebiad ar sail wleidyddol neu sosialaidd, gan ddangos mwy o gydymdeimlad at y sawl a wrthwynebai'r rhyfel ar sail foesol.[35] Cyfwelwyd â chyfanswm o 5,944 o unigolion, ac fe'u dosbarthwyd i bum categori, a Chategori A a B oedd y 90% o'r dynion y derbyniwyd eu bod â gwrthwynebiad cydwybodol priodol (ar sail grefyddol neu foesol) i ryfel, a chaniatawyd i'r rhain i ymuno â Chynllun y Swyddfa Gartref. Dychwelwyd y dynion yng Nghategorïau C a D i garchar, gan eu bod yn gwrthwynebu rhyfel yn gyffredinol, ond eu bod yn barod i ymladd mewn rhyfel os cytunent â'r nod. Absoliwtiaid oedd y dynion yng Nghategori E, a wrthododd ymddangos gerbron y Tribiwnlys neu a wrthododd yr amodau a osodwyd gan y Tribiwnlys.[36] Derbyniodd oddeutu 258 o wrthwynebwyr cydwybodol o Gymru Gynllun y Swyddfa Gartref, sef 30% o'r cyfanswm o wrthwynebwyr o Gymru, a oedd ychydig yn uwch ar gyfartaledd na'r 25% trwy Brydain.[37]

Wedi i'r Tribiwnlys benderfynu ar ffawd y gwrthwynebydd, fe'i trosglwyddid gan y Fyddin i ganolfannau gwaith wedi'u gwasgaru trwy'r wlad. Yr eithriadau oedd yr absoliwtiaid a barhaodd i beidio ufuddhau,[38] ac ymddangosent gerbron llysoedd milwrol, gan dderbyn dedfrydau yn cychwyn gyda chyfnodau byr o gaethiwo i'r barics, i lafur caled am ddwy flynedd, er y byddai Cyngor y Fyddin fel arfer yn lleihau'r ddedfryd i 112 diwrnod.[39]

Achosodd y cynllun newydd wewyr ymhlith y gwrthwynebwyr cydwybodol. Polisi yr NCF oedd annog gwrthwynebwyr i ymwrthod â'r Cynllun, ac fe'i beirniadwyd yn hallt gan gadeirydd yr NCF, Bertrand Russell:

> it was launched with the usual flavour of good intention, and was sincerely intended as a relief, but it was baffled by lack of comprehension of the minds of the men dealt with and by the dull penal instruments employed, incited always by the baying of newspapers, and relying on an abnormal inflammation of public opinion.[40]

Un a anghytunodd yn llwyr gyda Russell oedd Morgan Jones, cynrychiolydd Cymru ar bwyllgor cenedlaethol yr NCF. Ym mis Mawrth 1917, cyhuddodd yr absoliwtiaid o fod yn afresymegol, ac amddiffynnodd y Cynllun:

> This scheme does not constitute the kind of alternative service which appeals to me. But then, what is one to do when he has to choose between two kinds of alternative service? The one is performed in prison and might, and does help to make material directly for the war under conditions of perpetual silence and repression, and where no useful service is done for the community. The other is performed outside prison with complete immunity from military service, outside army control, and under conditions of greater freedom. It should be evidence of 'human frailty' that I should have chosen the latter, particularly as I found the principle of 'Absolutism' logically untenable.[41]

Er gwaethaf barn yr NCF, derbyniwyd y cynllun gan y rhan

fwyaf o'r gwrthwynebwyr ac roedd hyn yn ergyd farwol i ymgais yr NCF i ddinistrio'r Ddeddf Gwasanaeth Milwrol trwy bolisi digyfaddawd o wrthod cydweithredu. Effaith Cynllun y Swyddfa Gartref, felly, oedd gwahanu'r sawl a dderbyniai'r Cynllun, oddi wrth y sawl na ddymunai gyfaddawdu. Penderfynodd Pwyllgor Brace sicrhau bod dynion yn gweithio gyda'i gilydd mewn grwpiau mawr, ond na ddylai telerau'r gwaith fod yn well na'r hyn a ddarperid i'r sawl a oedd yn 'anymladdwyr',[42] a disgwylid iddynt aberthu trwy gael eu lleoli bellter o fwy na hanner can millitir o'u cartrefi.[43]

Syrthiodd y nifer o ddynion a ddaeth gerbron y Tribiwnlys Canolog o 2,288 ym 1916 i 1,165 ym 1918, a daeth poblogaeth wahanol o wrthwynebwyr, sef y rhai o'r diwydiannau trymion fel y diwydiant glo a oedd wedi llwyddo i atal gorfodaeth filwrol rhag cael ei chyflwyno tan ddiwedd 1917. Erbyn hynny, daeth yn eglur hefyd fod hi'n haws i'r gwrthwynebwyr apelio'n syth at y Tribiwnlys Canolog, yn hytrach na mynd trwy'r tribiwnlysoedd lleol. Roedd dros 20% o'r dynion a ymddangosodd gerbron y Tribiwnlys Canolog ym 1918 heb ymddangos gerbron tribiwnlys lleol, yn aml am eu bod wedi'u hamddiffyn gan lysoedd recriwtio yn y diwydiant glo, Pwyllgorau Amaethyddiaeth y Rhyfel, a Llysoedd Recriwtio Ffatrïoedd Arfau.

Nododd y Tribiwnlys Canolog yn ei adroddiad olaf ym Mai 1918, mai gwrthwynebwyr o dde Cymru a swydd Lanark yn yr Alban, lle dywedid bod y mudiad gwrth-ryfel ar ei gryfaf, a dueddai i beidio â thrafferthu mynd gerbron tribiwnlys lleol.[44]

Cychwynnwyd Cynllun y Swyddfa Gartref yng nghanol Awst 1916, ac aeth y mwyafrif o ddynion i weithio mewn canolfannau gwaith lle y'u defnyddid i adeiladu heolydd, gweithio mewn chwareli, torri cerrig, torri coed a ffermio.[45] Yn ychwanegol at hyn, cytunodd y bwrdd Treth Incwm i gyflogi nifer ar gyfer gwaith clerigol, a chytunodd cyngor gwledig Llanelli i gefnogi gwersyll gwaith ar gyfer atgyweirio a chadw a chynnal gwaith dŵr yn Llan-non, ger y Tymbl.[46] Agorwyd y gwersylloedd cyntaf yn Haverhill, Suffolk, Newhaven, Sussex, Dyce, ger Aberdeen yn yr Alban, a Llan-non a Llanddeusant, ger Llangadog yn sir Gaerfyrddin. Ar ddiwedd 1916, trowyd carchardai Wakefield, Warwick, Dartmoor a Knutsford yn wersylloedd gwaith gan y Swyddfa Gartref.[47]

Agorwyd gwersyll Dyce ym mis Awst 1916, eto fe'i caewyd ym mis Hydref, gwta ddeg wythnos yn ddiweddarach.[48] Roedd y gwaith o dorri cerrig yn y chwarel wenithfaen yn anodd a llwyddodd y dynion i leihau'u horiau gwaith. Fe'u gorfodwyd i fyw mewn hen bebyll oedd yn eiddo i'r Fyddin ac yn perthyn i oes Rhyfel y Boer. Ni fedrent gadw'r glaw draw ac arweiniodd amodau byw gwael y gwersyll at gwynion yn y Senedd, ac ym mis Medi, trawyd un ohonynt, Walter Roberts, a ddaethai'n wreiddiol o Benarlâg yn sir y Fflint, yn sâl a bu farw o fewn deuddydd. Gwrthryfelodd y dynion, collwyd rheolaeth gan yr awdurdodau,[49] ac o ganlyniad, caewyd Dyce ar ddiwedd Hydref 1916, gan orchymyn y gwrthwynebwyr i symud i ganolfannau gwaith yng ngharchardai Wakefield a Warwick.

Erbyn Ebrill 1917, roedd 28 o wersylloedd dan Gynllun y Swyddfa Gartref, a thros ddwy fil o wrthwynebwyr wrthi'n gweithio dan y Cynllun; dosbarthwyd y nifer mwyaf, 579 yn Wakefield a 582 yn Dartmoor (a adwaenid hefyd yn Princetown). Trawsnewidwyd Wakefield, er enghraifft fe dynnwyd y cloeon oddi ar y drysau, a gweithredodd y gwarcheidwaid yn debycach i arolygwyr, a chaniateid i'r gwaith o wnïo bagiau post ddod i ben erbyn pump. Yn yr hwyr, gallai'r chwe chant a oedd yno adael yr adeilad tan hanner awr wedi naw y nos, a pharhaodd y

Dartmoor – carchar anghysbell a drowyd yn un o wersylloedd gwaith dan Gynllun y Swyddfa Gartref. Fe'i ailenwyd yn Princetown, ac o 1917 ymlaen, cadwyd dros 1,200 o wrthwynebwyr cydwybodol tan ddiwedd y rhyfel.

Cynhwysai cangen y Blaid Lafur Annibynnol yn Dartmoor dros 400 o aelodau, gan gynnwys oddeutu cant o Gymru.

sefyllfa hon tan y Sulgwyn 1918, pan ymosodwyd ar nifer o wrthwynebwyr gan dorf leol, a bu raid cau'r ganolfan.[50] Disgrifiwyd awyrgylch Wakefield gan W. I. Thomas, gwrthwynebydd o Gorseinon, fel un nes at brifysgol na charchar:

> Here we find hundreds of COs talking and arguing as COs always did. Just inside the reception hall we find stalls where the revolutionary Communist would be selling his literature, likewise the Anarchist, ILP and another stall with its religious tracts. Each section zealously pushing what it had to sell. I could hardly believe my eyes. Was it all a dream? I soon found that the whole prison was run by the COs with only one or two warders acting as instructors. To crown everything I found that it was a sympathetic Quaker who, having offered his services, was the Governor who acted as the Home Office Agent.[51]

Agorwyd canolfan waith newydd yng Ngharchar Dartmoor ym mis Mawrth 1917 a'i hailenwi yn Ganolfan Waith Princetown.[52] Yma, rhwng Ebrill 1917 a diwedd y rhyfel, cadwyd hyd at 1,200 o ddynion, a'u gwaith oedd torri cerrig yn y chwarel, adennill tir ar gyfer Dugiaeth Cernyw, garddio, gwaith saer, gwaith gof a'r gwaith a gysylltid â charchar arferol.[53] Am fod cynifer o wrthwynebwyr wedi eu cadw mewn un ganolfan, adlewyrchid yr amrywiaeth o safbwyntiau crefyddol a gwleidyddol yn eu plith.

Yn ystod gwasanaethau crefyddol, cenid yr anthem Gomiwnyddol, y 'Faner Goch', byddid yn cerdded allan o'r eglwys pan genid 'God Save the King' ar yr organ, a rhennid taflenni anghyfreithlon yn gwrthwynebu'r rhyfel.[54] Roedd anniddigrwydd cyson yn y gwersyll, a phan bu farw Harry Firth o glefyd y siwgr, yn Chwefror 1918, cyhuddwyd meddyg y gwersyll o ddiofalwch a galwyd am ymchwiliad cyhoeddus i amgylchiadau'r farwolaeth.[55] Roedd gwrthwynebwyr Cymreig ar flaen y brotest, a chwynodd Percy Ogwen Jones yn gyhoeddus bod Firth, er gwaethaf ei salwch, wedi'i orfodi i gyflawni gwaith trwm ac i dorri cerrig yn y chwarel. Penderfynodd cyfarfod o'r dynion streicio mewn protest yn erbyn triniaeth Firth ac eraill[56] a restiwyd arweinwyr y brotest, sef cadeirydd

Cynhyrchwyd nifer o gardiau post i nodi profiad gwrthwynebwyr cydwybodol mewn carchardai, gan gynnwys Wormwood Scrubs.

pwyllgor y dynion yn Princetown, Dan Griffiths, Sosialydd adnabyddus o Lanelli, ac Ieuan P. Hughes, yr ysgrifennydd, cyn-ysgrifennydd yr NCF yng Nghymru. Fe'u hebryngwyd i Exeter i ymddangos gerbron llys milwrol ac fe'u hanfonwyd yn ôl i garchar.[57]

Disgrifiodd George M. Ll. Davies gymysgedd ac amrywiaeth y gwrthwynebwyr cydwybodol yng ngharchar Dartmoor:

Y mae yma yn y carchar tua 600 ohonom wedi ein barnu yn wrthwynebwyr cydwybodol i'r rhyfel. Er Corinth ni bu erioed gymaint o gymysgedd credoau ac opiniynau – Eglwyswyr, Pabyddion, Presbyteriaid, Methodistiaid, Christadelffiaid, 'Plymouth Brethren', Marxian Socialist, Anarchists, Gwyddelod, Saeson,

Scotiaid, Cymry, Iddewon, Rwsiaid, arlunwyr – yn byw, bwyta ac yn bod tu fewn i furiau uchel tŷ'r caethiwed. Ar ddrws un gell gwelir y Rhybudd, 'Gwaed. Pa fodd y dihangoch.'

Yng nghell y Pabydd y mae croes a chanhwyllau, mewn ystafell o'r neilldu y mae'r Crynwyr yn cyfarfod mewn distawrwydd a brawdoliaeth addoliad sydd yn agored i bawb. Mewn man arall y mae'r Plymouth Brothers yn canu'n uchel am gariad Crist, ond yn gwrthod caniatâd i Gristion o enwad arall uno a'r gwasanaeth.

Wrth ddyfod o unigedd carchar y convicts teimla dyn fraw a syndod bron wrth gael ei daflu yn ddisymwth i'r fath fôr o ryddid a gwahaniaethau mewn meddwl, cred, ac opiniwn. Nid oes un dim yn gysegredig na heb fod yn agored i'w herio. Os oes un agwedd feddyliol yn fwy amlwg na'i gilydd – yr agwedd i wrthsefyll ydyw – gwrth-filitariaeth, gwrth-awdurdod – boed feddyliol neu gymdeithasol. Dyma effaith y carchar – creu ysbryd ystyfnig, a dyfnhau gwrthwynebiad. Felly y mae rhai o'r llongau na fedrant forio mewn môr mor dymhestlog yn ffoi am ddiogelwch i stafelloedd o'r neilltu lle y gallent gynnal eu cyfarfodydd cyfyngedig eu huniain, a diolch i Dduw nad ydynt fel pobl eraill. Y mae'r un duedd i'w weled yn y Sosialwyr Atheistaidd, sydd yn dirmygu crefyddwyr y Tân uffern, ond yn condemnio a digio yn waeth wrth y Sosialwyr sy'n ehangach yn eu teyrngarwch – na'r cariad at y dosbarth gweithiol yn unig. Yn wir, y mae tebygolrwydd neillduol yn y sant unawdol i'r sosialwyr unawdol – nid yw'r naill na'r llall yn cyfrannu llawer at y cydgordiad cyffredin. Ond ymhen amser, daw'r profiad fod dynion yn aml yn well na'u credo ac weithiau yn waeth.[58]

Disgrifiodd George M. Ll. Davies y rhaniadau dwfn rhwng yr athroniaethau gwleidyddol amrywiol yn Princetown:

Y mae'r Sosialwyr wedi rhannu'n gyffelyb: un ysgol a blediant y Rhyfel Dosbarth – Gweithiwr yn erbyn Meistr – yn gwawdio a chondemnio Sosialwyr yr ILP y rhai a gredent nad yw ennill y feistrolaeth ar gyfalaf yn Alpha ac Omega pob ymgais lafurawl. Y mae yr Anneddfwr (Anarchist) yn ysgwyd ei ben arnynt ill dau ac yn gofyn paham y talent y fath wrogaeth i lywodraeth a cheisio ennill a defnyddio ei awdurdod, yn lle argyhoeddi'r werin mai mewn Llywodraethau – a'r gallu a roddir iddynt ormesu gwerin gan y werin – y mae'r drwg gwreiddiol yn dechreu.[59]

George M. Ll. Davies yn ei gell yng ngharchar. Cafodd ei garcharu bedair gwaith, a threulio amser yng ngharchardai Wormwood Scrubs, Winson Green, Dartmoor a Knutsford, lle credir i'r llun hwn gael ei dynnu.

Herio'r awdurdodau oedd meddylfryd preswylwyr Princetown, a gwelai George M. Ll. Davies ddiffyg goddefgarwch enbyd ymhlith Sosialwyr anffyddiol a ffwndamentalwyr fel ei gilydd.[60] Roedd aelodau Pwyllgor Brace yn arbennig o ddirmygus o gredoau a nodweddion corfforol y dynion a ddaeth ger eu bron:

Many of the men were feeble in physique, weak of will or unstable of character. Nearly all were cranks, incapable of sustained collective effort, and cohering only to air their grievances or to promote queer and unusual ends.[61]

Erbyn diwedd 1916, roedd y Pwyllgor wedi dychwelyd 92 o'r troseddwyr mwyaf anufudd i'r carchar.[62] Roedd profiad Percy Ogwen Jones fel gwrthwynebydd cydwybodol yn nodweddiadol o brofiadau y mwyafrif o'r sawl a dderbyniodd Gynllun y Swyddfa Gartref. Un o bedwar gwrthwynebydd cydwybodol o sir Fôn[63] oedd Percy Ogwen Jones, a phan dorrodd y rhyfel, ei fwriad oedd i wrthod ymuno â'r Fyddin. Felly fe ymunodd â'r No-Conscription Fellowship lle y daeth i gysylltiad â David Thomas, Tal-y-sarn a sosialwyr eraill. Ym mis Mawrth, 1916, fe'i gwysiwyd i ymddangos gerbron tribiwnlys yn Llannerch-y-medd lle y'i gwrthodwyd yn wrthwynebydd, a'r un stori fu hi yn y

Coleg Clynnog (1916), lle bu Percy Ogwen Jones yn fyfyriwr (olaf ar y dde yn y rhes ôl)

Llys Apêl yn Llangefni. Fe'i gorchmynnwyd i ymuno â'r Gwasanaeth Anymladdol (NCC), a phan wrthododd fynd, fe'i restiwyd bythefnos yn ddiweddarach, ei gadw yn Amlwch am ychydig ddyddiau cyn cael ei ddirwyo ddwy bunt gan yr ynadon lleol, ei drosglwyddo i ddwylo'r Fyddin, a'i hebrwng i Wrecsam. Gwisgodd lifrai milwr dan orfod, a symudodd i wersyll milwrol Parc Kinmel, Abergele, lle'r ymunodd â chriw tebyg o wrthwynebwyr yn y gwersyll. Yno, ymwelodd y Brigadydd Owen Thomas â'r gwrthwynebwyr a gorchymyn eu bod yn cael eu bwydo cystal â'r milwyr, ac mae'n sicr bod y ddau ohonynt wedi bod yn hen gyfarwydd â'i gilydd trwy eu cefnogaeth i undeb y gweision fferm, Undeb Gweithwyr Môn.[64]

Ystyriodd p'run ai i fod yn absoliwtydd, a dilyn cyngor Bertrand Russell y dylai ymatal yn llwyr rhag cydweithredu â'r awdurdodau:

> rydym ni, sy'n credu fod ymladd yn beth drwg, yn rhwym o ymatal nid yn unig rhag ymladd ein hunain ond hefyd rhag helpu eraill i ymladd.

Penderfynodd wrthod gweithio yn yr NCC, a chafodd ei fygwth gan swyddog a honnodd y gellid ei saethu pe bai angen, ac yn y pen draw, fe'i cyhuddwyd o wrthod ufuddhau i orchmynion milwrol, ac fe'i dedfrydwyd i ddwy flynedd o garchar. Aed ag ef i Wormwood Scrubs lle bu am 112 diwrnod yn dioddef cyfnod o 'solitary confinement' mewn cell ddeuddeg troedfedd o hyd a chwech a hanner ar draws, yn gwnïo bagiau dal llythyrau:

> Am y pythefnos cyntaf tri phlanc oedd y gwely: ar ôl hynny fe gaem Fatras. Roedd y bwyd yn wael sobor, – peint o uwd a halen a thafell o fara i frecwast a swper

heb unrhyw amrywiaeth o gwbl ac yna i ginio naill ai mymryn o gig wedi'i falu, giau y rhan fwyaf ohono ... Ar ol mis daeth pethau'n well o dipyn. Awn allan o'r gell i weithio *in association* sef ... pob un a'i stol, rhyw bedair llath rhwng bob stol, yn gwnio bagiau, a than orchymyn i beidio a siarad.[65]

Yna fe'i galwyd gerbron y Tribiwnlys Canolog yn ystod haf 1916 i'w asesu ac ym mis Awst, derbyniodd wasanaeth yng Nghynllun y Swyddfa Gartref. Fe'i trosglwyddwyd i ganolfan waith Kedington yn Suffolk, lle bu'n gweithio mewn chwarel, ac yno, er iddyn nhw gael eu cyfyngu i gylch o ddwy filltir o'u cartref mewn hen wyrcws, caent siarad a chymdeithasu'n rhydd. Ar ddiwedd 1916 fe'i symudwyd i ganolfan waith yng ngharchar Warwick, lle roedd cangen o'r NCF, a bu'n ysgrifennydd y gangen, yn gohebu â phencadlys yr NCF yn Llundain ac yn gofalu am ddosbarthu llenyddiaeth cyn cael ei ddanfon i garchar Dartmoor ym mis Mawrth 1917. Yno, bu am ddau fis ar bymtheg, yn pigo ocwm, sef pigo rhaffau yn ddarnau mân, ar gyfer gwneud gwelyau. Er mor anghynnes yr olwg, dywedai nad oedd cynddrwg â'r disgwyl, a disgrifiodd y gwahaniaethau crefyddol a gwleidyddol yn eu plith:

Llun o Percy Ogwen Jones, a dynnwyd yng ngharchar Dartmoor gan ei gyd-garcharor, Walter Cartwright, ffotograffydd proffesiynol o Ystradgynlais.

Percy Ogwen Jones (trydydd o'r chwith yn y cefn) ymhlith carcharorion yn Dartmoor, lle gweithient yn torri cerrig, amaethu a thynnu ocwm.

Aelodau o'r IBSA, yr International Bible Students Association – yr International Bloody Swindlers Association fel y galwai rhai ohonom o ran hwyl. Eglwys Loegr oedd yr unig enwad oedd yn brin. Yn wleidyddol, roeddem yn dipyn o bopeth, ag eithrio Toriaid. Roedd yno Farcsiaid, er na elwid mohonynt ar enw Marx yr adeg honno. Aelodau o'r British Socialist Party. Yn naturiol roedd y blaid Lafur yn gryf, yn enwedig yr hen ILP, ac ymhlith y rhain roedd amryw o'r De. Ar un adeg roedd Morgan Jones ar yr un landing â mi. Bu ef wedyn yn aelod seneddol dros Gaerffili. Roedd yna ogwydd sosialaidd pendant iawn yn ein plith a'r rhan fwyaf ohonom yn tueddu at ryw fath o sosialaeth Gristnogol.

Fe'i dadrithiwyd gan y Cynllun, ac anfonodd lythyr at *Y Faner* yn lladd ar Gynllun y Swyddfa Gartref i gael y carcharorion i wneud gwaith defnyddiol yn hytrach na'u cosbi yn y ffordd draddodiadol:

Mae blwyddyn o weithrediad y cynllun wedi profi nad ydyw yn ddim amgenach na phenyd i'r gwrthwynebwyr a gwastraff hollol ar eu hamser ac ar adnoddau y wlad.[66]

Argymhellai newidiadau a gwelliannau i natur y gwaith:

Mae y rhan fwyaf o lawer o'r gwaith dan y cynllun wedi bod yn wastraff hollol, yn benydiol o ran ansawdd, ac yn gyfryw ag sydd wedi ei ddyfeisio er mwyn cosp yn hytrach nag er defnyddioldeb. Er enghraifft, yr un ydyw'r gwaith wneir gan y gwrthwynebwyr cydwybodol yn Dartmoor ag a wneid gan y penyd-garcharorion – penyd-wasanaeth ydyw, ac nid gwaith cynnyrchiol.[67]

Roedd yn un o'r dynion mwyaf trafferthus i'r awdurdodau yn y carchar, fel ysgrifennydd cangen Princetown o'r NCF. Cafodd ei gosbi yn y carchar yno ond cafodd ei ryddhau yn Awst 1918 a dychwelodd i Laneilian yn sir Fôn i weithio i gymydog, ond diflannodd ym mis Tachwedd, yn rhannol er mwyn gweithio yn Etholiad 1918 o blaid y Brigadydd-Gadfridog Owen Thomas a oedd yn ymgeisydd ar ran y blaid Lafur. Ond fe'i bradychwyd a'i ddychwelyd i garchar, y tro hwn yn Birmingham. Tu ôl i'r llenni bu Owen Thomas yn pwyso ar ei ran, ac wedi iddo gael ei ryddhau ym mis Ebrill 1919, fe'i penodwyd yn ysgrifennydd Undeb Gweithwyr Môn o fewn y mis.

Cafodd David James Jones (Gwenallt) siwrnai debyg trwy gyfundrefn Cynllun y Swyddfa Gartref. Ymddangosodd gerbron tribiwnlys Pontardawe a'r cylch am y tro cyntaf ar 28 Awst 1917, a phan wrthodwyd rhoi esgusodiad iddo, fe'i cymerwyd i garchar Abertawe, lle treuliodd noson ac oddi yno ymddangosodd gerbron llys milwrol, ac fe'i hanfonwyd i Wormwood Scrubs. Oddi yno fe'i anfonwyd gan y Tribiwnlys Canolog i wersyll gwaith ym mhentref Fordham, ger Ely yn swydd Caergrawnt, er mwyn torri coed. Ymddangosodd gerbron tribiwnlys eto ym mis Mawrth 1918, ac yno gwrthodwyd ei gais i gael ei eithrio, er i nifer o aelodau fynegi dymuniad i'w anfon at y Corfflu Anymladdol, cam y byddai Gwenallt wedi bod yn sicr o'i wrthod. Fe'i restiwyd ym Mhontardawe ar 3 Gorffennaf 1918 fel 'absentee' dan y Ddeddf Gorfodaeth Filwrol, ac ymddangosodd gerbron llys milwrol ar 17 Gorffennaf 1918 lle dedfrydwyd ef i gyfnod o ddwy flynedd o garchar, a gafodd ei ostwng i gyfnod o chwe mis. Wedi treulio cyfnod yn Wormwood Scrubs, derbyniodd y cynnig i gyflawni 'gwaith o bwys cenedlaethol' ac fe'i trosglwyddwyd i garchar Princetown, lle yr arhosodd tan ei ryddhau ym mis Ebrill 1919.[68] Am gyfnod rhwng Mawrth a Gorffennaf 1918, mae'n ymddangos ei fod wedi ffoi i ardal Esgair-ceir yn sir Gaerfyrddin, bro enedigol ei rieni, cyn cael ei restio eto a'i anfon i garchar Dartmoor rhwng 3 Gorffennaf 1918 a 19 Ebrill 1919.

Yng Nghymru, defnyddiwyd sawl carchar ar gyfer cadw gwrthwynebwyr cydwybodol. Roedd carchar Caerdydd yn cael ei ddefnyddio yn fan cadw am ychydig ddyddiau cyn i garcharorion gael eu symud i ganolfan waith neu garchar arall. Cedwid hyd at 30 o wrthwynebwyr cydwybodol yng ngharchar Caerfyrddin, ac oddeutu dwsin yng ngharchar Caernarfon. Crewyd canolfannau gwaith penodol ar gyfer Cynllun y Swyddfa Gartref yng Nghymru, a'r rhai mwyaf oedd Llanddeusant ger Llangadog, gyda 150-200 o ddynion; Llan-non ger Llanelli, lle gweithiai 30, Penderyn, lle cyflogid oddeutu 23 yn adeiladu argau, a Thalgarth lle rhoddwyd gwaith i ryw 30 i weithio ar adeiladu sanatoriwm.[69]

Gwersylloedd Gwaith Llan-non a Llanddeusant

Yn Hydref 1916, crewyd y gwersyll gwaith cyntaf ar ran Cynllun y Swyddfa Gartref yng Nghymru gan Gyngor Gwledig Llanelli, a fanteisiodd ar y gweithwyr newydd i adeiladu cronfa ddŵr ger Llan-non, am eu bod wedi methu darganfod llafurwyr i weithio ar y safle. Daethpwyd â'r gwrthwynebwyr cydwybodol yno o garcharau amrywiol i weithio ar y safle ar 'ben mynydd llwm',[70] ac ystyriai'r papur lleol ei fod yn ddefnydd cymwys iawn ohonynt:

> there is no reason why they should not serve their country in some other way, and this way seems to me to be excellent, as they are helping to supply the great want of good water which prevails in Carmarthenshire and thereby making the people much healthier than they were before.[71]

Y bwriad oedd i gysylltu'r gronfa yn Llan-non â chronfa ddŵr arall a oedd yn cael ei hadeiladu yn Llanddeusant ger

Y gwaith adeiladu ar gronfa ddŵr Llanddeusant, yng nghanol y Mynydd Du. Llun trwy garedigrwydd Mary Walmsley.

Llyn-y-Fan, rhyw wyth milltir o Langadog yn nwyrain sir Gaerfyrddin. Yno sefydlwyd gwersyll gwaith arall dan ofal y Swyddfa Gartref, a throsglwyddwyd rhwng 150 a 200 o wrthwynebwyr o ganolfannau amrywiol yn Lloegr, ac fe'u rhoddwyd i aros mewn cytiau a rhoddwyd 30 arall i aros ar ffermdai lleol.

Ni châi'r gwrthwynebwyr cydwybodol deithio ymhellach na thair milltir i'r safle, a gwaherddid cyfarfodydd gwleidyddol, ac ni chaniateid ymwelwyr. Adroddid fod y gwrthwynebwyr yn cynnwys dynion proffesiynol amrywiol, gan gynnwys sawl un graddedig, athrawon ysgol, gweision sifil a chlercod. Roedd rhyw hanner ohonynyt yn grefftwyr a gweithiwyr llaw, y mwyafrif yn perthyn i sectau crefyddol megis Tystion Jehofa, y Crynwyr neu'n sosialwyr, ac roedd yna un gwrthwynebydd a oedd yn bianydd da ac yn hoff o gynnig adloniant i'r criw. Adroddai newyddiadurwr o'r papur

Gwersyll Gwaith y Swyddfa Gartref yn Llanddeusant,
ger Llyn y Fan yn sir Gaerfyrddin. Yn y man anial hwn cadwyd
hyd at 200 o wrthwynebwyr cydwybodol er mwyn adeiladu
argau ar gyfer Cyngor Gwledig Llanelli.
Llun trwy garedigrwydd Mary Walmsley.

Rhyddfrydol y *South Wales Daily News* yn frwdfrydig, ond yn gamarweiniol, am y gwersyll yn Llanddeusant:

The scheme seems to have been an unqualified success, for the men under expert supervision, have brought about a complete transformation of the sense of desolation and disaster, which met their eyes on their first arrival.[72]

Adroddodd fod y mwyafrif yno o Swydd Gaerhirfryn a chanolbarth Lloegr:

presumably the policy is to send men right away from the districts with which they were familiar. There seemed to be almost as many professions and trades represented as men in the camp. I found many religious denominations represented in the camp. ... A considerable section of the men are Socialists, and their objection to war is moral and economic rather than religious.[73]

Ond cyferbynnai'r disgrifiad delfrydol hwn gyda chwynion lu o 'slacking' a 'malingering' yn erbyn y gwrthwynebwyr yng ngwersylloedd Llan-non a Llanddeusant. Ym mis Mawrth 1917, ymwelodd dau gynrychiolydd o'r NCF, W. J. Roberts ac E. E. Hunter, â'r gwersylloedd, ac adroddwyd ganddynt bod Llanddeusant yn 'fôr o fwd', a'i fod mor anghysbell fel bod ymwelwyr, fel yr aelodau o'r NCF yng Ngorseinon a ddaethai i gynnal
cyngerdd, wedi gorfod gadael eu car a cherdded y ddwy filltir olaf, ac yna sicrhau trwydded i gael aros, gan orfod cynnal y cyngerdd ddwy filltir a hanner arall i ffwrdd yn neuadd eglwys Llanddeusant.[74]

Caniateid y nifer bach o Dystion Jehofa yno i gerdded er

mwyn mynychu gwasanaethau dros ugain milltir i ffwrdd yng Nghlydach, a hynny heb drafnidiaeth.[75] Datgelodd archwiliad Roberts a Hunter bod dogn bwyd pob unigolyn wedi'u haneru, a bod rheoliadau newydd ynglŷn â theithio wedi'i gwneud bron yn amhosibl i adael man mor anial. Yn ystod eu hymchwiliad, beirniadodd y rheolwyr y gweithwyr am fod yn ddiog ac am gynhyrfu'r dyfroedd yn y gwersyll. Yn eu tro, beirniadodd y dynion y rheolwyr am dalu cyn lleied o arian am weithio goramser er mwyn gwneud yn iawn am yr amser a gollid oherwydd tywydd garw. Ar y cyfan, roedd arolygydd y gwaith yn canmol y dynion:

> of course, the work was strange to the boys at first, and one could hardly expect any more from them and there was a tremendous difference between the Pen and the Pick. But now he could make no complaint.[76]

Ond roedd y berthynas gyda'r gwrthwynebwyr yn llawer mwy cynhennus nag a awgrymai yn ei gyfweliad gyda chynrychiolwyr yr NCF. Ar sawl achlysur, gwrthododd y dynion weithio mewn protest oherwydd amgylchiadau gwaith. Cofnodwyd bod chwech o ddynion wedi gwrthod gweithio am wythnos gyfan, ac fe'u dirwywyd cyn cael eu dychwelyd i ofal y Fyddin a charchar. Gwrthododd 52 o ddynion eraill weithio mewn protest ynglŷn â thriniaeth y chwech ac fe'u dirwywyd hefyd.[77] Disgrifiodd Lily Tobias amgylchiadau gwersyll Llanddeusant fel un o'r gwaethaf o'r gwersylloedd, ac yno hefyd roedd un o'i chyfeillion, Tom Bassett, a'i brawd Solomon, a allai ei bwydo gyda gwybodaeth uniongyrchol:

> I knew long ago that the food ... is scandalously inadequate for men expected to do very hard work, often in severe conditions.

Aeth ymlaen i honni llygredd yn y gwersyll:

> I understand the cook (a woman) and the sub. Agent did
> 'very well' out of the business, which speaks for itself.[78]

Yng ngwersyll gwaith Llan-non, fodd bynnag, roedd amgylchiadau byw dipyn haws. Rhoddwyd croeso cynnes iddyn nhw gan bentrefwyr cyfagos y Tymbl:

> I was extremely gratified to learn that the boys are
> highly respected by the whole of the villagers.
> Invitations to tea, etc., are freely given, and freely
> accepted. Industrially it is a mining village, and the
> miners who support by weekly contributions, the local
> Institute and library, decided on a referendum, with
> only four dissentients, that both institute and library be
> placed at the disposal of the C.O.'s.[79]

Y Tymbl oedd y pentref agosaf, a byddai'r gwrthwynebwyr yn derbyn gwahoddiadau i de, ac wedi derbyn caniatâd y gyfrinfa leol o Ffederasiwn y Glowyr i ddefnyddio'r llyfrgell a'r 'Institute' yn lleol.[80] Cofiai un o'r gwrthwynebwyr E. P. Jones, Pontypridd, gynhesrwydd y croeso:

> oedd y Tumble yma yn neilltuol, yn neilltuol fel 'na. Oech
> chi'n cael mynd i de efo nhw ar ddydd Sul a phopeth, i
> bobman, pob enwad ac yn garedig, efo popeth, menthyg
> o'r library a chwbwl, oedd 'ma library yma y pryd hynny.
> Wel fedre chi ddim cael mwy o garedigrwydd.[81]

Roedd y berthynas â rheolwr y gwersyll yn anodd, fodd bynnag, ac ymholodd Roberts i gyhuddiadau o 'slacking' yn erbyn dau wrthwynebydd, Charles H. Pett a Selwyn Jones o Aberafan, a gyhuddwyd o 'haerllugrwydd' yn ogystal. Ni chawsant gyfle i amddiffyn eu hunain ac fe'u restiwyd a'u cymryd i garchar Caerdydd. Canfu Roberts fod y cyhuddiad o haerllugrwydd yn gwbl ddi-sail, er bod rhywfaint o gyfiawnhad am y cyhuddiad o 'slacking'. Esboniwyd yr amgylchiadau yn fanylach mewn llythyr at y Parch. E. K. Jones, a oedd hefyd yn ewythr i Selwyn Jones.[82] Fe'i cymerwyd yn sâl ym mis Tachwedd 1916 ac er iddo fod yn ei wely, fe'i cyhuddwyd yn ffurfiol gan yr asiant am haerllugrwydd a gwaith anfoddhaol. Cafodd ddau ddiwrnod i ymateb, a gwadodd y cyhuddiad, ond restiwyd y ddau ohonynt a'u cymryd i garchar Caerdydd ar y sail ei fod ef wedi gwrthod gweithio. Cafodd yr hyn a elwid yn 'rousing send-off' gan y pentrefwyr, a'r dydd Llun canlynol, aeth y dynion ar streic a gadael y safle.

Ond eu consyrn mwyaf oedd y digwyddiad pan restiwyd 19 o ddynion yn y gwersyll ym mis Mawrth 1917 a'u dychwelyd i garchar[83] yn dilyn gwrthodiad un ohonynt, Frank Davenport o Rochdale, i weithio yn ystod storm eira.[84]

b) **Penderyn**

Y trydydd gwersyll yn ne Cymru oedd Penderyn, ger Hirwaun, lle gweithiodd 61 o wrthwynebwyr cydwybodol (rhyw ddeugain yn Gymry) i adeiladu cronfa ddŵr ar gyfer cyngor lleol Aberpennar. Dywedid eu bod yn gweithio ar 'a lethargic rate',[85] ond dadrithiwyd llawer o'r dynion gan galedi gweithio gyda'r clai trwm er mwyn adeiladu'r argae, a gadawodd nifer mewn protest. Ym mis Awst 1917, protestiwyd yn erbyn y driniaeth a gawsent:

We regard the rules issued by the H(ome) O(ffice) C(ommittee) as being penal, unnecessary, and in their nature petty; designed to make the position of men working under the scheme unbearable, and we hereby call upon all members of H. O. camps to link up and unitedly repudiate them.[86]

Lledaenodd y dadrithiad hwn i aelodau mwy distadl y gymuned:

the lack of purpose and the sense of frustration it engendered encouraged some to return voluntarily to prison and drove others to sympathise with the methods of the militant Marxists and anarchists who had never had any intention of cooperating with the (Brace) Committee. Only the quietist Jehovah's Witnesses, and Plymouth Brethren stood to one side as the protests mounted.[87]

Disgrifiodd R. T. Holloway yr amgylchiadau byw yno pan gyrhaeddodd y gwersyll ar ddechrau Mai 1917, ar ôl cael ei symud o Princetown. Dywedodd fod y gwaith yn anodd, a'i fod wrthi yn gweithio ar adeiladu'r argae o 6.30 y bore tan 5.30 yr hwyr, gyda hanner awr ar gyfer brecwast a hanner awr i ginio. Disgrifiodd streic er mwyn hawlio diwrnod wyth awr o waith,[88] ond er gwaethaf y caledi, tueddai gweinyddwr y gwersyll, Sammy Heap, anwybyddu diflaniad ambell wrthwynebydd ar gefn beic i'w cartrefi.

Daeth T. W. Jones, Rhosllannerchrugog, yno o garchar Dartmoor, a Knutsford cyn hynny. Disgrifiodd Benderyn fel pentref Cymraeg a chafodd lety mewn rhes o dai, a adwaenid yn 'Conshis' Row' ar fin y ffordd rhwng Penderyn a Hirwaun. Telid Jones bedwar swllt yr wythnos, a chydweithiai gyda'r nafis ar yr adeiladu. Yno, fe ymaelododd yng nghapel lleol y Parch. E. Cefni Jones, ond pan ddaeth y rhyfel i ben, nis rhyddhawyd ef tan ddiwedd haf 1919 pan dderbyniodd ei 'discharge papers' o'r Swyddfa Ryfel gan ei fod yn dal, yn dechnegol, yn y Fyddin. Ar gyfer y gair 'Conduct', ysgrifennwyd y gair 'Bad'.[89]

c) Talgarth

Y pedwerydd gwersyll i'w agor yn ne Cymru, yng Ngorffennaf 1917, oedd Talgarth, ger Aberhonddu, lle gweithiai 60 o ddynion yn cyflenwi dŵr a phibau dŵr i sanatoriwm newydd a oedd yn cael ei godi gan Gymdeithas Goffa Cenedlaethol Cymru. Eu gwaith pennaf oedd adeiladu ffosydd a gosod pibau er mwyn cysylltu'r cyflenwad dŵr filltir a hanner i ffwrdd â'r sanatoriwm. Golygai'r gwaith caled, llafurus hwn weithio deg awr y diwrnod, ac ystyrid y bwyd i fod yn gwbl annigonol o ystyried natur y gwaith. Yn dilyn ymgyrch o lythyru a phrotestiadau, enillwyd rhai gwelliannau:

> On Saturdays they are expected to work six hours without rest or food. This is a physical impossibility, and after the agent fining the men two weeks' pay on two occasions for ceasing work at twelve o'clock (the usual dinner hour), the H. O. allowed the men 8 ozs of cake for Saturday mornings only. The agent by his actions appears to be making things as uncomfortable and unpleasant as he possibly can. The men are very unhappy and discouraged.[90]

Profodd E. P. Jones wersyll Llan-non cyn ymuno â'r gwaith yn Nhalgarth:

> ethon ni i Talgarth, i weithio ar y sanatorium, ac oedd rheiny yn garedig hefyd....fydde ni yn cael mynd adre, am weekend, bob rhyw fis, chi'n gweld. Dim ond i chi ddod nôl dydd Sul i fod ar y gwaith fore dydd Llun. Oe'n nhw'n dda iawn felly.[91]

Ond roedd eu llety yn gwbl annigonol a chysgai'r dynion mewn pebyll, hen dyddynnod ac ysguboriau dadfeiliedig.[92]

Y Corfflu Anymladdol (Non-Combatant Corps)

Yr eithriad mwyaf cyfyng i wasanaethu yn y Fyddin ar gyfer gwrthwynebwyr cydwybodol oedd yr hyn a gynigid gan y Non-Combatant Corps. Fel arfer, roedd disgwyl i wrthwynebwyr a ymunai â'r NCC weithio, naill ai ym Mhrydain neu dramor, ond yr anhawster sylfaenol oedd diffyg cytundeb ynglŷn ag ystyr y term 'non-combatant'. Byddai gwrthwynebwyr weithiau yn cael eu gofyn i gario arfau neu ffrwydron a byddai dynion amghymwys, heb fod yn gwbl iach, hefyd yn cael eu gosod o fewn y Corfflu. O'r ychydig gannoedd o wrthwynebwyr o Gymru a ymunodd â'r NCC yn dilyn y tribiwnlys, ymddangosodd ychydig llai na hanner gerbron llys milwrol cyn cael eu carcharu am anufuddhau i orchmynion.

Gwisgent ddillad khaki, nid oeddent wedi'u harfogi, a'u gwaith oedd adeiladu ffyrdd, torri coed, llwytho a dadlwytho llongau, gwaith porthor mewn ysbytai,[93] a chario stretcher.[94] Er bod rhai yn eu galw'n 'No-Courage Corps',[95] fe'u hedmygid am eu gwaith ar y Ffrynt Gorllewinol yn Ffrainc gan neb llai na'r *Times*:

> men who are rendering what service they conscientiously can to their country in her need, just like any other patriotic Britons.[96]

Yn ddigon arwyddocaol, prin y crybwyllwyd yr NCC yn hanes John W. Graham am y gwrthwynebwyr cydwybodol, er manyled gweddill y llyfr am brofiadau'r gwrthwynebwyr.[97] Mae'n bosibl fod hyn yn adlewyrchu ei farn ef, a'r NCF yn swyddogol, fod profiadau'r absoliwtiaid digyfaddawd yn fwy haeddiannol o sylw. Yn sicr fe brofodd gwasanaeth yn yr NCC yn ateb annigonol i her foesol llawer o wrthwynebwyr cydwybodol, ac ymateb yr NCF oedd i wrthod y dewis hwn:

the men for whom we speak can, under no circumstances, become part of this corps, which we observe will be under the control of the War Office, and in every sense part of the military machine.[98]

Fodd bynnag, yn adolygiad yr NCF o'r rhyfel, disgrifiwyd dewrder llawer o'r aelodau a ymunodd â'r NCC gan wrthsefyll yr 'ymdrechion mwyaf creulon i'w gorfodi i berfformio gwasanaethau a wrthwynebent.'[99] Hyfforddid dynion i ddrilio heb arfau ac i ddefnyddio twls mewn peirianneg yn y maes ac yna, fe'u hanfonid i wersylloedd yn Lloegr a Ffrainc tu ôl i'r llinell flaen, ac fe'u cyfyngid i orchwylion diflas gan gynnwys: adeiladu ffyrdd, codi cytiau a gwersylloedd milwyr, llwytho a dadlwytho llongau a wagenni rheilffyrdd a llosgi carthion.[100] Ond yn achlysurol gofynnid iddynt gario arfau neu ddefnyddiau milwrol eraill, a chanfyddodd llawer ei fod yn opsiwn anfoddhaol a gwrthodasant ufuddhau i orchmynion pellach. Yn achos y gwrthwynebwyr cydwybodol Cymreig, cafodd y ganran uchel o 45% o'r 201 a ymunodd â'r NCC yn wrthwynebydd cydwybodol fethu dygymod â'r drefn, ac fe'u cymerwyd gerbron llys milwrol ar ôl anufuddhau. Methodd y dewis hwn fodloni canran ryfeddol o uchel o'r gwrthwynebwyr.

Yr enghraifft gynharaf a mwyaf difrifol o brotest gan y gwrthwynebwyr yn yr NCC, oedd trosglwyddiad 37 o ddynion i Ffrainc, o gwmni NCC y Dwyrain, a wrthododd ufuddhau i orchmynion. Condemniwyd 30 ohonynt i farwolaeth, ond ar ôl cyfnod byr, fe newidiwyd y ddedfryd i ddeng mlynedd o garchar. Cynyddodd nifer y gwrthwynebwyr yn yr NCC yn gyflym, o 700 ym Mai 1916 i dros dair mil erbyn diwedd y flwyddyn,[101] ac aelodau o Frodyr Plymouth ac Adfentwyr y Seithfed Diwrnod oedd llawer ohonynt.[102] Ond cafodd llawer o'r gwrthwynebwyr hi'n anodd dygymod â disgyblaeth yr NCC. Er enghraifft, gwrthwynebodd T. J. Gwilym, myfyriwr diwinyddol ym Mangor, y rhyfel ar dir crefyddol, ac fe'i heithriwyd ym mis Mai 1917 ar yr amod ei fod yn ymuno â'r NCC, ond canfu ei fod yn gwbl anaddas. Fe'i gosodwyd i ddechrau gyda'r RAMC, ond gan bod disgwyl iddo gario arfau, gwrthododd gymryd rhan, ac fe'i hanfonwyd i ymuno â'r NCC yng ngwersyll Henlle a oedd yn rhan o wersyll milwrol Park Hall ger Croesoswallt. Yno fe'i cyfarwyddwyd i gymoni'r gwersyll ac i godi carthion. Fodd bynnag, ar 6 Rhagfyr 1917, ynghyd â 14 o wrthwynebwyr eraill, gwrthododd atgyweirio ffosydd hyfforddiant,[103] ac er gwaethaf ymdrechion E. T. John, Aelod Seneddol Dwyrain Dinbych, fe'u hanfonwyd gerbron llys milwrol, a dedfrydwyd Gwilym i chwe mis o garchar gyda llafur caled yng ngharchar Wormwood Scrubs.

Ceisiodd gwrthwynebydd cydwybodol arall ar dir crefyddol, William Griffiths o Dir-y-dail ger Rhydaman, gyngor oddi wrth E. K. Jones ynglŷn â sut y gallai gysoni ei heddychiaeth gyda gwasanaeth yn y Corfflu Anymladdol:

nid oes busnes ar un cyfrif i ladd neb naill [ai] yn uniongyrchol neu yn anuniongyrchol; ac fel mae yn wybyddus i chwi fod yma rywrai am ein gorfodi i wneuthur peth felly yn y dyddiau nesaf yma, carwn yn fawr pe buasech yn rhoddi i mi air o gyfarwyddyd. Mae fy nghariad i at Grist a'i egwyddorion yn ddigon i farw drostynt. Mae hyn yn beth mawr i ddywedyd, ond credaf yn [sic] cydwybod y caf nerth yn ol yr achos.[104]

Wedi ymuno â'r NCC, ysgrifennodd at ei bennaeth milwrol i ddweud na allai ddygymod â'r gofynion.[105] Fe'i dedfrydwyd, yn Chwefror 1917, i ddwy flynedd o garchar gyda llafur caled, a mis yn ddiweddarach, derbyniodd lythyr oddi wrth ei dad yn rhoi gwybod bod ei frawd, John, wedi ei ladd wrth ymladd yn Ffrainc ac er gwaethaf ei alar a'i dristwch, fe gefnogodd safiad ei fab yn wrthwynebydd:

yr ydym yn llawenychu yn y ffaith mae carcharor dros egwyddorion crefydd Crist Iesu ydyw. Mae duwolion yr oesau wedi bod yno o'i flaen.[106]

Gwasgarwyd cwmnïoedd yr NCC trwy Brydain ac Iwerddon. Yn Thurles, swydd Tipperary, bu oddeutu 24 o wrthwynebwyr o Gymru, ac yng ngwersyll Rathdrum, yn swydd Wicklow, nid nepell o Ddulyn, roedd rhyw ugain o Gymry. Roedd Harding Rees yn wrthwynebydd ar sail crefyddol a disgrifiodd ei waith yno:

Yr ydym ni yma yn gwmni go gryf yn awr – tua chwech ugain ac o'r nifer yna yr ydym ryw ugain o Gymry. Parhawn i gwympo coed a'u gyrru ffwrdd i fod yn danwydd rywle ger 'Dublin'. Er na chawsom ein gyrru i Ffrainc, cawsom amser digon blin, a phrofasom lid a gwatwareg yr awdurdodau milwrol ... Buom dan ganfas oddi ar dechrau Ebrill, eithr gobeithio y cawn ein symud yn fuan i'r pentref yn awr. Cynhaliwn ddosbarth Beiblaidd yma bob nos Fercher a da yw bod wrth draed ysgolhaig fel H. R. Evans, ysgolfeistr o Ben-llwyn, Aberystwyth.[107]

Mae'n eironig mai'r gwrthwynebwyr hynny a gyfaddawdodd mwyaf gyda'r awdurdodau milwrol oedd yr olaf i'w rhyddhau o reolaeth filwrol. Cafodd y sawl oedd yng ngwersylloedd y Swyddfa Gartref eu rhyddhau erbyn Ebrill 1919, a rhyddhawyd yr holl absoliwtiaid erbyn Gorffennaf 1919, ond ni chafodd y gwrthwynebwyr cydwybodol yn yr NCC, a nifer ohonynt yn Ffrainc, eu caniatáu i ddychwelyd adref tan ddechrau 1920.[108]

Pwyllgor Pelham

Sefydlwyd Pwyllgor Pelham ym mis Ebrill 1916 i ddelio gyda gwrthwynebwyr cydwybodol a oedd yn barod i fod mewn gwaith o 'bwysigrwydd cenedlaethol'. Fel arfer, caent weithio ar ffermydd, mewn coedwigaeth, neu mewn ffatri.

Cadeiriwyd y Pwyllgor gan T. H. W. Pelham, Is-Ysgrifennydd yn y Bwrdd Masnach, ac roedd y mwyafrif o'r sawl a gyfeiriwyd at y Pwyllgor yn briod, hanner dros eu 30, ac yn gymharol anhrafferthus. O'r pedair mil o wrthwynebwyr a ddaeth dan ei awdurdod, roedd 1,400 yn Gristadelffiaid a dderbyniodd eithriad gan y Fyddin, ac aeth llawer i weithio mewn ffatrïoedd arfau ac i gontractwyr y Llywodraeth. Cafodd eraill waith gyda'r YMCA, y Groes Goch, Uned Ambiwlans y Crynwyr, mewn ysbytai, gyda diwydiannau'r rheilffyrdd, yn y dociau, mewn glofeydd ac ym myd amaeth.[109]

Roedd trichwarter o'r 207 o Gymru a dderbyniodd waith gan Bwyllgor Pelham, yn Gristadelffiaid (gweler Tabl Chwech). Eu hegwyddor sylfaenol yng nghyd-destun y rhyfel oedd eu bod yn gwrthod yn lân â derbyn awdurdod y wladwriaeth, ac felly'n gwrthod gorfodaeth filwrol.

Ceisiodd y pwyllgor ddarparu gwaith ar yr amod fod rhaid i'r gwrthwynebydd weithio ymhellach na hanner can milltir o'u cartref.[110] Roedd y canran o Gristadelffiaid yn llawer uwch na'r canran cyfatebol yn Lloegr, o 42%, a doent yn bennaf o Forgannwg, sir Fynwy, ac ardaloedd Llanelli a Rhydaman yn sir Gaerfyrddin.

Tabl Chwech – Gwrthwynebwyr Cydwybodol yng Nghymru dan Awdurdod Pwyllgor Pelham[111]

Sir	Cymru		
	Eraill	Cristadelffiaid	Cyfanswm
Morgannwg	28	71	99
Mynwy	3	58	61
Caerfyrddin	2	24	26
Aberteifi	6	----	6
Caernarfon	6	----	6
Dinbych	5	----	5
Brycheiniog	2	----	2
Penfro	----	2	2
Cyfanswm Cymru	52	155	207

Roedd safbwynt y Cristadelffiaid yn unigryw, oherwydd mai hi oedd yr unig sect neu enwad a fedrodd sicrhau cytundeb, yn Awst 1916, i eithrio ei haelodau o wasanaeth milwrol cyn belled â bod yr aelodau hynny'n barod i ymgymryd â 'gwaith o bwys cenedlaethol', hyd yn oed mewn ffatrïoedd arfau.[112] Yn gyffredinol fe berchid eu safbwynt mewn gwrandawiadau tribiwnlys. Wrth drafod ei brofiad o wasanaethu ar dribiwnlys Apêl sir Aberteifi, disgrifiodd Herbert Vaughan wrandawiad un o'u nifer, ac yn yr achos hwnnw, penderfynwyd ei anfon i gwmni o'r NCC:

> he described himself as a Christadelphian, and he was the only member of that religious sect I have come across. He was a nice young fellow, and I am sure his abhorrence at the mere notion of having to kill his fellow-men, even his enemies, was deep rooted and genuine ... after some arguments we offered to have

him allocated to a labour battalion at the front, which would only be equipped with spades and other trenching tools, and with this decision on our own part this young objector seemed fully satisfied.[113]

Mae dadansoddiad o'r sawl yng Nghymru a ddaeth dan y cynllun hwn yn dangos deg myfyriwr o Brifysgol Cymru, ac ymhlith y gweddill roedd Hugh Darbishire, un o feibion y teulu o ddiwydianwyr a oedd yn berchen ar chwareli Trefor a Llanfairfechan. Ceisiodd ei dad ailymuno â'r Fyddin er ei fod yn bell dros yr oedran priodol, a chafodd Hugh le ar fferm yn Benson yn swydd Rhydychen. Canfyddwyd gwaith ar gyfer John Davey o Abertawe, a oedd wedi bod yn llongwr, a chafodd waith yn llifiwr coed yn lleol. Cafodd gŵr arall, W. A. W. Pope, a oedd yn y gwaith glo, waith gyda chwmni cemegol lleol, ond diflannodd glöwr o Dredegar, Evan R. Price a methwyd â dod o hyd iddo.

Rhoddwyd eithriad i John Thomas, ym Mai 1916, ar yr amod ei fod yn cymryd rhan mewn 'gwaith o bwys cenedlaethol' ymhellach na hanner can milltir o'i gartref. Roedd yn athro ysgol adnabyddus yn Aberdâr yn arweinydd lleol y BLA, ysgrifennydd cangen leol yr NCF, ac yn weithgar iawn yn yr ymgyrch yn erbyn y rhyfel. Ysgrifennodd at un o aelodau Pwyllgor Pelham, y Crynwr T. E. Harvey, gan honni fod y ffaith ei fod yn cael ei anfon yn bell o'r ardal yn ddim mwy nag alltudiaeth, a theimlodd ei fod wedi ei dargedu oherwydd ei weithgarwch gwleidyddol gan y Pwyllgor a chan ei dribiwnlys lleol:

the Clerk and the chairman of the local tribunal have done their best to prejudice my case – that is evident or they would have mentioned that I am the only son at home helping a widowed mother and a little brother 12 years old. I stated all these facts of domestic responsibility to them in my original appeal...They are anxious to penalise me for the uncompromising attitude I have taken up on the Militant question on platforms, and in the press.[114]

Mae'n amlwg fod Harvey wedi gweithio'n agos gyda Thomas i leddfu effaith y ddedfryd, a chynigiwyd gwaith iddo ar fferm yn ardal y Bont-faen, rhyw ugain milltir i ffwrdd.[115] Symudwyd Thomas yn ddiweddarach i ardal Abertawe lle cafodd waith yn arddwr, a lle bu'n weithgar o fewn y mudiad gwrth-ryfel. Ystyriai Pwyllgor Pelham mai ei waith oedd sicrhau fod y gwrthwynebwyr hyn yn cael eu cadw'n brysur fel y byddent yn peidio ag ymgyrchu'n wleidyddol rhag iddynt amharu ar recriwtio. Ond gorfodwyd Harvey i anghytuno â chasgliad dirmygus y Pwyllgor yn ei adroddiad terfynol ynglŷn â chymeriad y dynion a ddaeth ger eu bron, a gwrthodod ychwanegu ei lofnod i'r rhan o'r adroddiad a gynhwysai'r datganiad:

taken as a whole COs seemed to be abnormal in their general outlook on life, as well as in the matter of military service, and a substantial number of them were found to suffer from some form of physical disability.[116]

Mae'n drawiadol mai'r gwrthwynebwyr cydwybodol hynny a ddioddefodd yr aflonyddwch lleiaf i'w bywydau a ryddhawyd gyntaf. Ym mis Chwefror 1919, rhyddhawyd pawb oedd yn gweithio ar 'waith o bwysigwydd cenedlaethol', gan gynnwys y sawl a ddaeth dan Gynllun Pelham. Caeodd y Swyddfa Gartref ei chanolfannau gwaith ym mis Ebrill, a rhyddhawyd pob un a fu o dan ei hawdurdod. Dechreuwyd rhyddhau y gwrthwynebwyr cydwybodol a oedd yng ngharchar a rhyddhawyd y dynion olaf ym mis Gorffennaf 1919. Er i'r Corfflu Anymladdol (NCC) gynnwys llawer o wrthwynebwyr, mae'n eironig mai'r gwrthwynebwyr a ddewisodd wasanaethu yn y Fyddin a arhosodd fwyaf cyn cael eu rhyddhau, yn Ionawr 1920.

Y Gwrthwynebwyr ar Ffo

Gwyddom am o leiaf 22 o'r gwrthwynebwyr cydwybodol o Gymru a ddihangodd o'r Fyddin neu Gynllun y Swyddfa Gartref. Tueddent i fod yn Sosialwyr gan feddu ar ddirmyg ac amharch llwyr at gyfundrefn Cynllun y Swyddfa Gartref yn enwedig. Yn eu plith roedd Ness Edwards, aelod penboeth o'r BLA, un a ddaeth yn ddiweddarach yn Aelod Seneddol dros Gaerffili. Wrth gael ei hebrwng i Dartmoor yn 1917, dihangodd yn Llundain, a chafodd loches yng nghartref teiliwr Iddewig yn Nwyrain Llundain. Oddi yno fe ddychwelodd adref a chuddio mewn ogofeydd yn Llangynidr ger Aberhonddu, lle arhosodd am nifer o fisoedd cyn dychwelyd adref at ei fam yn Abertyleri, a chyflwyno ei hunan i'r awdurdodau oherwydd yr amgylchiadau oer, gaeafol, o fyw dan y sêr. Fe'i dychwelwyd i Dartmoor, ac fe'i hanfonwyd ar ddiwedd y rhyfel i weithio mewn chwarel yn Ewenni.[107]

Ysgrifennodd David James Jones (Gwenallt) yn ddychmygus am ei brofiadau yn ei nofel *Plasau'r Brenin*,[108] ac fe'i restiwyd ym mis Medi 1917 pan yn ddeunaw mlwydd oed. Ar ôl treulio cyfnod o 112 diwrnod yng ngharchar Wormwood Scrubs, aeth ar ffo, a chuddiodd gyda'i berthnasau yn ardal Llansawel yn sir Gaerfyrddin, ar ffermydd y Gelli, Tir-bach ac Esgair-ceir am gyfnod o dri mis, cyn cael ei ddal pan oedd gartref ym Mhontardawe ar ddechrau Gorffennaf, a'i drosglwyddo i garchar Dartmoor.[109] Fe'i symudwyd i weithio yng ngwersyll Ely yn Swydd

Caergrawnt am gyfnod cyn y Nadolig, cyn dychwelyd i garchar Dartmoor, lle bu tan Ebrill 1919.[120]

Dewisodd Henry Riding, clerc cyngor ac aelod o'r BLA yng Nghasnewydd, ddianc o Princetown i Fryste ac yna i Iwerddon, lle gweithiodd yn was fferm, cyn mynd i Lerpwl ac ymlaen i Huddersfield, lle gweithiodd tan ddiwedd y rhyfel.[121] Aeth William Duncan o Gaerdydd yn absennol heb ganiatâd o Princetown ym mis Mawrth 1918 ac ni ddaeth yr awdurdodau milwrol ar ei ôl tan Ionawr 1919. Pan wrthododd ailymuno, fe'i triniwyd fel 'dihangwr', ond methodd yr awdurdodau ddod o hyd iddo. Llwyddodd undebwyr gweithgar fel Arthur Horner osgoi gorfodaeth filwrol yn y diwydiant glo trwy ddianc i Iwerddon lle bu'n byw dan ffugenw, ac yn cael ei hyfforddi'n filwrol gyda'r mudiad gweriniaethol sosialaidd, Byddin Dinasyddion Iwerddon (the Irish Citizens' Army). Pan ddaliwyd ef ym mhorthladd Caergybi, yn ceisio dychwelyd adref, roedd yng nghwmni dau frawd a oedd hefyd yn ddihangwyr, sef George a Frank Phippen, aelodau o'r BLA yn Pentre, y Rhondda.[122] Dihangodd Tom Gale, o Ben-y-graig yn y Rhondda o ofal milwyr ar ei ffordd o garchar Caerdydd i Princetown, a chyrhaeddodd Iwerddon, lle cafodd loches gan yr Irish Citizens' Army, ac ynghyd â nifer o Gymry eraill, cafodd ei hyfforddi'n filwrol ym mynyddoedd Wicklow, tu allan i Ddulyn, cyn gadael wedyn am yr Unol Daleithiau a New Jersey lle y cynhyrchodd bropaganda sosialaidd yn erbyn y rhyfel.[123] Dihangodd Bryn Roberts, glöwr ac aelod o'r BLA o Gwm Tawe, o garchar yn Northumberland.[124] Gwnaeth Alfred Goodman Dunn, Merthyr, gŵr deugain mlwydd oed, ddianc mewn modd anghonfensiynol yn 1917 gan fynd i fyw fel menyw ym Mryste.[125] Restiwyd Albert Davies o Gwm Tawe, ac fe'i hanfonwyd i garcharau Knutsford a Dartmoor cyn dychwelyd i Gymru i weithio ar adeiladu argae yng ngwersyll gwaith y Swyddfa Gartref ym Mhenderyn, ger Merthyr Tudful. Roedd ei frawd, Griff, yno hefyd, a rhan o'i waith ef oedd gofalu am res o dyddynnod a neilltuwyd ar gyfer y gwrthwynebwyr cydwybodol.[126] Ar y penwythnosau, dychwelai'r sawl a oedd yn byw o fewn pellter taith beic adref i gyfeiriad Abertawe a Dyffryn Aman, gan estyn croeso i'r gwrthwynebwyr cydwybodol eraill a oedd yno o bell i fwrw'r Sul gyda'u cymrodyr.[127] Pan gyhoeddwyd y Cadoediad ym 1918, rhoddodd Albert Davies y gorau i'w waith yn y gwersyll gwaith ym Mhenderyn ac aeth ar ffo, gan ymuno â chriw o wrthwynebwyr cydwybodol a weithiai dan ffugenwau ym Mannau Brycheiniog, yn torri coed i ffermwr lleol.[128]

Er i'r dynion olaf gael eu rhyddhau o gynllun y Swyddfa Gartref ym mis Ebrill 1919, parhawyd i erlid y sawl a oedd wedi dianc o'r Fyddin. Diflannodd William Howells, gwerthwr glo o Drebannos, o'i wersyll gwaith yn Knutsford heb ganiatâd, gan honni ei fod wedi'i orchymyn i fynd i wersyll arall yn ne Cymru. Ym mis Mawrth 1919, fe'i hystyriwyd yn wrthgiliwr neu 'deserter', ac fe'i restiwyd yn ei gartref ym mis Awst 1919. Aeth gerbron llys milwrol a chael dedfryd o chwe mis o garchar, ond cafodd y ddedfryd ei dileu a chafodd ei ddiarddel o'r Fyddin ar sail ei 'ymddygiad dianrhydedd'.[129]

Y Pris Eithaf

Bu 69 o wrthwynebwyr cydwybodol trwy Brydain farw o ganlyniad uniongyrchol i'w triniaeth, gan gynnwys saith o Gymru, sef Hal Beynon o Abertawe, George Dardis o Risca, Alfred Statton a John Evans o Gaerdydd, Albert Rudall o Gasnewydd, Glyn Evans o Bontardawe a Walter Roberts, yn wreiddiol o Benbedw, er iddo fyw yn Swydd Gaerhirfryn.

Honnid fod y marwolaethau hyn wedi'u hachosi gan

ddiffyg amodau byw teilwng a chyflwr bwyd a llety addas, a thrwy ddioddefaint meddyliol a chorfforol, er yn sicr fe fethodd nifer osgoi haint ffliw dychrynllyd 1919 ac afiechydon cysylltiol megis bronceitis a niwmonia.[130] Yn ddi-os, roedd amgylchiadau gweithio Cynllun y Swyddfa Gartref, er enghraifft, yn anodd,[131] ac mae'n ddigwestiwn fod llawer o'r gwrthwynebwyr naill ai yn anaddas neu'n analluog i gyflawni gwaith corfforol yn y gwersylloedd gwaith, megis Llanddeusant neu Lan-non, ac effeithwyd ar eu hiechyd yn barhaol o ganlyniad i hynny. Torrodd iechyd Morgan Jones yng ngharchar, ac nid adferodd fyth tan ei farwolaeth ddisymwth yn 53 mlwydd oed.[132] Cafodd nifer o wrthwynebwyr eraill, megis Alfred Major, Pontypridd a George Neale o'r Coed-duon, eu rhyddhau yn gynnar am resymau meddygol. Cafodd eraill fel Maurice Andrews, Aberaman, eu rhyddhau ar sail afiechyd ar ôl derbyn triniaeth giaidd am wrthod gwisgo iwnifform filwrol:

> He was forcibly stripped and left in a cold cell in singlet and pants for eight days. The military authorities refused to return his civvies, forced him into khaki, and put him into a padded cell, and in addition to this strapped his hands behind his back for four hours every day, a proceeding which caused him unspeakable agony.[133]

Y gwrthwynebydd cydwybodol cyntaf i farw o ganlyniad i'w driniaeth oedd Walter Roberts, a ddaeth yn wreiddiol o sir y Fflint ond a ymddangosodd gerbron ei dribiwnlys lleol yn Stockport. Ym mis Medi 1916, roedd yn un o 250 o wrthwynebwyr a ryddhawyd o garchar i weithio dan awdurdod y Swyddfa Gartref yn Dyce, ger Aberdeen. Roedd safle'r gwersyll ar ochr mynydd yn agored i'r elfennau, a rhoddwyd y dynion i fyw mewn hen bebyll a oedd yn dyddio nôl i Ryfel y Boer, a gondemniwyd fel

*Walter Roberts oedd y gwrthwynebwr cydwybodol cyntaf i farw
o ganlyniad i'w driniaeth gan yr awdurdodau. Bu farw yng
ngwersyll gwaith anial Dyce ger Aberdeen. Yn dilyn ei
farwolaeth, caewyd y gwersyll. Fe'i claddwyd ym mynwent
eglwys Penarlag, sir y Fflint.*

pebyll anaddas, ac a ollyngai ddŵr yn y glaw. Gweithient
am ddeg awr y diwrnod yn malu gwenithfaen ar gyfer
adeiladu ffyrdd mewn chwarel gyfagos. Ar 6 Medi 1916,
ysgrifennodd at ei fam gan ddweud ei fod, yn ôl y disgwyl,
wedi cael ei daro gan yr amgylchiadau gwlyb, a bod cyfaill
iddo yn ysgrifennu ei lythyr am ei fod yn rhy wan i ddal
pensil. Dywedodd na ddylai ei fam boeni amdano am fod y
meddyg wedi dweud mai dim ond 'oerfel difrifol' oedd
ganddo, a bod dim rheswm na ddylai gryfhau dros y
dyddiau dilynol. Yn ystod y noson ganlynol, syrthiodd o'i
wely a gorweddodd ar y tir gwlyb am ddwy awr. Bu farw'r
diwrnod canlynol ac yntau'n ugain mlwydd oed. Yn dilyn ei
farwolaeth, cwynodd eraill am amgylchiadau'r gwersyll, ac
yn dilyn ymweliad gan ddirprwyaeth o Aelodau Seneddol,
caewyd y gwersyll, a symudwyd y carcharorion i
wersylloedd eraill.

Claddwyd Roberts ym mynwent eglwys Penarlâg gyda'r arysgrif ganlynol ar ei fedd:

The young hands have carried His standard
   Right on to the end of the day
And we know that the nations will follow
   Where thou hast trod the way[134]

Pan ddechreuwyd dwyn y gwrthwynebwyr cydwybodol i'r carchardai ym mis Mai 1916, ymhlith y cyntaf i gael ei restio oedd Glyn Evans, mab tafarn y Cross Inn, cartref y BLA ym Mhontardawe. Roedd yn fyfyriwr mewn practis deintyddol yn Reading pan restiwyd ef, ac fe'i hanfonwyd gyntaf i wersyll gwaith Dyce yn yr Alban. Wedi cau'r gwersyll hwnnw[135] fe'i symudwyd i wersyll y Swyddfa Gartref yn Dartmoor, lle dioddefodd boenau ar y fron, a chafodd ei symud o wneud gwaith trwm i waith ysgafnach, ond fe'i rhyddhawyd wedyn ar ôl dal niwmonia. Disgrifid yr amgylchiadau gweithio yn Dartmoor fel 'the criminal warped fogs from ditch and mire' a'r rheiny a oedd wedi dinistrio ei ysgyfaint.[136] Bu farw yn sydyn wedi cyrraedd adref, ac yn ôl cyfaill a ysgrifennodd deyrnged iddo, nid oedd amheuaeth fod cyflwr alaethus Dyce a Dartmoor wedi bod yn gwbl andwyol i'w iechyd.[137]

Adlewyrchodd marwolaeth John Evans pa mor anaddas oedd ef ar gyfer y gwaith ar Gynllun y Swyddfa Gartref. Roedd yn glerc 24 mlwydd oed ac yn fyfyriwr a oedd yn astudio ar gyfer y weinidogaeth. Gwrthododd ymuno â'r NCC, ac yn ystod ei garchariad yng ngharchar Caerdydd, derbyniodd orchymyn i ymuno â Chynllun y Swyddfa Gartref. Yng ngwersyll Newhaven, bu'n gweithio ar adeiladu ffordd, ond effeithiwyd ei iechyd gan ddiffyg maeth bwyd carchar a'i amgylchiadau byw dychrynllyd, mewn pabell wleb yng nghanol gaeaf. Dirywiodd ei iechyd yn raddol, ac ar ôl chwe mis yno, fe'i hanfonwyd i ganolfan Wakefield, lle canfyddwyd ei fod yn dioddef yn ddifrifol o'r darfodedigaeth.

Yn Ebrill 1917, clywodd ei fam am ei gyflwr, a llwyddodd i berswadio'r Swyddfa Gartref i'w ryddhau, a bu farw gartref ar y Sulgwyn. Cystwyodd *The Tribunal* yr awdurdodau a ganiatodd iddo ddirywio mor gyflym:

> those who are left behind may be pardoned for a less saint-like attitude towards certain authorities – the men who have maladministered the Military Service Acts, and those who under the pretence of furnishing work of national importance, have imposed injurious and penalising conditions of labour.[138]

Bu farw Albert Rudall o Gasnewydd yn Hydref 1918 ar ôl ychydig ddyddiau o salwch. Roedd yn sosialydd amlwg gyda chred ddofn ym mhwysigrwydd heddwch rhyngwladol, ac roedd wedi dychwelyd i'w dref enedigol wedi gadael Dartmoor ddau fis yn gynharach. Dechreuodd weithio yn y ffwrnes yng ngwaith dur Dos, a chredai *The Tribunal* fod ei farwolaeth wedi'i hachosi gan anaddasrwydd ei waith.[139] Bu farw George Dardis, ysgolfeistr o Risca, aelod o'r BLA ac ysgrifennydd lleol yr NCF, wedi iddo gael ei ryddhau o Garchar Wakefield yn Hydref 1917. Bu farw bachgen ugain mlwydd oed, Hal Beynon o Abertawe, o'r niwmonia yng Nghaerloyw lle roedd yn gweithio ar Gynllun y Swyddfa Gartref yn Hydref 1918.[140] Roedd Alfred Statton o Gaerdydd yn ŵr priod ac yn lifiwr coed, yn aelod o'r NCF, wedi ymuno â Chynllun y Swyddfa Gartref yn Wakefield. Adroddodd ei fod yn dioddef o salwch meddwl a lledrithiad, ac fe'i cymerwyd i ysbyty meddwl lleol cyn cael ei anfon i garchar Amwythig, ac wedyn i Ysbyty Meddwl Swydd Henffordd lle bu farw yn 1919.[141]

Amcangyfrifodd yr NCF bod 31 gwrthwynebydd wedi 'colli eu rheswm'.[142] Cymerwyd Aneurin Morgan, brethynnwr ifanc o Gwmafan, er enghraifft, o garchar Walton yn Lerpwl i ysbyty meddwl Rainhill, lle dywedwyd ei fod yn dioddef o 'wallgofrwydd lledrithiol' gan gredu mai ef oedd Iesu Grist. Roedd rhaid ei fwydo trwy diwb[143] a disgrifodd llythyr un o'i ymwelwyr sut yr oedd yn ymddwyn:

I found him to be quite normal in conversation, in manner and behaviour; in short I saw no trace of insanity in him. He was however, piteously reduced physically, being extremely thin and weak as a result of his policy of hungerstriking. He adopted this plan of refusing food and work in Walton, he told me, so that he might precipitate matters towards his re-trial by the Central Tribunal ... I saw no trace of his suffering from religious mania ... I was keenly on the look out for any sign of mental aberration in him, and I together with an elder brother who accompanied me failed to find anything wrong with him.[144]

Rhyddhawyd ef o'r Fyddin ym Mehefin 1917 am nad ystyrid ef yn alluog yn gorfforol i barhau yn aelod o'r lluoedd arfog.[145]

Nodiadau

1   *Y Deyrnas*, Ebrill 1917.
2   Lois S. Bibbings, Telling *Tales about Men: Conceptions of Conscientious Objectors to Military Service during the First World War* (Manceinion: Gwasg Prifysgol Manceinion, 2009).
3   Percy Ogwen Jones, *Ceinciau Cymysg*, sgwrs radio ar y BBC, 6 Tachwedd 1964.
4   *NCF Souvenir 1914-1919* (Llundain: NCF, 1919), t. 9.
5   R. R. Williams, op. cit., t. ix.
6   Cofrestr Pearce, 2017.
7   John W. Graham, op. cit.; David Boulton, *Objection Overruled* (Llundain: MacGibbon and Kee, 1967).

8   Cyril Pearce, *Pearce Register of Anti-War Activists in Wales* (http://www.wcia.org.uk/wfp/pearceregister.html), 'Cymru dros Heddwch', 2016, darllenwyd Rhagfyr 2016).

9   Owain Gethin Evans, *Benign Neglect: Quakers and Wales circa 1860-1918*, (Wrecsam: Bridge Books, 2014), t. 89.

10   Jasmine Donahaye, *The Greatest Need: the creative life and troubled times of Lily Tobias, a Welsh Jew in Palestine* (Honno, 2015), tt. 86-95.

11   Archifau Cumbria, Papurau Catherine Marshall, D/MAR4/71, llythyr oddi wrth gwmni cyfreithiol Lloyd a Pratt at yr NCF.

12   Jen Llywelyn, *Pilgrim of Peace: A Life of George M. Ll. Davies, Pacifist, Conscientious Objector and Politician* (Talybont: Y Lolfa, 2016), t. 90.

13   John Rae, op. cit., tt. 152-5.

14   Cofrestr Pearce, 2017.

15   *Amman Valley Chronicle*, Tachwedd 1939.

16   *North Wales Chronicle*, 3 Mawrth 1916.

17   *Merthyr Pioneer*, 18 Mawrth 1916.

18   *Merthyr Pioneer*, 11 Mawrth 1916.

19   John W. Graham, op. cit., t. 351.

20   Hansard, 5 HC 84, colofn 1758-9, mis Gorffennaf 1916.

21   *NCF Souvenir 1914-1919* (Llundain, NCF, 1919), t. 5.

22   Cofrestr Pearce, 2017.

23   Ithel Davies, *Bwrlwm Byw* (Llandysul : Gwasg Gomer, 1984), t. 61.

24   Ibid., t. 8.

25   Ibid., tt. 64-78.

26   *Merthyr Pioneer*, 11 Mawrth 1916.

27   *Pioneer*, 11 Mawrth 1916.

28   *Pioneer*, 10 March 1917.

29   Yr Archifau Cenedlaethol, Papurau yr Adran Iechyd, 47/3, cofnodion y Tribiwnlys Canolog, 25 Awst 1916.

30   Llyfrgell Genedlaethol yr Alban, Papurau Keir Hardie ac Emrys Hughes, Dep. 176, Blwch 8(1), 'Welsh Rebel', tt. 102-213.

31   *Pioneer*, 3 Awst 1918.

32   Ithel Davies, op. cit., tt. 72-3.

33   John Rae, op. cit., t. 190.

34   Yr Archifau Cenedlaethol, Papurau y Weinyddiaeth Iechyd, 47/1, 'Adroddiad y Tribiwnlys Canolog', t. 23.

35   Ibid., Cofnodion y Tribiwnlys Canolog, 24 Gorffennaf 1916.

36   Ibid., 47/3, Adroddiad y Tribiwnlys Canolog, t. 24.

37   John Rae, op. cit., t. 190.

38   Ibid., tt. 162-7.

39   Ibid., t. 148.

40   *The Tribunal*, 17 Awst 1916.

41   *Pioneer*, 10 Mawrth 1917.

42   Yr Archifau Cenedlaethol, Papurau y Weinyddiaeth Iechyd, 47/3, 'The Home Office and Conscientious Objectors: a Report prepared for the Committee for Imperial Defence, 1919; Part I The Brace Committee', t. 3.

43   Ibid., Adroddiad y Tribiwnlys Canolog, t. 12.

44   Ibid., Adroddiad y Tribiwnlys Canolog, t. 27.

45   Ibid., t. 23.

46   John Rae, op. cit., t. 171.

47 *The No-Conscription Fellowship*, t. 69.
48 Yr Archifau Cenedlaethol, Papurau y Weinyddiaeth Iechyd, 47/3, 'The Home Office and Conscientious Objectors', t. 5.
49 John W. Graham, op. cit., tt. 232-3.
50 Ibid., t. 233.
51 David Cleaver, 'Conscientious Objection in the Swansea Area', *Morgannwg* 28 (1984), t. 52.
52 John Graham, op. cit., t. 240.
53 Yr Archifau Cenedlaethol, Papurau'r Adran Iechyd, 47/3, 'The Home Office and Conscientious Objectors', t. 5.
54 *Daily Mail*, 23-30 Ebrill 1917.
55 *Pioneer*, 1 Mawrth 1918.
56 LlGC, Papurau E. Morgan Humphreys, A/16196, llythyr oddi wrth Percy Ogwen Jones.
57 John Rae, op. cit., t. 188.
58 *Y Dinesydd Cymreig*, 5 Mai 1918.
59 Ibid.
60 Ibid.
61 Yr Archifau Cenedlaethol, Papurau'r Adran Iechyd, 47/3, 'The Home Office and Conscientious Objectors', t. 9.
62 Ibid, tt. 5, 6.
63 Y tri arall oedd y Parch. Ben Meyrick, gweinidog gyda'r Bedyddwyr, William Owen Jones, hefyd o Laneilian, ac Evan Roberts, ysgolfeistr ac aelod o'r Methodistiaid Calfinaidd o Borthaethwy.
64 David A. Pretty, *Rhyfelwyr Môn* (Dinbych: Gwasg Gee, 1989), tt. 96-9.
65 Percy Ogwen Jones, 'I Garchar' (yn nwylo'r teulu).
66 Percy Ogwen Jones, 'Penyd a Gwastraff', *Y Faner*, 29 Medi 1917.
67 Ibid.
68 Alan Llwyd, *Gwenallt: Cofiant D. Gwenallt Jones 1899-1968* (Talybont: Y Lolfa, 2016), tt. 66-77.
69 *The Tribunal*, 5 Ebrill 1917.
70 *Llanelly Chronicle*, 7 Rhagfyr 1916.
71 Ibid., 7 Rhagfyr 1916.
72 *Pioneer*, 21 Hydref 1916.
73 *Llais Llafur*, 24 Mawrth 1917.
74 *Pioneer*, 21 Hydref 1916.
75 Ibid.
76 Archif Prifysgol McMaster, Papurau Bertrand Russell, W. J. Roberts, 'Report to the National Committee on South Wales Home Office Camps', Adroddiad COIB yr NCF, t. 45.
77 Ibid., MX3801.
78 Archifau Cumbria, Papurau Catherine Marshall, D/Mar55, llythyr oddi wrth Tobias at Marshall.
79 Archifau Prifysgol McMaster, Papurau Bertrand Russell, MX-3801-N, llythyr heb ei ddyddio at bwyllgor cenedlaethol yr NCF.
80 Archifau Cumbria, Papurau Catherine Marshall, Adroddiad W. J. Roberts i bwyllgor canolog yr NCF ar amodau byw yng ngwersylloedd Llan-non a Llanddeusant, 30, 31, Mawrth 1917.
81 Archifau Prifysgol Abertawe, Casgliad Maes Glo De Cymru, cyfweliad gydag E. P. Jones, Aud 82.

82 LlGC, Papurau E. K. Jones, blwch 29, llythyr oddi wrth Gwilym Rees, 10 Mawrth 1917.

83 Archifau Prifysgol McMaster, Papurau Bertrand Russell, MX3801.

84 John W. Graham, op. cit., t. 16.

85 Harold D. Bowtell a Geoffrey Hill, *Reservoir Builders of South Wales: Dam Builders in the Age of Steam* (Malvern: The Industrial Locomotive, 2006), t. 64.

86 *Committee on the Employment of Conscientious Objectors: Additional Rules* (Command Paper 8884, HMSO, 1916).

87 John Rae, op. cit., t. 175.

88 LlGC, Papurau E. K. Jones, blwch 29, llythyr oddi wrth R. T. Holloway, 2 Mai 1917.

89 Yr Arglwydd Maelor (T. W. Jones), op. cit., tt. 86-7.

90 Llyfrgell Genedlaethol yr Alban, *NCF News sheet for the Home Office Centres and Camps*, Acc 13388, Hydref 1917.

91 Archifau Prifysgol Abertawe, Casgliad Glowyr De Cymru, recordiad E. P. Jones, Aud 82, t. 11.

92 Llyfrgell Genedlaethol yr Alban, op. cit.

93 Wyndham Childs, *Episodes and Reflections* (Llundain: Cassell a'i Gwmni, 1930), t. 149.

94 Yr Archifau Cenedlaethol, Swyddfa Ryfel, WO293, Cyfarwyddyd gan Gyngor y Rhyfel Rhif 456, 4 Mawrth 1916; *The Times*, 14 Mawrth 1916.

95 Philip Snowden, *British Prussianism: The Scandal of the Tribunals* (Manceinion: National Labour Press, 1916), t. 8.

96 *The Times*, 19 Mai 1916.

97 John W. Graham, op. cit., t. 349.

98 *The Tribunal*, 16 Mawrth 1916, llythyr oddi wrth yr NCF a'r Crynwyr at Asquith.

99 *The No-Conscription Fellowship*, t. 78.

100 John Rae, op. cit., t. 192.

101 *Statistics of the Military Effort of the British Empire in the Great War 1914-1920* (HMSO, Swyddfa Ryfel, 1922), t. 226.

102 Wyndham Childs, op. cit., tt. 149-50.

103 LlGC, Papurau E. K. Jones, blwch 29, llythyr heb ei ddyddio, T. J. Gwilym at Jones, 1918.

104 Ibid., llythyr William Griffiths at Jones, 26 Chwefror 1916.

105 Ibid., llythyr William Griffiths at ei brif swyddog, 5 Chwefror 1917.

106 Ibid., llythyr oddi wrth dad William Griffiths at Jones, 13 Awst 1917.

107 Ibid., llythyr oddi wrth Harding Rees at E. K. Jones, 7 Hydref 1917.

108 *The Tribunal*, 24 Ebrill 1919; Dadleuon Seneddol (Tŷ'r Cyffredin), 5 HC col. 118, 2001–2, 30 Gorffennaf 1919.

109 Ibid., Adroddiad Pelham, Atodiad H.

110 Ibid., Adroddiad Pelham, t. 4.

111 Ibid., Adroddiad Pelham, 'Schedule of Counties and Outstanding Localities'.

112 Frank Jannaway, op. cit., tt. v-vi, 198-203.

113 Herbert Vaughan,'The Cardiganshire Appeal Tribunal', *Wales*, 45 (1947), t. 177.

114 Llyfrgell y Crynwyr, Papurau T. E. Harvey, Temp MSS 835/T1, llythyr oddi wrth Thomas at Harvey, 28 Mai 1916.

114 Ibid., 4 Mehefin 1916.

115 Ibid., blwch 9, Adroddiad Pelham, t. 7.

117 Wayne David, *Remaining True – a biography of Ness Edwards* (Caerffili: Cymdeithas Hanes Caerffili, 2006), tt. 4-6.
118 D. Gwenallt Jones, *Plasau'r Brenin* (Aberystwyth: Gwasg Aberystwyth, 1934).
119 D. J. Williams, 'Gair o Goffa am Gwenallt a'i Gefndir', *Barn*, rhif 75, Ionawr 1969, 60.
120 Alan Llwyd, op. cit., tt. 66-78.
121 Cofrestr Pearce 2017.
122 Nina Fishman, *Arthur Horner: A Political Biography, vol. I 1894 to 1944* (Llundain: Lawrence and Wishart, 2010), tt. 58-61.
123 Archif Prifysgol Abertawe, Casgliad Maes Glo De Cymru, cyfweliad gyda Tom Gale, Aud 49.
124 Cofrestr Pearce 2017.
125 Ibid.
126 Albert Davies, op. cit., t. 30.
127 Ibid., t. 29.
128 Ibid., t. 30.
129 Ibid.
130 John W. Graham, op. cit., t. 313.
131 John Rae, op. cit., t. 190.
132 John Sheaff, *Morgan Jones M.P. 1885-1939*, t. 16.
133 LlGC Papurau E. K. Jones, blwch 2.
134 Siw Wood, Papurau teulu Walter Roberts.
135 John W. Graham, op. cit., tt. 312-13.
136 Albert Davies, op. cit., t. 29.
137 *The Tribunal*, 7 Tachwedd 1918.
138 *The Tribunal*, 27 Mehefin 1917.
139 *The Tribunal*, 17 Hydref 1918.
140 *The Tribunal*, 7 Tachwedd 1918.
141 Pearce Register, 2016.
142 David Boulton, op. cit., t. 258.
143 Archifau Cumbria, Papurau Catherine Marshall, D/MAR/4/53 ffeil ar Aneurin Morgan, llythyr gan Arolygydd Seilam y sir at Henry Davies, 9 Chwefror 1917.
144 Archifau Cumbria, Papurau Catherine Marshall, D/MAR/4/53 ffeil ar Aneurin Morgan, llythyr gan Tal Morgan at Henry Davies, 13 Ebrill 1917.
145 Cofrestr Pearce 2016.

Gwaddol y Gwrthwynebwyr Cydwybodol

Beth fu gwaddol y gwrthwynebiad i'r Rhyfel Mawr ar agweddau Cymru a Phrydain at heddwch a rhyfel? I ba raddau y gallodd yr heddychwyr lynu at eu gweledigaeth trwy gydol yr ugeiniau a'r tridegau wrth i'r byd gael ei hyrddio tuag at yr Ail Ryfel Byd? Gwelwyd ymchwydd o gefnogaeth i heddychiaeth trwy gydol yr ugeiniau trwy gyfrwng creu Cynghrair y Cenhedloedd, ac yng Nghymru y pererindodau heddwch a sefydlu Urdd Gobaith Cymru a'i neges o ewyllys da. Ond er i'r mudiad heddwch gryfhau yn y cyfnod rhwng y rhyfeloedd, trodd nifer o'r gwrthwynebwyr o fewn y blaid Lafur, rhai fel Morgan Jones, Jim Griffiths ac Aneurin Bevan, i fod yn bybyr o blaid ailarfogi yn erbyn yr Eidal a'r Almaen, a throdd eraill i gefnogi'r Blaid Genedlaethol newydd.

Radicaleiddiwyd Rhyddfrydwyr fel yr Aelod Seneddol Llewellyn Williams, gan y sioc a gafodd o weld cefnogaeth Lloyd George i orfodaeth filwrol, a'i brofiad o amddiffyn gwrthwynebwyr i'r rhyfel mewn llysoedd ar draws de Cymru. Cyferbynnai aberth y gwrthwynebwyr cydwybodol â phrofiad John Penry, y merthyr Protestannaidd cyntaf o Gymru:

> Don't sneer at conscience for if you do you sneer at John Penry. Are we living really in the twentieth century of the era of Christ? Are people who profess to be Christians so lost of all sense of shame that these things are allowed to go on? I protest against it myself, in the name of John Penry.[1]

Er iddo fod yn frwdfrydig o'i phlaid ar ddechrau'r rhyfel, cododd Llewellyn Williams achosion o gam-drin gwrthwynebwyr cydwybodol a chwynodd am yr erledigaeth a ddioddefodd gwrthwynebwyr tebyg i Ithel Davies:

> He knew of a young Welsh poet who was doing hard labour for the fourth time. As Recorder he had never given two years' hard labour to the most hardened criminal who had come before him. 'Are we living really in the twentieth century in the era of Christ?' he asked. 'Are people who profess to be Christians so lost to all sense of shame that these things are going to be allowed to go on? I protest against it myself, and I care nothing what the consequences may be.'[2]

Yn fargyfreithiwr amlwg, ymddangosodd droeon ar ran protestwyr yn erbyn y rhyfel ac mae ei sylwadau yn adlewyrchu parch cynyddol at y gwrthwynebwyr cydwybodol. Ar ddiwedd y rhyfel, ymfalchïodd E. K. Jones fod y gwrthwynebwyr cydwybodol wedi dioddef 'tair blynedd o erledigaeth', ac ystyriai fod y cyfnod wedi bod:

> yn bennod euraid; y cyfarfodydd gweddi mewn cell gloedig; y sgwrs ysbrydol, yr adnodau wedi eu sgwennu ar wal o ddur; tristwch dros y milwr ardderchog a aberthwyd yn ofer; ymddygiad addfwyn ein dynion yn y Court Martial; dewrder yn wyneb salwch, a phan fo rheswm yn methu, parodrwydd llon i farw am y ffydd.[3]

Mae yna ddarlun o hunanaberth a dioddefaint mewn llawer iawn o fywgraffiadau gwrthwynebwyr cydwybodol ar ôl y rhyfel. Mae T. W. Jones (Arglwydd Maelor yn ddiweddarach), yn disgrifio 'y profiad o'r chwerwder hwn a'r agwedd meudwyol i'm bywyd mewn canlyniad oedd y brofedigaeth fwyaf a'r waethaf a ddaeth i'm rhan erioed.'[4] Mae'n cydnabod fod llawer o'r chwerwder wedi'i achosi gan golled perthynas yn y rhyfel, ac anhawster y teuluoedd hynny i gydymdeimlo â'i safle yntau:[5]

Petrusais a ddylwn ysgrifennu yr hyn sy'n dilyn gan na feddaf unrhyw chwerwder na drwg deimlad yn erbyn neb. Teimlaf, fodd bynnag, na fyddai fy stori yn gyflawn heb bortread onest o'r cyfnod. Erlidiwyd y gwrthwynebwyr cydwybodol gan y byd a'r eglwys ac yr oedd teimlad brwnt a chas yn eu herbyn. Collais fy nghyfeillion bron i gyd ac fe'm hanwybyddwyd ganddynt. Gallwn gyfrif fy nghyfeillion ar fysedd fy llaw, – 'Prin dau lle'r oedd gynnau gant!', ac yn wir, 'Aeth ardal hen fy ngeni, A thre mam yn ddieithr i mi.'[6]

Yn achos Gwenallt, fe deimlodd i'r byw pan gaewyd drysau yn ei erbyn ym Mhontardawe ac yn yr Allt-wen pan benderfynodd sefyll yn wrthwynebwr cydwybodol, ac yn ddiweddarach, pan ryddhawyd ef o garchar. Dioddefodd ei dad sen a gwawd hefyd yn sgil safiad y mab,[7] ac mae cerdd Gwenallt i'w dad yn adlewyrchu'r chwerwder a'r siom a brofodd oherwydd ei driniaeth gan lawer o bobl yr ardal:

Enllib dy bobl a wnâi dy fron yn friw.
Eu poer, eu parddu a'u picellau mân;
Ti ddeliaist ati er pob cnoc a chlwy,
Fe'th wneid yn ddewr gan rym Ei hedd a'i ras,
Gwenit yn nannedd eu cynddaredd hwy
A melltith meddwon y tafarnau bas.[8]

I lawer wrth gwrs, bradwyr a chachgwn oedd y gwrthwynebwyr cydwybodol, a 'shirkers' na haeddai barch na chydnabyddiaeth. Ond yn raddol, erbyn diwedd y rhyfel, cawsant fwy o gydymdeimlad. Erbyn dechrau 1918, yn Nhrawsfynydd, er enghraifft, roedd 'Brawdoliaeth y Cymod' yn cynyddu gyda hanner cant yn aelodau ac yn casglu enwau ar gyfer deiseb yn galw am i'r llywodraeth ryddhau'r carcharorion politicaidd. Adroddid fod cydymdeimlad â'r gwrthwynebwyr cydwybodol yn wyneb eu camdriniaeth yn 'cynyddu a chryfhau yn gyflym yn yr ardaloedd yma, fel mai ychydig iawn sydd yn gwrthod rhoddi eu henwau. Mae llawer o filwyr yn rhoddi eu henwau, a rhai yn falch o'r cyfle i gael gwneud.'[9]

Roedd y syniad o aberth a dioddefaint yn bresennol mewn llawer o gofiannau'r gwrthwynebwyr cydwybodol, neu mewn nofelau yn seiliedig ar brofiadau personol awduron fel Gwenallt yn *Plasau'r Brenin*, ac *Eunice Fleet* gan Lily Tobias. Cafodd eraill o'r gwrthwynebwyr cydwybodol lleol, fel Thomas Rhys Davies, aelod o'r BLA, yr un driniaeth â Gwenallt, a chafodd amser anodd i sicrhau swydd a dyrchafiad wedi'r rhyfel. Bu'n gweithio yn y gwaith tun cyn y rhyfel, a hefyd yn clirio'r draenau ar hyd ochrau heolydd, ond ar ôl y rhyfel ef fyddai'r cyntaf i gael ei ddiswyddo pa bryd bynnag roedd dirwasgiad neu leihad yn nifer y gweithwyr yn y gwaith.[10] Cafodd y Parch. Llewelyn Bowyer ei atal rhag ymddangos ar lwyfan adeg dathliad heddwch ar ddiwedd y rhyfel,[11] ac yn achos Gwenallt, ni ddychwelodd i Gwm Tawe ar ddiwedd y rhyfel. Aeth i adfer ei iechyd yn sir Gaerfyrddin cyn mynd yn ei flaen i Brifysgol Aberystwyth, meddai:

I feel myself fortunate in having escaped that murky place, with its stifling alleys and rows of smoke-begrimed streets, with its stacks belching forth clouds of evil smoke, and the whir and din of its ceaseless machinery.[12]

Ond cafodd Ithel Davies groeso cynnes ar ei ddychweliad i'w ardal enedigol, pan gyrhaeddodd adref ar ddiwrnod ffair Llanbryn-mair yn Ebrill 1919:

cefais groeso mawr gan hen gyfeillion a chydnabyddusion y teulu a oedd yn y ffair y diwrnod hwnnw ... pan euthum i'r Dinas (Mawddwy) ar achlysur arbennig yn fuan wedi fy ryddhau, mi gefais groeso cynnes anghyffredin gan bawb. Ni ellir disgrifio'r llawenydd hwnnw. Ond efallai mai'r croeso mwyaf oedd hwnnw yng nghapel Bethsaida y bore Sul cyntaf ar ôl imi ddychwelyd adref, ac yn arbennig gan fy nghyfoedion ifainc na fu raid i'r un ohonynt orfod mynd i'r heldrin fawr, meibion ffermydd yng nghymoedd Tafolog a'r Dugoed.[13]

Poenid eraill, tebyg i J. H. Davies, gwrthwynebwr o Abertawe, gan yr amheuaeth na fyddai pethau yn well ar ôl y rhyfel. Ofnai y byddai ymdrechion i osod milwyr yn ein herbyn pan y byddai gwaith yn y cwestiwn a bod fawr o sylw i'r gwrthwynebwyr cydwybodol yng Nghymru:

Y mae y Cymro o hyd yn cael sedd gefn, felly rhaid i ni wneud rhywbeth dros ein hunain. Gobeithio y gwnewch chi siarad am hyn i'ch cyd-heddychwyr i ddarparu rhyw gynllun ar ôl y rhyfel os bydd angen, ond gobeithiaf na fydd, ac yr â y gwallgofrwydd milwrol heibio yn fuan.[14]

Ond nid trwy ddioddefaint unigol gwrthwynebwyr cydwybodol neu eu cefnogwyr y gellid mesur effaith y gwrthwynebiad i'r rhyfel yn unig. Am y tro cyntaf, gorfodwyd y wladwriaeth i wynebu anufudd-dod sifil i'w gorchmynion ar raddfa eang, yr hyn a ddisgrifid fel 'flat disobedience, followed up by a weighty weapon of passive endurance.'[15] Effaith profiad yr awdurdodau o ddelio â'r gwrthwynebwyr cydwybodol oedd i'r rheolau ynglŷn â'u triniaeth newid yn sylfaenol erbyn yr Ail Ryfel Byd. Hyd yn oed yn ystod y Rhyfel Mawr, newidiwyd y system recriwtio mor gynnar ag Awst 1917, pan drosglwyddwyd y cyfrifoldeb am recriwtio o'r Swyddfa Ryfel i'r Weinyddiaeth Gwasanaeth Cenedlaethol gan sefydlu'r egwyddor bod y gofal am recriwtio yn nwylo'r awdurdodau sifil yn hytrach na'r Fyddin. Erbyn yr Ail Ryfel Byd, crewyd tribiwnlysoedd mwy proffesiynol wedi eu llenwi gan aelodau oedd yn meddu ar brofiad cyfreithiol. Derbyniwyd yr egwyddor bod gwahaniaethau yn natur gwrthwynebiad rhwng y dynion oedd yn gwbl absoliwt ac yn gwrthod cymrodeddu'n llwyr â'r gyfundrefn; y sawl oedd yn wrthwynebwyr cydwybodol ond a oedd yn barod i wneud gwaith o bwysigrwydd cenedlaethol, os nad oedd yn ddarostyngedig i'r awdurdodau milwrol; a'r categori lleiaf eithafol, sef bod parodrwydd i gyflawni dyletswydd yn y lluoedd milwrol, cyn belled ag y bo'r gwaith hwnnw wedi'i gyfyngu i wasanaeth nad oedd yn cynnwys cario arfau.[16]

Wrth edrych yn ôl ar agweddau yng Nghymru at y rhyfel, gellir adnabod nad oedd yr ymateb i'r Rhyfel Mawr yn gyson ac yn unedig trwy'r wlad, wrth i'r gefnogaeth boblogaidd i'r rhyfel yn Awst 1914 bylu erbyn canol 1915 pan sylweddolwyd maint y lladd. Cryfhaodd y mudiad yn erbyn rhyfel wrth ymateb i gyflwyno gorfodaeth filwrol yn Ionawr 1916, a chynyddodd y dadrithiad ynglŷn â hyd y rhyfel, effaith y Chwyldro yn Rwsia, a'r pwysau am gytundeb heddwch yn haf 1917. Ond ailgyneuwyd brwdfrydedd y boblogaeth i weld Prydain yn gorchfygu'r Almaen a'i chynghreiriaid yng ngwanwyn 1918, gan lwyddiannau'r Fyddin Brydeinig ac ymyrraeth allweddol Byddin yr Unol Daleithiau a drodd y fantol ar y Ffrynt Gorllewinol yn Ffrainc erbyn haf 1918.

Cyflymwyd gweddnewidiad cymdeithasol, economaidd a diwylliannol Cymru gan y rhyfel. Disodlwyd Rhyddfrydiaeth yn sydyn iawn erbyn 1922, pan ddaeth Llafur y blaid fwyaf yng Nghymru gyda 18 o'r 36 sedd seneddol a chafwyd Llywodraeth Lafur yn 1924. Parhaodd twf athroniaeth filwriaethus, wrthgyfalafol Marcsiaeth a Syndicaliaeth am ychydig flynyddoedd, yn rhannol o fewn y blaid Gomiwnyddol, er gwaethaf siom y methiant i wladoli'r diwydiant glo ar ôl y rhyfel. Yn y dauddegau a'r tridegau y gwelwyd yr effeithiau mwyaf pellgyrhaeddol a strwythurol o fewn cymdeithas, ac arweiniodd hynny at lawer o'r unigolion a wrthwynebai'r rhyfel yn dod i'r amlwg yn arweinwyr yn y mudiad llafur a'r Blaid Lafur.

Cafodd y mudiad yn erbyn y rhyfel ei ddylanwad mwyaf yn ardaloedd diwydiannol de Cymru, ynghyd ag ardaloedd yng ngogledd Lloegr a chanolbarth yr Alban. Manteisiwyd ar wrthwynebiad i orfodaeth filwrol trwy gyfrwng y BLA, mudiadau hawliau sifil fel yr NCCL a'r rhan honno o'r undebau llafur a wrthwynebai ymestyn gorfodaeth filwrol i ddiwydiant. Dangosodd dylanwad cynyddol y radicaliaid syndicalaidd yn Ffederasiwn Glowyr De Cymru fod potensial i greu mudiad llafur gwrthgyfalafol, chwyldroadol a radical, a phrif ofn y gwasanaethau diogelwch ar ddiwedd y rhyfel oedd y bygythiad Bolsheficaidd hwn i ddiogelwch y wladwriaeth.

Ni welwyd ffrwyth y gynghrair hon yn Etholiad 'Khaki' 1918, a gynhaliwyd ychydig wythnosau ar ôl y Cadoediad. Yn hytrach, llwyddodd i danlinellu amhoblogrwydd ymgeiswyr yn erbyn y rhyfel, rhai fel Niclas y Glais, ymgeisydd y Blaid Lafur Annibynnol yn sedd flaenorol Hardie ym Maestrefi Merthyr.[17] Fodd bynnag, yn 1921, enillwyd isetholiad Caerffili gan Morgan Jones, y gwrthwynebydd cydwybodol cyntaf trwy Brydain gyfan i ddod yn Aelod Seneddol ar ôl y rhyfel. Fe waldiodd ei wrthwynebydd agosaf, y Rhyddfrydwr Cenedlaethol, gan ennill 54% o'r bleidlais.[18] Mae'n bosibl bod agweddau at wrthwynebwyr cydwybodol yn adlewyrchu dadrithiad cynyddol gyda'r amgylchiadau cymdeithasol ac economaidd a ddioddefid gan filwyr yn dychwelyd o'r rhyfel. Ystyriai James Griffiths mai cyflwyno gorfodaeth filwrol ym 1916 oedd y toriad cyntaf yn yr undeb rhwng Anghydffurfwyr a'r blaid Ryddfrydol a'i fod yn gychwyn datod y gynghrair draddodiadol, gan greu'r cyfle i Lafur ennill y bleidlais Anghydffurfiol.[19] Ynghyd â'r ymateb i wrthodiad Lloyd George i weithredu argymhellion Comisiwn Sankey i gadw perchnogaeth y diwydiant glo mewn dwylo cyhoeddus, mi sicrhaodd fod Llafur yn ffurfio'r blaid fwyafrifol yng Nghymru.[20] Roedd o leiaf bump o Aelodau Seneddol Llafur yng Nghymru wedi gwrthwynebu'r rhyfel, sef Ramsay MacDonald (Aberafan), David Williams (Dwyrain Abertawe), Morgan Jones (Caerffili), Dr. J. H. Williams (Llanelli) ac R. C. Wallhead (Merthyr Tudful).[21] Rhoddwyd hwb rhyfeddol i'r mudiad heddwch gan ethol cyn-ysgrifennydd Cymdeithas y Cymod, George M. Ll. Davies, yn Aelod Seneddol Prifysgol Cymru yn Etholiad Cyffredinol 1923. Safodd fel Heddychwr a Christion Annibynnol, ac fe'i cefnogwyd gan glwb Llafur y Brifysgol. Er iddo ennill o ddim ond deg pleidlais, awgrymodd ei fuddugoliaeth fod cefnogaeth i ryfel a militariaeth bellach yn perthyn i'r gorffennol.[22] Roedd y lleiafrif dirmygedig wedi llwyddo i ennill eu lle yng nghalon y mudiad llafur.

Cynyddodd yr angerdd am fudiad heddwch cryf trwy gydol yr ugeiniau a'r tridegau. Crewyd Cymdeithas Cynghrair y Cenhedloedd Rhydd yng Nghymru gan David Davies, Aelod Seneddol sir Drefaldwyn, ym 1917, a sefydlwyd y gadair gyntaf er mwyn astudio Gwleidyddiaeth Ryngwladol ym Mhrifysgol Aberystwyth ym 1919. Yn dilyn sefydlu Cynghrair y Cenhedloedd ym 1920, fe gefnogodd sefydlu Undeb Cymreig o Gynghrair y Cenhedloedd yn Ionawr 1922, denodd gefnogaeth pob plaid, ac eithrio'r Blaid Gomiwnyddol, ac roedd ganddi aelodaeth o dros ugain mil yng Nghymru erbyn 1924.[23]

Sefydlwyd Urdd Gobaith Cymru ym 1922 gan lansio ei Neges Heddwch o ewyllys da wedi ei anelu at ieuenctid y byd. Yn 1923, lansiodd y gangen Gymreig o Gynghrair y Cenhedloedd ddeiseb yn galw ar wragedd yr Unol Daleithiau i ddefnyddio eu dylanwad i berswadio eu gwlad i ymuno â Chynghrair y Cenhedloedd, ac fe'i harwyddwyd gan dros bedwar can mil o fenywod trwy Gymru. Ym mis Mai 1926, gorymdeithiodd dwy fil o fenywod o Ddyffryn Nantlle ar Bererindod Heddwch, a chynhaliwyd pymtheg o gyfarfodydd protest yng ngogledd Cymru cyn gorymdeithio i Lundain, lle ymgasglodd dros ddeng mil o fenywod, er mwyn annog y Llywodraeth i gytuno i gyflafareddu rhyngwladol ac i gefnogi bwriad cynhadledd Cynghrair y Cenhedloedd i ddiarfogi.

Arweiniodd y Bererindod at greu Cyngor Heddwch Gwragedd Gogledd Cymru, ac ym 1935, at greu deiseb boblogaidd i gefnogi Prydain i aros yn aelod o'r Gynghrair. Fe'i harwyddwyd gan dros filiwn o bobl yng Nghymru, sef 62% o etholwyr Cymru, y ganran uchaf o unrhyw ardal o Brydain. Ond wrth i Ffasgaeth gynyddu yn Sbaen, yr Eidal a'r Almaen erbyn 1936, methodd Cynghrair y Cenhedloedd ymateb i'r bygythiad ynghlwm wrth Ryfel Cartref Sbaen ac ailarfogi. Erbyn 1938, roedd agor y Deml Heddwch a sefydlu Canolfan Astudiaethau Materion Tramor, yn nodi methiant gweithredu rhyngwladol yn erbyn rhyfel, yn hytrach na bod yn ddathliad o draddodiad heddwch Cymru.[24]

Cafodd yr ymgyrch wleidyddol yn erbyn y Rhyfel Mawr ddylanwad amlwg ar Brydain trwy gydol blynyddoedd yr ugeiniau a'r tridegau. Mabwysiadodd y Blaid Lafur bolisi tramor y BLA o sicrhau cyflafareddu rhwng gwledydd a'i gilydd trwy Gynghrair y Cenhedloedd, ond rhwystrwyd gobeithion ar gyfer trefn ryngwladol yn seiliedig ar ddatblygu Cynghrair y Cenhedloedd, gan ganlyniadau Cynhadledd Heddwch Versailles ym 1919. Methodd y gobeithion am gydweithredu rhyngwladol yn wyneb Dirwasgiad Economaidd difrifol wedi 1929 a'r bygythiad i'r drefn ryngwladol gan y Natsïaid yn yr Almaen, y Ffasgwyr yn yr Eidal a rhyfelgarwch Siapan. Wrth i wendid Cynghrair y Cenhedloedd ddod i'r amlwg, daeth nifer o'r sosialwyr a oedd wedi gwrthwynebu'r Rhyfel Mawr i'r casgliad fod yr achos o blaid ailarfogi Prydain yn anatebadwy. Er gwaethaf heddychiaeth arweinydd y Blaid Lafur, George Lansbury, yn y tridegau, cefnogwyd ailarfogi gan nifer a fu'n wrthwynebwyr rhyfel, tebyg i Morgan Jones, Aneurin Bevan a James Griffiths. Mewn anerchiad ym mis Tachwedd 1933, awgrymodd Morgan Jones y dylai Cynghrair y Cenhedloedd godi arfau yn erbyn unrhyw wlad a oedd yn bygwth gwlad arall. Er i'r newid barn yma gyd-ddigwydd gyda thwf milwrol yr Almaen a'r Eidal, Rhyfel Cartref Sbaen oedd y sbardun a achosodd i Morgan Jones a'i gyd-heddychwyr newid eu barn. Ar ôl i'r *Luftwaffe* fomio pentref Guernica yng ngwlad y Basg ar ran Ffasgwyr y Cadfridog Franco, anogodd Morgan Jones Lywodraeth Prydain i ganiatáu gwirfoddolwyr i ymuno â byddin y Gweriniaethwyr.[25] Derbyniodd Aneurin Bevan fod cystadleuaeth rhwng ymerodraethau a'i gilydd am farchnadoedd yn rhwym o arwain at ryfel, a thra bo'r bleidlais enfawr o blaid Cynghrair y Cenhedloedd yn 1935 yn cynrychioli uchafbwynt y mudiad heddwch, Rhyfel Cartref Sbaen a fu'n gyfrifol am ei berswadio ef a gwrthwynebwyr rhyfel o'r un cefndir i gefnogi paratoi am ryfel arall.[26] Erbyn 1938, pleidleisiodd y mwyafrif o

Aelodau Seneddol Cymru, o 20 i 13, yn erbyn Cytundeb Munich Neville Chamberlain, gan gefnogi ailarfogi.[27]

Er i heddychwyr Cristnogol fel George M. Ll. Davies gondemnio'r bomio yn Guernica, gwrthwynebodd ymyrraeth filwrol a chyfeiriodd ei egni di-ball at waith Undeb y Llw Heddwch (Peace Pledge Union), a sefydlwyd yn 1934. Yn dilyn ymweliad â Threalaw gan ei sylfaenydd, Dick Sheppard, sefydlwyd Cymdeithas Heddychwyr Cymru yn yr Eisteddfod Genedlaethol yn 1938 a dewiswyd Gwynfor Evans yn ysgrifennydd cyntaf y gymdeithas.[28]

Erbyn yr Ail Ryfel Byd, roedd yr awdurdodau wedi dysgu o'u profiadau wrth geisio delio â chriw anhylaw, cyndyn ac anghymodlon y gwrthwynebwyr rhyfel. Pan baratodd y Llywodraeth y ddeddfwriaeth ar gyfer gorfodaeth filwrol cyn dechrau'r Ail Ryfel Byd, cynhwysid darpariaeth ar gyfer eithrio ar sail cydwybod, ond sicrhawyd hefyd fod y tribiwnlysoedd yn ystod y rhyfel yn cynnwys arbenigwyr a benodwyd ar sail broffesiynol ac a ddeliai'n unig â gwrthwynebwyr cydwybodol. Darparwyd mwy o gategorïau ar gyfer eithrio gwasanaeth milwrol, gan ei bod, yng ngeiriau'r Prif Weinidog, Neville Chamberlain, yn 'useless and exasperating waste of time and effort'[29] i berswadio absoliwtiaid i ymddwyn mewn modd a oedd yn groes i'w daliadau, tra bod ganddynt ddim gwrthwynebiad i'r math o waith oedd heb fod yn filwrol o ran natur. Peidiwyd ag ailadrodd patrwm y Rhyfel Mawr o absoliwtiaid yn cael eu carcharu droeon gan benderfyniad y Llywodraeth i sefydlu peirianwaith cyfreithiol sifil. Rhoddwyd y ddarpariaeth hon o fewn deddfwriaeth yn 1940, a galluogwyd gwrthwynebwyr i arddel rhyddid cydwybod tra'n cyflawni gwaith.[30] Mae'n drawiadol fod y nifer o wrthwynebwyr cydwybodol yn ystod yr Ail Ryfel Byd yn llawer uwch, sef 59,192 o gymharu â 16,500 yn ystod y Rhyfel Mawr. Ond tra bod 30% wedi'u carcharu rhwng 1916 a 1919, dim ond 2% a garcharwyd rhwng 1939 a 1945.[31]

Er mai lleiafrif a wrthwynebodd y Rhyfel Mawr, roeddent yn haen bwysig yng Nghymru ac achoswyd penbleth i'r awdurdodau sifil a milwrol. Ysbrydolwyd y chwith milwriaethus o fewn Ffederasiwn Glowyr De Cymru gan y gobaith newydd a roddwyd gan Folsheficiaeth a Chwyldro Rwsia. Ymunid yn y gwrthwynebiad i'r rhyfel gan heddychwyr diffuant, gweithgar a wrthwynebodd ar seiliau Cristnogol a moesol.

Cymharodd Percy Ogwen Jones y mudiad yn erbyn y rhyfel a'r gwrthwynebwyr cydwybodol, i raff, lle mae mwy nag un edefyn ynddi. Eu gobaith oedd rhoi diwedd ar bob rhyfel a gwneud y byd yn saff i weriniaeth, chynhwysid heddychwyr rhonc, eraill oedd yn gwrthwynebu'r rhyfel heb wrthwynebu pob rhyfel. Yng ngolwg rhai, twr o bobl ifainc llwfr oeddynt yn ceisio achub eu crwyn eu hunain, ac i eraill, roeddent yn bobl ordduwiol, cwbl anymarferol. Ond credai fod y ddau ddarlun yn gwbl anghywir:

> Ar un ystyr nid oedd yn fudiad o gwbl; yn hytrach, damwain a chyd-ddigwydd a ddug y ceinciau hyn at ei gilydd yn un rhaff, a Deddf Gorfodaeth 1916 a wnaeth y rhaff.[32]

Yn sicr roeddent yn unigolion annibynnol ac arwrol, ac amrywiai eu cymhellion yn fawr rhwng y crefyddol a'r gwleidyddol, a bu asio'r ceinciau hyn ynghyd dan amodau erlid a charchar yn gryfhad mawr i ogwydd gwleidyddol y gwrthwynebiad, ond ni ellir deall eu safbwynt heb ddeall chwaith eu bod yn gweithredu o fewn cyd-destun cymuned a chyd-destun cymdeithasol a gwleidyddol.[33] Roedd cefnogaeth fwy eang ar gael yn y mannau hynny lle roedd y Blaid Lafur Annibynnol yn ddylanwadol gan fod gweithgarwch yn erbyn y rhyfel mor ddadleuol ar y pryd, a bod papurau newydd, a hyd yn oed ymddygiad personol yn cael ei gyfyngu gan y wladwriaeth. Mae'n anochel fod ymdriniaeth o'r mudiad ym mhapurau newydd y cyfnod, er enghraifft, yn gymharol brin. Yr amrywiaeth hwn o safbwyntiau a chredoau oedd yr hyn a darodd Percy Ogwen Jones yn un o brif nodweddion ei brofiad, ond yr hyn a'i hasiodd yn fudiad oedd y 'gwrthdaro a deddf gwlad. Yr oedd yn wrthdaro rhwng yr unigolyn a'r wladwriaeth. Mi gredaf i fod i hynny ei werth, a'i fod weithiau'n anochel.'34

Y profiad o wrthwynebu awdurdod a'r rhyfel oedd un o brofiadau mwyaf cynhyrfus bywyd i'r gwrthwynebwyr. Fel y dywedodd Emrys Hughes wrth Bertrand Russell:

> When I think of my life before I was arrested, of trying to fit into the environment of one of those soul-killing schools in the Rhondda valley, of disheartening little encounters with the headmasters of the old regime and all the dismal shabbiness of life in a South Wales village, I feel a thrill to think of how we have challenged it all, refused to fight for the foul old ideas and tried to show the way to a better world.35

Mae'n gyfleus wrth gwrs i feirniadu arweinwyr yr ymerodraethau am ysgubo'r byd cyfan i ryfel yn 1914. Mae'r hanesydd Margaret MacMillan, yn crynhoi achosion trasiedi'r danchwa yn gelfydd, ac yn awgrymu fod llwyddiant i atal rhyfel byd-eang cyn 1914 wedi arwain yr ymerodraethau i gredu'n hunan-fodlon nad oedd perygl i heddwch:

> If we want to point fingers from the twenty-first century we can accuse those who took Europe into war

of two things. First, a failure of imagination in not seeing how destructive such a conflict would be and second, their lack of courage to stand up to those who said there was no choice left but to go [to] war. There are always choices.[36]

Ysgrifennodd Amanwy ym 1938, cyn iddo wybod am ddyfodiad yr Ail Ryfel Byd, gan edliw ei fethiant i ddilyn ôl traed y gwrthwynebwyr cydwybodol yn ystod y Rhyfel Mawr:

Yr oedd cannoedd eraill ohonom heb wybod ymhle y safem. Llwyddasom i achub ein crwyn, ac nid oedd o fawr clod inni. Nid oedd gennym weledigaeth o gwbl. Y nef a'n gwaredo rhag inni gael ein hunain mewn cyfwng tebyg eto. Y mae un rhyfel yn ddigon mewn oes. Pa fodd y mae rhoi atalfa ar raib unbeniaid heb ryfel? Dyna'r cwestiwn. Un peth sy'n sicr, dylai pawb ohonom sy'n rhy hen neu'n rhy llwfr i ddwyn arfau, pan ddaw y rhyfel nesaf, gadw ffrwyn ar ein tafodau.

> Mae'r dydd cythryblus weithian yn hwyrhau
> A'r nos yn cyffwrdd, a'r cymylau'n cau;
> Ai teg a fydd yfory? Mi ni welaf
> Un arwydd heulog fry i'n llawenhau.[37]

Nodiadau

1   *Carmarthen Journal*, 18 Ionawr 1918.
2   *Llanelly Star*, 12 Ionawr 1918.
3   *Y Deyrnas*, Tachwedd 1919.
4   [T. W. Jones] Arglwydd Maelor, op. cit., t. 88.
5   Ibid., t. 88
6   Ibid., t. 87.
7   Lyn Owen-Rees, op. cit., t. 62.

8   Christine James (gol.), *Cerddi Gwenallt: Y Casgliad Cyflawn* (Llandysul: Gwasg Gomer, 2001), t. 100.

9   LlGC, Papurau E. K. Jones, llythyrau oddi wrth Owen Owen, Trawsfynydd at E. K. Jones, 22 Rhagfyr 1918; 20 Ionawr 1919.

10   Huw Davies, 'Thomas Rhys Davies 1893-1962' (cyhoeddiad preifat), t. 3.

11   *Llais Llafur,* 26 Gorffennaf 1919.

12   Albert Davies, op. cit., t. 36.

13   Ithel Davies, op. cit., t. 79.

14   LlGC, Papurau E. K. Jones, blwch 29, llythyr gan J. H. Davies at E. K. Jones, 26 Tachwedd 1918.

15   John W. Graham, op. cit., t. 343.

16   John Rae, op. cit., tt. 242-5.

17   David Howell, op. cit., t. 25.

18   Beti Jones, *Etholiadau Seneddol yng Nghymru 1900-1975* (Talybont: Y Lolfa, 1977), t. 58. Y canlyniad oedd Morgan Jones (Llaf.) 13,699, W. R. Edmunds (Rhydd.C) 8,958, R. Stewart (Comiwnydd), 2,592.

19   James Griffiths, *Pages from Memory* (Llundain: J. M. Dent, 1969), tt. 22-3.

20   J. Beverley Smith, *James Griffiths and his Times,* (Ferndale: W. T. Maddock, 1969), t. 21.

21   Beti Jones, op. cit., tt. 59-64.

22   Robin Barlow, op. cit., t. 233.

23   Huw L. Williams, 'Segurdod yw Clod y Cledd; David Davies a'r Helfa am Heddwch Wedi'r Rhyfel Mawr', yn Gethin Matthews, *Creithiau* (Caerdydd: Gwasg Prifysgol Cymru, 2016), t. 187.

24   Goronwy J. Jones, *Wales and the Quest for Peace* (Caerdydd: Gwasg Prifysgol Cymru, 1970), t. 140.

25   Wayne David, *Morgan Jones* (cyhoeddiad arfaethedig, 2018).

26   Michael Foot, *Aneurin Bevan* (Llundain: Victor Gollancz, 1997), t. 109.

27   John Davies, *Hanes Cymru* (Llundain: Allen Lane, 1990), t. 572.

28   Jen Llywelyn, op. cit, tt. 255-7.

29   Dadleuon Seneddol, 5 HC, col. 2097-8, 4 Mai 1940, dyfynnir yn John Rae, op. cit., t. 242.

30   John Rae, op. cit., t. 245.

31   John Davies, op. cit., t. 576.

32   Percy Ogwen Jones, *Ceinciau Cymysg*, sgwrs radio'r BBC, 6 Tachwedd 1964.

33   Cyril Pearce, *Comrades in Conscience* (Llundain: Francis Boutle, 2001), t. 27.

34   Percy Ogwen Jones, *Ceinciau Cymysg.*

35   Archif Prifysgol McMaster, Ontario, Papurau Bertrand Russell, Emrys Hughes at Russell, 4 Mawrth 1917.

36   Margaret MacMillan, *The War that Ended Peace* (Llundain: Profile Books, 2014), t. 605.

37   *Amman Valley Chronicle,* 24 Mawrth 1938.

Mynegai

Enwau Personol

Ablett, Noah, 72, 74, 77
Abraham, William (A.S.), 92
Allen, Clifford, 65, 109
Amanwy (David Rees Griffiths), 25, 64, 135, 203
Anderson, W. C., 61, 70
Andrews, Maurice, 181
Armstrong, A. H. (Llansawel), 112, 120
Arthur, Harry, 81, 135
Bamford, John, 119
Bamford, Sydney, 119
Bassett, Edgar, 81, 135
Bassett, Ifan, 81, 135
Bell, Parch. R., 47
Berry, Henry Seymour, 20
Bevan, Aneurin, 66, 75, 190, 199
Beynon, Hal, 180, 184
Bowyer, Parch. Llewellyn, 193
Brace, William, 17, 64, 146
Brobyn, A., 111-2, 118
Brockway, Fenner, 109
Brodyr Plymouth, 49-50, 130-1, 153-4, 168, 171
Broomfield, Samuel, 131
Brown, Pryce (Y Trallwng), 144
Cartwright, Walter, 85, 158
Chamberlain, Neville, 200
Chappell, Edgar, 116
Cook, A. J., 73-4, 77
Cudbird, Bernard, 131
Cudbird, Horace, 131
Cyrnol Brewer, 105
Cyrnol Pearson, 105, 108
Daniel, D. R., 18-9
Darbishire, Hugh, 176
Dardis, George, 111-2, 180, 184

Davenport, Frank, 167
Davey, John, 176
Davies, Albert, 36, 82-3, 179-80
Davies, David (Llandinam), 33, 197
Davies, David Ll., 108
Davies, Edgar, 145
Davies, Ellis W. (A.S.), 93
Davies, George M. Ll., 21, 33-4, 37, 44, 132, 153, 155, 197, 200
Davies, Harry John, 81, 135
Davies, Ithel, 7, 116, 140-2, 145, 191, 194, 200
Davies, J. H., 194
Davies, Parch. Tegla, 34, 39
Davies, S. O., 75
Davies, Thomas, 108
Davies, Thomas Eirug, 7, 43
Davies, Henry (Cwmafan), 107
Davison, George, 80
Dolling, George, 77
Duncan, William, 179
Dunn, Alfred, 179
Dunnico, Parch. Herbert, 34
Edwards, Ness, 66, 75, 111, 178
Edwards, O. M., 18
Edwards, Philemon, 144
Edwards, W. J., 75
Evans, Glyn, 180, 183
Evans, John, 180, 183
Evans, Tom, 40, 69, 81, 83-4, 107-8, 111-3
Firth, Harry, 153
Gale, Henry, 111-2
Gale, Tom, 179
George, D. Lloyd, 14-5, 17-20, 25-6, 28, 43, 94-5, 100, 138, 190, 197
Gill, Edward, 63-4